本书为国家社科基金重大项目"中国基本公共服务供给侧改革与获得感提升研究"(项目批准号:16ZDA081)阶段性成果

特别感谢西南交通大学公共管理专项研究项目(SWJTU SPA)资助

基本公共服务均等化的财政分权体制研究

分税制改革30年新进展

严敏 著

Fiscal Decentralization System
for Equitable Access to Basic Public Services

New Progress in the Tax-Sharing
Reform over Three Decades

中国社会科学出版社

图书在版编目（CIP）数据

基本公共服务均等化的财政分权体制研究：分税制改革30年新进展／严敏著.
--北京：中国社会科学出版社，2024.5
ISBN 978-7-5227-3625-9

Ⅰ.①基… Ⅱ.①严… Ⅲ.①分税制—税收改革—研究—中国 Ⅳ.①F812.22

中国国家版本馆CIP数据核字（2024）第110729号

出 版 人	赵剑英
责任编辑	周　佳
责任校对	胡新芳
责任印制	李寡寡

出　　版	中国社会科学出版社
社　　址	北京鼓楼西大街甲158号
邮　　编	100720
网　　址	http://www.csspw.cn
发 行 部	010-84083685
门 市 部	010-84029450
经　　销	新华书店及其他书店
印　　刷	北京君升印刷有限公司
装　　订	廊坊市广阳区广增装订厂
版　　次	2024年5月第1版
印　　次	2024年5月第1次印刷
开　　本	710×1000　1/16
印　　张	14.25
字　　数	228千字
定　　价	75.00元

凡购买中国社会科学出版社图书，如有质量问题请与本社营销中心联系调换
电话：010-84083683
版权所有　侵权必究

序

今年春节期间，我的博士研究生严敏告诉我，她在博士学位论文基础上修改、补充与完善而成的《基本公共服务均等化的财政分权体制研究——分税制改革30年新进展》一书即将出版，邀我为其写一个序，我欣然同意。在这之前，我的博士研究生曲洁的博士学位论文《义务教育改革与发展：政策工具选择与优化》和申剑敏的博士学位论文《跨域治理视角下的地方政府合作：基于长三角的经验研究》分别由上海人民出版社在2015年和2016年出版，吴辰的博士学位论文《公共服务动机、繁文缛节与组织绩效关系研究》由复旦大学出版社在2015年出版，李燕的博士学位论文《"互联网＋政务服务"公民使用行为研究》由人民出版社在2019年出版。又到一本博士学位论文要出版之际，作为导师，我很乐意为自己的学生在这方面助力。

再次翻看严敏的博士学位论文和修改完善后的书稿，也回想起师生合作的诸多往事。严敏的硕士学位是在四川大学攻读的，认识她得益于多年前周敬伟教授带领了一帮四川大学的硕士研究生参加在中山大学召开的一次公共管理学术研讨会，会议上包括严敏在内的四川大学学子的优秀表现给我留下了深刻印象。等到我有博士生导师的招生资格了，我就与周教授联系，谈到他带领四川大学学子在中山大学参会给我留下的深刻印象，希望他能够推荐四川大学的优秀硕士生报考我的博士生。周教授在慎重考虑后向我推荐了严敏同学，并在电子邮件里告诉我推荐严敏的缘由，以及严敏在学术上的优点和缺点。周教授对我的信任和坦诚让我很感动，诚如周教授所言，严敏同学在进入复旦大学攻读博士学位期间确实表现优秀。

我的研究团队里集聚着一批优秀的博士研究生，严敏就是其中的一个代表。严敏读博期间的优秀不仅表现在《美国社会福利制度的历史发展与运营管理》《公共预算决策中的间断均衡模型》《倡议联盟框架理论研究进展与展望》《包容性增长的由来与理论要义》等多篇论文合作研究发表过程中展示出的优秀学术潜力与科研合作精神,更是表现在我的研究团队申请上海市软科学研究基地的过程中严敏积极参与做了大量繁重琐碎的工作,基地获批了,严敏也毕业到西南交通大学担任教职。我一直有个遗憾,就是严敏对我们研究团队贡献良多,而我因工作忙碌对严敏毕业之后的学术成长关注不够。在阅读严敏即将出版的书稿时,也因为这份遗憾影响了我的阅读速度和准备这个序的撰写速度。

当然这里要说的重点是,我很高兴看到严敏在对博士学位论文的修改、补充与完善的基础上形成的这本专著。严敏在这本专著中将公共服务均等化的财政分权问题置于国家治理现代化的宏观视野下,立足中国财政体制改革和公共服务均等化政策的实际情况,聚焦税收分成、转移支付与基本公共服务均等化的关系,建立了理论模型以分析中国式财政分权和其他政治、经济、社会因素对基本公共服务均等化的作用机制与影响效应。并在此基础上,构建了基本公共服务均等化的测量指标,运用省际面板数据和地级市面板数据对基本公共服务均等化的变化趋势进行评估;同时使用最新的财政分权测算方式,通过多重线性回归进一步确认了中国式财政分权和其他因素对基本公共服务均等化的影响关系,并对不同地区展开异质性比较。最后基于经验分析结果,从分权与制衡结合的角度,提出了推进基本公共服务均等化的财政分权体制构建路径。

较之已有相关文献,本书并非简单依赖已有研究选择相关变量及其测量指标,而是基于国家治理场景和既定研究目标,批判性借鉴吸收相关经验研究的有益部分,审慎选择并测算了相关变量,构建出具有实证检验力的中国式财政分权与基本公共服务均等化的分析框架。本书不但基于中国治理场景批判性借鉴了"蒂布特模型"和"利维坦模型"这些经典理论,而且丰富并完善了中国式财政分权的理论构建与经验总结,为推进基本公共服务均等化的政策路径提供了学理支持。

严敏自 2014 年 7 月博士毕业入职西南交通大学从事教学科研工作就要满十年了,在这期间每每遇到西南交通大学的学界前辈、同仁和新老朋友,听到大家告诉我,严敏由国家公派赴美国爱荷华大学访学了,严敏教学深受学生好评，严敏申报的基金项目中标获批了，诸如此类的好消息，这都在很大程度上增加了我作为其导师的成就感与幸福感。到今年7月，我在高校任教就要满30年了，回顾过往，深感能够在大学里和诸多良师益友以及优秀的学生在一起研修公共管理这门治国理政的学问，是一种莫大的幸福。

今天，在严敏同学博士学位论文修改、补充与完善后正式出版之际，重温一代伟人的教诲——"人类总得不断地总结经验，有所发现，有所发明，有所创造，有所前进。停止的论点，悲观的论点，无所作为和骄傲自满的论点，都是错误的"。让我们师生都把这段话作为一种鞭策，激励我们在未来的教学研究中困知勉行，与时俱进，追求卓越。

是为序。

2024年4月于复旦大学

前　言

2023年既是全面贯彻党的二十大精神的开局之年，也是分税制改革的第三十周年。分税制改革，在理顺政府间财政关系、增强中央宏观调控能力、发挥财政的职能作用等方面发挥了重要作用。进入新时代，财政更是成为"国家治理的基础和重要支柱"，是推进中国式现代化道路建设的着力点和重要保障。从分税制改革实践中探索总结成就与经验，汲取财政改革的智慧和力量，对于讲好"中国之治"、总结"中国之理"、走好"中国之路"具有至关重要的意义。

党的十八大以来，以实现共同富裕为目标的高质量发展理念成为共识。中央不断将强化民生保障作为政府工作重心，要求建立以人民为中心、满足人民美好生活需求为导向的新型现代财政制度，不断促进公共服务的高质量发展与均等化供给。以分税制改革为基本框架的中国式财政分权体制，是保障基本公共服务的优化配置和均衡供给的重要制度依托。如何构建更为完善、更加现代化的中国式财政分权体制，以推进基本公共服务的高水平均等化供给，是一项重要而紧迫的任务。

分税制三十年来的成就，为我们审视现有的财政分权制度创造了一个机会。本书立足分税制改革三十年来的历史经验和最新进展，聚集中国式财政分权与基本公共服务均等化的关系，通过构建中国式财政分权与基本公共服务均等化的理论框架，运用1994—2021年的省际面板数据、2004—2021年的地级市面板数据，对基本公共服务均等化的推进状况展开动态评估，就中国式财政分权对基本公共服务均等化的影响效应进行实证检验和经验分析，力求呈现相关问题的最新态势及其内在逻辑，为面向基本公共服务均等化的财政分权体制构建、匹配大国治理要求的现代财政制度改革提供学理依据，供相关学人和政府工作者参考。

目 录

第一章 绪论 …………………………………………………………… (1)
 第一节 研究背景与目的 ……………………………………………… (1)
  一 研究背景 ……………………………………………………… (1)
  二 研究目的 ……………………………………………………… (3)
 第二节 研究思路、方法与内容 ……………………………………… (4)
  一 研究思路 ……………………………………………………… (4)
  二 研究方法 ……………………………………………………… (4)
  三 内容安排 ……………………………………………………… (6)
 第三节 主要观点与贡献 ……………………………………………… (7)
  一 主要观点 ……………………………………………………… (7)
  二 主要贡献 ……………………………………………………… (8)

第二章 文献回顾 ……………………………………………………… (11)
 第一节 公共服务均等化的理论与研究进展 ……………………… (11)
  一 公共服务理论的演变与发展 ……………………………… (11)
  二 公共服务均等化的理论进展 ……………………………… (12)
  三 基本公共服务均等化的内涵与测量 ……………………… (17)
 第二节 财政分权的理论与研究进展 ……………………………… (32)
  一 财政分权的理论进展 ……………………………………… (32)
  二 财政分权的理论模型 ……………………………………… (35)
  三 财政分权与公共服务均等化的关系 ……………………… (39)
 第三节 中国式财政分权与公共服务均等化的经验研究 ………… (43)
  一 财政分权与地方公共服务供给 …………………………… (43)

二　财政分权与公共服务均等化 …………………………… (49)
　　三　转移支付与公共服务均等化 …………………………… (54)
第四节　若干评述 ……………………………………………………… (59)

第三章　基本概念与理论框架 ………………………………………… (62)
第一节　基本概念 ……………………………………………………… (62)
　　一　基本公共服务均等化 …………………………………… (62)
　　二　财政分权 ………………………………………………… (67)
　　三　中国式财政分权与转移支付 …………………………… (71)
第二节　理论视角 ……………………………………………………… (73)
　　一　福利经济学 ……………………………………………… (73)
　　二　新制度主义政治学 ……………………………………… (74)
　　三　财政分权理论 …………………………………………… (76)
第三节　分析框架 ……………………………………………………… (77)
　　一　税收分成、转移支付与基本公共服务均等化 ………… (77)
　　二　影响基本公共服务均等化的其他因素 ………………… (83)
　　三　中国式财政分权对基本公共服务均等化的影响机制 … (87)
第四节　本章小结 ……………………………………………………… (88)

第四章　中国财政分权体制的改革进展 ……………………………… (91)
第一节　中国财政分权体制的历史变迁 …………………………… (91)
　　一　高度集权模式（1950—1978年） ……………………… (91)
　　二　高度分权模式（1979—1993年） ……………………… (93)
　　三　适度分权模式（1994年以来） ………………………… (95)
第二节　中国财政分权体制的框架结构 …………………………… (98)
　　一　财政分权的管理体制 …………………………………… (98)
　　二　中央与地方的财政分权形式 …………………………… (102)
　　三　省以下政府间财政分权形式 …………………………… (108)
第三节　基本公共服务领域的财政权责划分 ……………………… (112)
　　一　财政权责划分改革 ……………………………………… (112)
　　二　中央与地方的权责划分 ………………………………… (114)

三　省以下政府间权责划分 …………………………………… (116)
　第四节　本章小结 ………………………………………………… (116)

第五章　基本公共服务均等化的推进状况 ………………………… (119)
　第一节　基本公共服务均等化的政策变迁 ……………………… (119)
　　一　平均主义阶段（1949—1977 年）……………………………… (119)
　　二　效率优先阶段（1978—1993 年）……………………………… (120)
　　三　调整改革阶段（1994—2004 年）……………………………… (120)
　　四　公平导向阶段（2005—2011 年）……………………………… (121)
　　五　全面推进阶段（2012 年以来）………………………………… (121)
　第二节　基本公共服务均等化的测量指标 ……………………… (124)
　　一　均等化的指标维度 …………………………………………… (124)
　　二　均等化的指标面向 …………………………………………… (127)
　　三　均等化的指标构建 …………………………………………… (128)
　第三节　基本公共服务均等化的动态评估 ……………………… (130)
　　一　全国基本公共服务支出的总体情况 ………………………… (130)
　　二　省际层面基本公共服务投入的均等化趋势 ………………… (133)
　　三　地市层面基本公共服务产出的均等化趋势 ………………… (144)
　第四节　本章小结 ………………………………………………… (148)

**第六章　中国式财政分权对基本公共服务均等化影响的计量
　　　　　分析** …………………………………………………… (150)
　第一节　模型、指标和数据 ……………………………………… (150)
　　一　模型设定 ……………………………………………………… (150)
　　二　指标选择 ……………………………………………………… (151)
　　三　数据说明 ……………………………………………………… (156)
　第二节　税收分成、转移支付与基本公共服务均等化 ………… (157)
　　一　税收分成、转移支付对基本公共服务偏向的影响
　　　　效应分析 ……………………………………………………… (157)
　　二　地区异质性分析 ……………………………………………… (161)
　第三节　基本公共服务偏向与基本公共服务均等化 …………… (163)

一　税收分成、转移支付对基本公共服务偏向的影响
　　　　效应分析 ……………………………………………… (163)
　　二　基本公共服务偏向对税收分成、转移支付的中介
　　　　作用检验 ……………………………………………… (165)
　第四节　本章小结 …………………………………………… (168)

第七章　推进基本公共服务均等化的财政分权体制构建 …… (171)
　第一节　中国式财政分权改革的价值目标 ………………… (171)
　　一　中国财政制度的大国治理功能 ……………………… (171)
　　二　中国式财政分权改革的目标取向 …………………… (173)
　第二节　推进基本公共服务均等化的财政分权体制困境 … (175)
　　一　事权与事责的划分和匹配问题 ……………………… (175)
　　二　财权与财力的划分和匹配问题 ……………………… (177)
　　三　对地方政府的激励和约束问题 ……………………… (179)
　第三节　推进基本公共服务均等化的财政分权体制策略 … (180)
　　一　构建"哑铃式"事权格局，强化协同治理机制 …… (180)
　　二　调整地方财力结构，创设平衡激励机制 …………… (182)
　　三　完善相关配套制度，改进监督约束机制 …………… (183)
　第四节　本章小结 …………………………………………… (184)

第八章　结论与展望 …………………………………………… (186)
　第一节　研究结论 …………………………………………… (186)
　第二节　研究不足与展望 …………………………………… (188)

参考文献 ……………………………………………………… (190)

附　　录 ……………………………………………………… (206)

后　　记 ……………………………………………………… (214)

第一章

绪　　论

第一节　研究背景与目的

一　研究背景

习近平总书记在党的二十大报告中强调，采取更多惠民生、暖民心举措，着力解决好人民群众急难愁盼问题，健全基本公共服务体系，提高公共服务水平，增强均衡性和可及性，扎实推进共同富裕。① 党的十八大以来，中央不断将强化民生保障作为政府工作重心，在政治考核上也从"唯 GDP 论英雄"的传统政绩观转向"唯质量论英雄"的新时代政绩观，更加注重人民的获得感、幸福感和安全感，对公共服务的高质量、均等化供给提出更高要求。但是进入"十四五"时期，面对新形势、新挑战，中国公共服务发展不平衡不充分的问题仍然比较突出。基本公共服务仍存短板弱项，区域间、城乡间、人群间的基本公共服务仍有差距，均等化水平尚待进一步提高。②

财政分权体制改革是实现基本公共服务均等化的突破口。推进基本公共服务均等化，有赖于基本公共服务的供给侧结构性改革。③ 在国家治

---

① 《高举中国特色社会主义伟大旗帜　为全面建设社会主义现代化国家而团结奋斗——在中国共产党第二十次全国代表大会上的报告》，人民出版社2022年版，第46页。
② 《"十四五"公共服务规划》，2021年12月28日，中国政府网，https://www.gov.cn/zhengce/zhengceku/2022-01/10/content_5667482.htm。
③ 杨宜勇、邢伟：《公共服务体系的供给侧改革研究》，《人民论坛·学术前沿》2016年第5期。

理现代化视域下,基本公共服务供给侧结构性改革不仅是对基本公共服务供给质量、供给方式和供给效率的改进,也是政府职能转变、权责体系完善、管理体制机制等制度层面的根本转型。① 公共服务供给需要通过国家治理结构的有效设计实现各级政府的协调合作。从国家治理的纵向维度看,中国的事权划分方式不同于西方国家,属于"中央决策、地方执行"的部分分权模式。② 因此,财政分权制度改革不仅仅是简单的经济与效率问题,更是一个关涉政治与稳定的"实体化、法律化、高阶化"难题。③

但是,当前不少研究习惯用西方财政分权理论之镜来观察中国的财政分权现实,忽略了中国式财政分权的逻辑起点和根本目标不同于西方国家,不能照搬套用西方理论。④ 回顾历史,中国式财政分权已经积累了丰富经验,但理论研究滞后;展望未来,进入新时代新征程,中国式财政分权将面临更多挑战,迫切需要立足中国实际、总结中国经验、形成中国理论,用于指导未来一段时期的财政分权体制改革。

受传统体制惯性等多种因素影响,中国政府间的事权、财权和支出责任划分一直都没有界定得很清晰,成为影响公共服务高效供给的根源。1994年的分税制改革为中国的财政分权体制奠定了基本的制度框架,出于分权与制衡的双重考虑,分税制改革的初衷是财权上移而非财力上移,由此形成了收入集中、支出下沉的非平衡财政分权模式,试图在效率与稳定的两难抉择之间寻找平衡。多年以来,围绕事权、财权和支出责任划分的争论一直存在,学界就中国式财政分权对基本公共服务供给的影响展开丰富的实证研究,结论却并不一致。在此背景下,迫切需要对分歧背后的原因展开探讨,进一步厘清中国式财政分权影响基本公共服务供给的内在机理,为达成财政分权体制改革的共识提供支持。

---

① 王玉龙、王佃利:《需求识别、数据治理与精准供给——基本公共服务供给侧改革之道》,《学术论坛》2018年第2期。
② 《财政改革的使命在于推进国家治理现代化》,2018年12月19日,界面新闻网,https://www.jiemian.com/article/2719868.html。
③ 楼继伟:《深化事权与支出责任改革 推进国家治理体系和治理能力现代化》,《财政研究》2018年第1期。
④ 刘尚希:《分税制的是与非》,《经济研究参考》2012年第7期。

二 研究目的

本书关注的核心问题是，如何构建有效的财政分权体制以实现基本公共服务的高水平均等化供给。本书旨在从中国的实际情况出发，构建中国式财政分权与基本公共服务均等化的理论框架，就中国的财政分权影响基本公共服务均等化的内在逻辑和作用机制展开理论探讨，并进行实证检验和经验分析，最后提出面向基本公共服务均等化的财政分权体制改革建议，为匹配中国式大国治理的现代财政制度构建提供助益。

第一，构建中国式财政分权与基本公共服务均等化的理论框架。财政分权一直是理解政府公共服务供给的重要理论视角。西方财政分权理论认为，在硬性预算约束压力下，地方政府会在"用脚投票"和"用手投票"的机制作用下，围绕流动性的税基要素展开竞争，通过降低税率和优化自身行为来吸引居民和企业，最终实现公共服务的优化供给。但是，中国式财政分权的核心特征在于分散型财政体制与集权型政治体制的紧密结合，存在政治集权、收入集权和纵向不平衡的制度特征，由此形成不同的激励机制和理论逻辑。这决定了单纯照搬西方的理论并不适用于中国的研究，需要综合考虑中国本土的政治、经济、社会因素。因此，本书的第一个研究目的在于，基于文献回顾和实践逻辑，构建一个适于分析中国情境的理论框架。

第二，探究中国式财政分权对基本公共服务均等化的影响机制。目前中国式财政分权对基本公共服务均等化的作用机制仍然不甚明了。财政分权是减少还是扩大了地方福利差距，转移支付究竟是"援助之手"还是"激励陷阱"，都是存在争议的。这背后的主要原因有二：一是财政分权指标的设计与选择存在误用，二是税收分成和转移支付在均等化效应上的相互作用未能得到深入讨论。因此，本书第二个研究目的，即在探讨中国财政分权体制改革的基本规律和基本公共服务均等化的政策逻辑基础上，采用最新的财政分权计算方式，对财政分权、转移支付与公共服务均等化的关系进行实证检验和经验分析。

第三，提出面向基本公共服务均等化的财政分权体制构建路径。当前，中国的财政分权体制改革已经进入财政事权和支出责任划分改革的新阶段,以更好适应公共服务高质量、均等化供给的治理新场景。尽管分税制改革在很大程度上规范了政府间财政关系,但主要是侧重于收入划分,对于各级政府的财政事权和支出责任一直都较为模糊,而对于收入划分本身也存在不少争议。尤其是事权和支出责任划分牵涉面更广,既要考虑公共服务的优化配置和效率问题,又要考虑国家治理结构的分权制衡和稳定问题,历来是一个改革难题。近来中央才着手推动相关改革,而更为具体的改革策略尚未明确。为此,本书的第三个目的在于,基于理论和经验研究结果,为下一步的财政分权体制设计提供具有针对性的政策建议。

第二节 研究思路、方法与内容

一 研究思路

本书的基本研究思路是在提出问题之后,对财政分权与公共服务均等化研究的相关文献进行回顾,并在此基础之上构建一个理论框架,提出相关研究假设,分析并厘清中国财政分权的制度背景与基本公共服务均等化推进的规律特征,对当前基本公共服务均等化的实际状况进行评估,进而运用面板数据和计量经济模型展开经验研究,对相关假设进行实证验证,最后基于研究结果,提出面向基本公共服务均等化的财政分权体制构建路径(见图1-1)。

二 研究方法

本书主要使用以下几种研究方法。

1. 主题分析

主题分析法旨在运用系统步骤对收集到的文本内容进行主题式归纳整理。通过对国内外文献和已有研究进行检索、阅读和分析,了解国内外有关财政分权理论、财政分权与公共服务供给的相关研究的现状、问题、趋势与焦点。尤其是关注中国式财政分权与基本公共服务均等化相关研究的基本内容、方法路径与最新动向,为构建理论模型和分析框架奠定基础。

基本公共服务均等化的财政分权体制研究架构	问题界定	基本公共服务均等化的政策背景 财政分权体制改革的政策背景 财政分权与公共服务均等化的相关理论研究	理论研究	基本公共服务均等化的财政分权体制构建策略
	理论构建	基本公共服务均等化的概念和内涵 财政分权的概念和内涵 财政分权与基本公共服务均等化的关系 基本公共服务均等化的其他影响因素		
	研究设计	提出研究假设 变量操作化 收集整理相关数据和资料 确定具体分析方法	经验研究	
	实证分析	观测财政分权体制改革和基本公共服务均等化的进展 构建计量经济模型 运用STATA统计软件进行定量分析和假设检验 对计量结果展开解读		
	政策设计	中国式财政分权改革的价值目标 推进基本公共服务均等化的财政分权体制机制困境 推进基本公共服务均等化的财政分权体制机制策略	规范研究	

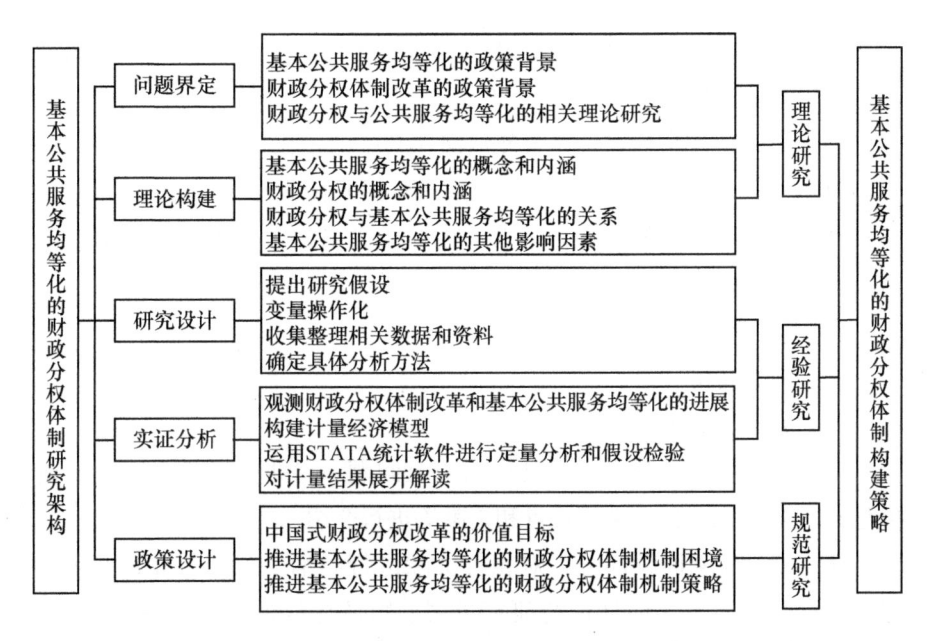

图 1-1　研究思路

资料来源：笔者自制。

2. 历史分析

历史分析法是运用发展、变化的观点分析客观事物和社会现象的方法。通过对中国财政分权体制改革的发展进程、基本公共服务均等化的政策变迁进行实证观察，厘清中国财政分权体制和基本公共服务均等化政策的规律特点；对中国财政分权体制的框架要素、基本公共服务均等化的政策内涵进行概括总结，以进一步掌握中国式财政分权和基本公共服务均等化的逻辑关系。

3. 描述统计

运用1994—2021年的省际面板数据、2004—2021年的地级市面板数据，对基本公共服务均等化的推进状况展开评估。从公共服务投入和公共服务产出两个维度，对全国基本公共服务支出的总体情况、省级层面基本公共服务支出均等化情况、地级市层面基本公共服务产出均等化情况进行描述性统计分析，掌握基本公共服务均等化政策的动态变化趋势。

4. 计量分析

根据理论模型和研究假设，建立符合研究问题、具有理论和现实意义的计量经济模型，重点关注税收分成、转移支付对基本公共服务均等化的影响效应，以及基本公共服务偏向在其中的作用；鉴于数据可得性，运用2007—2021年25个省份的面板数据对相关假设进行实证检验，并就计量结果进行经验分析，探讨其背后的政策含义，为提出具有针对性的政策设计提供思路。

三　内容安排

全书共分为八个部分。

第一章为绪论部分，主要是提出研究问题，对研究背景和目的、研究思路、方法和内容、主要观点和贡献等进行介绍。

第二章是文献回顾部分，对相关文献进行归纳、总结与评述，主要围绕公共服务均等化的理论与研究进展、财政分权的理论与研究进展、中国式财政分权与基本公共服务均等化的经验研究三大主题展开。

第三章为基本概念与理论框架部分，在厘清相关概念的基础上，结合福利经济学、新制度主义政治学和财政分权理论的多重视角，重点分析中国式财政分权对地方政府公共服务供给行为的影响机制，构建基本公共服务均等化的财政分权理论模型，并提出研究假设和立论依据。

第四章是关于中国财政分权体制的改革进展部分，对中国财政分权体制的高度集权、高度分权和适度集权三个发展阶段进行阐述，总结概括中国当前财政分权体制的结构要素，重点关注基本公共服务领域的政府间财政关系。

第五章为基本公共服务均等化推进状况，将基本公共服务均等化的政策变迁过程分为平均主义、效率优先、调整改革、公平导向和全面推进五个阶段展开论述。根据基本公共服务均等化的政策内涵和相关研究构建测量指标，对省际层面的基本公共服务支出均等化状况和地级市层面的基本公共服务产出均等化状况进行评估。

第六章就中国式财政分权对基本公共服务均等化的影响效应展开计量分析，通过计量模型设定、变量操作化和指标选择，运用省际面板数据进行基本回归分析、地区异质性分析和中介机制检验等，对税收分成、转移支付与基本公共服务均等化的关系进行实证检验，并对计量结果进行经验分析。

第七章为政策建议部分，围绕推进基本公共服务均等化的财政分权体制构建展开分析。根据国家治理目标和要求，提出中国财政分权体制改革的目标取向；进而根据经验研究结果，提出当前基本公共服务均等化背景下财政分权体制的困境和应对策略。

第八章是结论与展望，对全书的研究结论进行概括总结，提出研究的不足和下一步改进方向。

第三节　主要观点与贡献

一　主要观点

第一，财政分权制度的设计首先是一个政治问题，其次才是一个经济问题。财政是"国家治理的基础和重要支柱"，必须服务和确保国家发展的政治意图、战略部署和改革方向。当前国家治理的主要目标是确保国家安全和社会稳定，需要同时控制源自地方行政人员的代理风险和源自民众的社会风险。[①] 为此，中央政府的直接目标既包括治理效率，又包括群众满意度，以提升绩效合法性。[②] 站在国家治理角度，财政分权必须兼顾分权与制衡两个原则，分权在于提升治理效率，制衡在于降低代理风险。因此，构建面向基本公共服务均等化的财政分权体制，需要综合考虑公共服务的配置效率和对地方政府的激励相容。而在基于制衡原则采取的财权集中模式下，财政分权体制的改革逻辑已经由"财权与事权相结合"转向"财力与事权相匹配""事权和支出责任相适应"。

第二，中国式财政分权对基本公共服务均等化具有正向促进效应，而非负向抑制效应。地方政府是基本公共服务的主要承担者，按照西方财政分权理论，财税竞争是激励地方政府改善公共服务的关键机制，但

---

① 曹正汉：《中国的集权与分权："风险论"与历史证据》，《社会》2017年第3期。
② Hongxing Yang, Dingxin Zhao, "Performance Legitimacy, State Autonomy and China's Economic Miracle", in Suisheng Zhao ed., *Debating Regime Legitimacy in Contemporary China: Popular Protests and Regime Performances*, London and New York: Routledge, 2017, pp. 174-192.

前提是要依靠"用脚投票"和严格的预算约束来保证。学界普遍认为，由于中国式财政分权并不具备这两大要件，加之"政治锦标赛"的作用，使得良性的财税竞争在中国并不存在，并且对于地方政府积极性的主因产生了"财政激励"和"晋升激励"之争。① 但无论如何，政府间竞争一直是政府行为最有力的解释框架之一。② 本书的观点是，地方政府的竞争模式会随着国家治理目标的变化而发生改变。中国经验表明，强大的中央政府才是有效分权的前提，随着国家治理目标从"以经济建设为中心"转向"以人民为中心"，地方政府在总体上已经从"为增长而竞争"转向"为福利而竞争"。

第三，研究中国式财政分权对基本公共服务均等化的影响，需要关注税收分成和转移支付的相互关系。财政分权对基本公共服务均等化的直接影响，首先在于为各级政府的公共服务供给提供足够的财力保障。由于中国式财政分权具有典型的纵向不平衡特征，从地方政府的财力结构来看，大量的中央转移支付和地方自有的税收收入共同保障了基本公共服务的财力需求。但是，旨在促进地区公平的转移支付，将不可避免地带来诸多效率损失，比如逆向激励、财政扩张和预算软约束等问题。由此，转移支付到底是"援助之手"还是"激励陷阱"，就成为一个值得探讨的问题，如何平衡转移支付与税收分成之间的关系也成为亟待解决的问题。

二 主要贡献

第一，讨论了基本公共服务均等化的测量指标，评估了基本公共服务均等化的最新变动趋势。通过对基本公共服务均等化的不同测量指标进行比较，发现现有研究存在以下缺憾：一是从"投入—产出"综合视角构建均等化指标的方式忽略了从投入到产出的复杂过程，不适于财政视角下的均等化研究，需要将投入维度和产出维度做适度分离，而相比

---

① 吕冰洋、陈怡心：《财政激励制与晋升锦标赛：增长动力的制度之辩》，《财贸经济》2022年第6期；陆铭：《大国治理——高质量发展与地方间竞争的空间政治经济学辨析》，《经济社会体制比较》2023年第3期。

② 何艳玲、李妮：《为创新而竞争：一种新的地方政府竞争机制》，《武汉大学学报》（哲学社会科学版）2017年第1期。

之下，产出维度的均等化指标更能说明问题；二是受数据可得性限制，大多数研究使用的是省际面板数据，这就难以反映省以下的基本公共服务均等化状况，而均等化的关键正是在市域和县域。本书除了根据主流做法采用人均支出维度的均等化指标和省际面板数据对全国的基本公共服务均等化状况进行观测，还构建了产出维度的均等化指标，使用地级市面板数据追踪了省以下基本公共服务均等化水平的变化情况，发现无论是投入维度还是产出维度，基本公共服务的均等化趋势均较为明显，但是东部地区和西部地区的非均等化问题仍然是制约全国基本公共服务均等化的关键。

第二，使用最新的财政分权测量指标，发现中国式财政分权确实能够有效改善地方公共服务。当前关于财政分权与基本公共服务均等化的经验研究相对较少，并且研究结论还不尽一致。其主要原因在于，多数文献在财政分权指标的选择上具有随意性，忽略了不同指标背后的作用逻辑。[①] 更为重要的是，学者们逐步发现，以往对收支分权采用地方财政收支占全国或中央财政收支比重的测量方式有误，应该使用地区内各级政府财政收支份额进行测量。[②] 本书使用了符合研究目的且计算逻辑正确的地方税收分成比重作为收入分权的测量指标，得到与很多研究相反的结论，发现中国式财政分权显著促进了地方政府的公共服务支出偏向和均等化水平，由此验证了中国式财政分权的有效性。

第三，探讨了转移支付与税收分成的相互关系，发现二者在均等化效应上存在显著替代关系，并且具有地区异质性。尽管计量结果显示，转移支付与税收分成均会显著促进基本公共服务的均等化水平，但是转移支付与税收分成在均等化效应上存在替代关系，而与东部地区相比，这一替代效应在中部地区和东北地区更加显著，西部地区则没有明显差异。综合考虑不同地区的均等化趋势和财政激励效应，发现东部地区政府更倾向"利维坦偏好"，中部和东北地区的地方政府更具有"蒂布特偏好"，西部地区政府则更存在"GDP"偏好。因此，要推进基本公共服务

---

① 陈硕、高琳：《央地关系：财政分权度量及作用机制再评估》，《管理世界》2012 年第 6 期。

② 张光：《测量中国的财政分权》，《经济社会体制比较》2011 年第 6 期。

均等化，需要关注不同地方政府的行为偏好以进行精准施策，构建税收分成与转移支付的协调机制。对于东部地区，需要强化民生政绩考核等政治约束以规制地方政府行为；对于中部和东北地区，应强化政治层面的正向激励来维持地方政府的公共服务偏好，同时注意转移支付的针对性；对于西部地区，则应注重政治激励和政治约束的双管齐下，重点发挥民生专项转移支付功能。

第 二 章

文献回顾

本章对基本公共服务均等化和财政分权的已有文献进行回顾与批评性总结,目的在于厘清基本公共服务均等化的理论基础和研究进展,尤其是财政分权与基本公共服务均等化的经验研究路径和结论。

第一节 公共服务均等化的理论与研究进展

一 公共服务理论的演变与发展

公共服务与公共行政、公共管理紧密相连,它不仅是财政问题,也是经济问题、社会问题和政治问题。[①] 公共服务的理念源于19世纪下半叶资本主义社会的阶级冲突与斗争,随着行政权力不断扩张、政治民主不断扩大,资本主义国家在社会领域进行了诸多调整,从自由放任主义政策过渡到国家干预主义政策,公共服务成为国家政府职能的主要内容。关于公共服务的理论研究大致经历了三个阶段:社会政策与公法研究阶段、公共经济学研究阶段、新公共管理研究阶段。[②]

19世纪下半叶,德国社会政策学派的代表人物瓦格纳(Adolf Wagner)提出公共服务理念,极力主张扩张政府职能范围并发挥财政的社会政策作用。19世纪末,英国改良主义经济学家霍布森(John A. Hobson)提出"最大社会福利"思想,界定了公共服务的价值目标,认为国家必须干预经济生活,以便把个人利益与社会利益调和起来,使"最大多数

[①] 刘尚希:《基本公共服务均等化:现实要求和政策路径》,《浙江经济》2007年第13期。
[②] 唐铁汉、李军鹏:《公共服务的理论演变与发展过程》,《新视野》2005年第6期。

人的最大幸福"得以实现。1912年，法国公法学家狄骥（Leon Duguit）明确提出，"公共服务就是指那些政府有义务实施的行为"，是多种多样和不断增多的"与公共需求相关的政府活动"。① 但直到1929年凯恩斯（John M. Keynes）在《就业、利息和货币通论》（*The General Theory of Employment, Interest, and Money*）中提出国家干预理论之后，传统经济学才改变了对政府职能的看法。

到20世纪中期，经济学家明确提出"公共产品"的概念，公共服务的理论视角转向经济学。1954年，新古典综合学派的代表人物萨缪尔森（Paul A. Samuelson）发表了《公共支出的纯理论》（"The Pure Theory of Public Expenditure"）一文，首次提出了"公共产品"的明确定义，认为必须通过政府干预消弭市场失灵，通过提供公共产品以调节经济运行。后来，现代财政学之父马斯格雷夫（Richard A. Musgrave）在其经典著作《财政学原理：公共经济学研究》（*The Theory of Public Finance: A Study in Public Economy*）中首次引入公共经济概念，对公共产品的边界范围、合理配置、有效供给等问题进行了系统研究，提出政府与市场相互配合才能实现资源配置的帕累托最优和国民福利的最大化，深刻影响了各国政府的公共服务实践。

20世纪80年代以来，以英国、美国、澳大利亚为代表的国家发起了著名的"新公共管理运动"，公共服务成为公共行政与公共管理的核心内容，出现以消费者为导向、以私人机构打破官僚制的公共服务倾向，以及强调顾客至上、引入市场机制、结果和绩效导向的公共服务模式。同时，以登哈特（Robert B. Denhardt）为代表的学者提出了新公共服务理论，崇尚基于共同价值观的公共利益而非个人利益，强调公民责任导向的公民优先而非顾客至上，认为应重塑政府的多方协调角色，主张组织与公民参与的民主治理模式。

二 公共服务均等化的理论进展

"公共服务均等化"最初是中国语境下针对公共服务地区间供给不均衡的现状而提出的目标性政策概念。2005年10月，党的十六届五中全会

---

① ［法］狄骥：《公法的变迁》，郑戈译，商务印书馆2013年版，第47—53页。

通过的《中共中央关于制定国民经济和社会发展第十一个五年规划的建议》提出，按照公共服务均等化原则，加大对欠发达地区的支持力度，加快革命老区、民族地区、边疆地区和贫困地区经济社会发展。此后，理论界和实务界纷纷对公共服务均等化的问题展开研究。

从理论渊源来看，国内关于基本公共服务均等化的理论依据更多来自西方理论，但在这些西方理论中鲜有关于公共服务均等化的直接论述，相关思想广泛分布于政治学、经济学、心理学等学科视野中，正义理论、外部性理论、福利经济理论、公共产品理论、公平理论等均为国内理解和分析公共服务均等化提供了重要基础，其中公平正义理论和经济学路径是最主要的两种理论视角。①

（一）政治学中的正义论

公共服务均等化的本质是社会公平问题，是指"全体公民都能公平可及地获得大致均等的基本公共服务"②。研究公共服务均等化，重点在于如何理解公平。这从来都不只是一个经济问题，还是一个政治问题。从政治哲学意义上对公平的研究，可以追溯到苏格拉底和柏拉图的正义观。在柏拉图看来，正义就是全体社会成员"各居其位，各得其所"，简言之，即社会依据个人的德行特征及社会角色要求公正分配所有社会资源。③公平作为一种基本的价值取向和伦理规范，是一个融经济学、政治学、社会学、伦理学四位一体的综合概念，但是公平产生于社会权利和利益的分化，反映了社会权利和利益在不同社会群体之间的占有和分配关系，体现的是一个社会的基本制度体系。因而公平首先是一个重大的政治问题，而不只是一个经济问题或社会问题。④

在政治学中，关于公平的理解存在程序正义和结果正义之争。20世纪50年代，罗尔斯（John B. Rawls）在其著名的《正义论》（A Theory of

---

① 郭小聪、代凯：《国内近五年基本公共服务均等化研究：综述与评估》，《中国人民大学学报》2013年第1期。

② 《国务院关于印发国家基本公共服务体系"十二五"规划的通知》，2012年7月19日，中国政府网，https://www.gov.cn/zhengce/zhengceku/2012-07/19/content_7224.htm?ivk_sa=1023197a。

③ 唐慧玲：《公平分配的政治学解读——兼论罗尔斯正义理论对当代中国分配制度的启示》，《党政论坛》2008年第10期。

④ 麻宝斌、吴克昌：《公平与效率关系的政治学分析》，《政治学研究》2003年第2期。

Justice）中提出平等自由原则、机会均等原则和差别原则，成为福利分配的重要标准。其中，差别原则提出，一个社会要能够使处于社会最不利地位的人得到最大可能的利益，才能实现社会公正。这一观点与诺齐克（Robert Nozick）的观点产生了分歧。在诺齐克看来，罗尔斯的观点在程序上是不正义的，因为正义与平等无关，正义首要在于权利而非平等，[①]社会不平等是不幸而非不正义。但事实上，罗尔斯并未表明对结果正义或是程序正义的偏爱，他区分了完善的程序正义（结果公平且程序公平）、不完善的程序正义（程序如何设计都无法完全保证结果公平）和纯粹的程序正义（程序公平不论何种结果），认为完善的程序正义依赖于正义的结果，不完善的程序正义也不能罔顾正义的结果，但在现实中很难找到同时满足过程公平和结果公平的程序。

（二）心理学中的公平感知理论

心理学认为公平是人的一种知觉和感知。公平感的结构维度经历了从单因素论、双因素论、三因素论到四因素论的发展。[②] 20世纪60年代初，美国行为科学代表人物亚当斯（John S. Adams）提出公平理论，开启了对组织公平感的研究，侧重于研究工资报酬分配的结果公平，认为人是通过与他人的横向比较和对自己的纵向比较来权衡自身得失的。到20世纪70年代中期，学界开始重视对程序公正的研究。1975年，瑟保特（John W. Thibaut）和沃尔克（Lanren Walker）提出程序公平的概念，认为只要人们拥有对过程控制的权利，不论最终结果如何，其公平感都会得到显著增加。1986年，毕斯（Robert J. Bies）和莫格（Joseph S. Moag）开始关注人际互动对公平感的影响，提出"互动公平"的概念，认为员工在与上级的人际交往中所感受到的公正待遇程度，会对其公平感知产生影响。后来，格林伯格（Jerald Greenberg）又进一步将互动公平分为"人际公平"和"信息公平"两种类型。

国内学者对上述公平感知理论进行了修改与补充，最具代表性的理

---

① 徐友渔：《评诺齐克以权利为核心的正义观》，《中国人民大学学报》2010年第1期。

② 刘得明、龙立荣：《国外社会比较理论新进展及其启示——兼谈对公平理论研究的影响》，《华中科技大学学报》（社会科学版）2008年第5期。

论是个体公平理论和群体公平理论。① 其中，个体公平理论部分继承了亚当斯公平理论的内容，认为公平感知除了主观标准，还有"按劳分配、多劳多得"的客观标准，人们会通过横向与纵向的客观比较获得公平感知；群体公平理论则认为，不应只关注个体公平感，还应关注群体公平感，个体感到公平的人数占所在群体总人数的百分比，可以反映出该群体的公平程度。

（三）经济学中的福利经济学和公共产品理论

公平分配一直是经济学长期研究的重大命题。18 世纪，经济学之父亚当·斯密（Adam Smith）早在《国富论》（1776 年）中就始终把公平、平等或平等对待作为理想，并将法律公平和社会公平等统一于追求自由秩序、法治社会和公民政府的目标中，强调制度公平优于政府管制，主张社会要保证提供给每个人的致富机会是均等的，竞争规则是公平的。斯密在论述国家财富的再分配时，还确定了自由主义原则下的政府职能，包括抵御外敌入侵、维持社会秩序、建设部分公共工程以及教育国民，并在其著名的四项征税原则中提出了公平原则。19 世纪，以约翰·穆勒（John S. Mill）为代表的功利主义论者认为，增进一国社会福利，需要同时注重提高生产效率和促进社会公平。这些论述均表明公平的重要性，以及制度设计和政府职能在实现社会公平中的必要性。

福利经济学的基本思想和若干命题为公共服务均等化提供了重要基础。② 新古典经济学派的开创者马歇尔（Alfred Marshall）在《经济学原理》（1890 年）一书中提出"外部经济"和"内部经济"的概念，特别关注收入分配和贫困问题，主张由国家与社会来增进社会福利、消灭人类贫困。庇古（Arthur C. Pigou）继承了马歇尔的思想，首次将社会福利问题与国家干预收入分配问题加以结合研究，在《福利经济学》（1920 年）一书中正式建立了外部性理论，强调政府的矫正力量，并提出开创性观点：国民收入总量越大，社会经济福利就越大；国民收入分配越是均等化，社会经济福利也就越大。此后，针对社会福利最大化的问题，

---

① 孙伟、黄培伦：《公平理论研究评述》，《科技管理研究》2004 年第 4 期。
② 于树一：《公共服务均等化的理论基础探析》，《财政研究》2007 年第 7 期。

相继出现了帕累托（Vilfredo Pareto）的"最优"定理（效率标准），希克斯（John R. Hicks）的"卡尔多改进"补偿原则（兼顾效率与公平），阿罗（Kenneth J. Arrow）等的社会福利函数（效率是必要条件、公平是充分条件），阿马蒂亚·森（Amartya Sen）的"能力"中心观（强调个人能力提升、以满足人的需要作为公平的基础）、李普西（R. G. Lipsey）和兰卡斯特（K. Lancaster）的次优理论（扭曲条件下的次优决策）、黄有光的第三优理论（有扭曲、信息成本和行政成本下的可行决策）等。福利经济学通过资源配置和收入分配的方式，追求效率和公平，与政府提供公共服务时要兼顾效率与社会公平追求的原则具有一致性。

公共产品实际上是外部性的极端情形。大卫·休谟（David Hume）早在《人性论》（1739年）中就提出"集体消费品"概念，认为这种超越个人利益的公共事务只能由集体行动来完成，由此论证了政府的起源。后来斯密、穆勒等均间接提到了公共产品的问题。直到19世纪80年代，奥意财政学派才发展出了系统的公共产品理论，将边际效用价值运用于对公共产品的税收和配置等问题的研究，论证了政府和财政在市场经济运行中的合理性与互补性。1919年，瑞典学派的维克塞尔（Knut Wicksell）和林达尔（Eric Lindahl）提出维克塞尔—林达尔模型，成为公共产品理论的成果之一。林达尔认为拥有充足理性的个人，对公共产品的供给水平及成本分配进行讨价还价，最终实现公共产品的供需均衡。

而真正对公共产品理论产生突破性贡献的学者当属萨缪尔森。他在1954年发表的《公共支出的纯理论》一文中，将公共产品定义为这样一种产品，即"每个人对该产品的消费并不减少其他人对该产品的消费"。[①]该定义后来成为经济学中对"纯公共产品"的经典定义。据此，纯公共产品应该是所有成员均等消费的产品，体现了均等化思想。萨缪尔森在此基础上逐步明确了公共产品的两个基本判断标准——消费的非竞争性和受益的非排他性，其相关研究部分解决了公共产品所需资源的最佳配置条件，推动了西方经济学界对公共产品的研究热潮，具有划时代意义。

---

① Paul A. Samuelson, "A Pure Theory of Public Expenditure", *The Review of Economics and Statistics*, Vol. 36, No. 4, November 1954, pp. 387–389.

此后，蒂布特（Charles M. Tiebout）提出了著名的"用脚投票"理论，分析地方公共产品的配置问题。布坎南（James M. Buchanan）提出了著名的"俱乐部经济理论"和"准公共产品"概念，拓展了萨缪尔森"二分法"框架下的公共产品概念。公共产品理论及其研究的不断推进，为基本公共服务的供给原则与方式提供了理论基础。

综上，公共服务均等化实质上是一个关涉社会公平的政治问题。尽管经济学、心理学的发现有助于提高公共服务均等化的评价能力，但都无法取代其背后的政治过程。由于社会理性并不完全受制于经济学规律和伦理标准，公平实质上是政治问题，不可避免地受到权力分配和合法化过程的影响。[①] 因此，公共服务均等化的研究重点在于寻找一种有效的制度设计，通过体制机制的精巧安排，确保人人公平享有公共服务的权利。

三 基本公共服务均等化的内涵与测量

（一）公共服务的概念与内涵

公共服务是基本公共服务均等化问题中最基础的概念。自国务院在1998年全国财政工作会议上提出建立公共财政基本框架之后，关于公共服务的相关研究就迅速增多。公共财政的首要特征在于着眼社会公共需求，保证公共物品和服务的提供。[②] 公共财政的建立标志着政府职能全面转向公共服务。对于公共服务的概念解读，最初是存在争议的，主要聚焦于"公共服务是否等同于公共产品"和"政府应该提供何种公共服务"两大问题上，大致可以分为以下四种视角。

一是公共产品视角，将公共服务等同于公共产品。从狭义上看，公共服务属于一种无形的公共产品，[③] 公共服务的范畴小于公共产品的范畴；从广义上看，公共服务包括物质形态和非物质形态两种类型，公

[①] 谢明编著：《公共政策导论（第五版）》，中国人民大学出版社2020年版，第269页。

[②] 高培勇：《公共财政：概念界说与演变脉络——兼论中国财政改革30年的基本轨迹》，《经济研究》2008年第12期。

[③] 安体富、任强：《公共服务均等化：理论、问题与对策》，《财贸经济》2007年第8期。

服务与公共产品的内涵一致,① 只是概念使用有差异。公共产品是资源配置、现实条件和工具层面上的概念,公共服务则是公共利益、公共需求和职能层面上的概念。② 但在实际使用中,二者常常不做区分。③

二是价值功能视角,从公共需要、公共利益的价值功能角度对公共服务加以界定,认为公共服务是公共部门为回应社会需要、保障公民权利和实现公共利益的服务行为及其制度安排;④ 主要特征是"满足公众需要"和"公民平等享受";⑤ 公共价值在于使最大多数人得到最大福利。⑥

三是供给责任视角,认为公共服务是由政府利用公共权力或公共资源所做出的公共行为。⑦ 具体来说,公共服务是政府在纯粹公共物品、混合性公共物品,以及带有生产的弱竞争性和消费的弱选择性私人物品的生产与供给中的职责。⑧ 但公共服务除了必须由政府承担,还应在公共服务供给中引入市场机制。⑨ 如果根据服务的性质、需求的紧迫和重要程度,以及政府能力来确定公共服务的优先次序,其中完全由政府提供的是基本公共服务。⑩

四是辩证分析视角,认为公共服务在不同研究视角下具有不同的内涵和外延。公共服务的公共性属性可从价值、功能、过程、结果四个维度加以理解,其内涵和外延存在中西方不同文化语境、情景语境的差异,其形式属性也存在过程、结果层次的不同,应重视公共服务概念认知的

---

① 郭小聪、刘述良:《中国基本公共服务均等化:困境与出路》,《中山大学学报》(社会科学版) 2010 年第 5 期。
② 杜万松:《公共产品、公共服务:关系与差异》,《中共中央党校学报》2011 年第 6 期。
③ 李德国、陈振明:《高质量公共服务体系:基本内涵、实践瓶颈与构建策略》,《中国高校社会科学》2020 年第 3 期。
④ 李俊清、付秋梅:《在公共服务中感知国家——论铸牢中华民族共同体意识的公共服务路径》,《公共管理与政策评论》2022 年第 3 期。
⑤ 郁建兴、吴玉霞:《公共服务供给机制创新:一个新的分析框架》,《学术月刊》2009 年第 12 期。
⑥ 陈振明等:《公共服务导论》,北京大学出版社 2011 年版,第 10—14 页。
⑦ 刘尚希:《基本公共服务均等化:现实要求和政策路径》,《浙江经济》2007 年第 13 期。
⑧ 马庆钰:《关于"公共服务"的解读》,《中国行政管理》2005 年第 2 期。
⑨ 宋世明:《工业化国家公共服务市场化对中国行政改革的启示》,《政治学研究》2000 年第 2 期。
⑩ 项继权:《基本公共服务均等化:政策目标与制度保障》,《华中师范大学学报》(人文社会科学版) 2008 年第 1 期。

复杂性和多变性，以构建具有中国特色的公共服务话语体系。[①]

（二）基本公共服务的概念与内涵

相对于公共服务的概念，"基本公共服务"是一个极具中国特色的政策概念，最早是由财政部门在"十一五"时期提出，主要是为让财政资金分配用于民生保障时有更加充分的依据。[②] 2006年，以党的十六届六中全会为标志，公共服务均等化问题从意识形态层面上升到制度层面，相关研究热度也迅速攀升。不少学者开始就基本公共服务的定义和内容进行热烈探讨，主要可以分为基本权利视角和供求视角。

基本权利视角认为，基本公共服务是建立市场经济的社会安全网、保障全体社会成员基本生存权和发展权所必须提供的公共服务。基本公共服务与公民基本权利密切相关，[③] 是指在一定经济社会条件下，由政府主导提供、旨在保障全体公民生存和发展基本需求的公共服务。[④] 基本公共服务，其一是为应对市场经济条件下会产生消费不平等风险而对公民基本生存权的保障；[⑤] 其二是与公民法权相关的保障，并且要为全体公民公平、平等、普遍享有。[⑥]

供求视角则是根据人们需求的公益性程度及对政府依赖程度的不同，将公共服务划分为"基本公共服务"和"非基本公共服务"两类，[⑦] 或是按"公共"程度和拥挤系数来区分基本和非基本公共服务。[⑧] 前者必须由政府承担，后者可以由社会组织或市场来提供。但是由于政府能力有限，基本公共服务应该是某一时期政府向公民普遍提供的最小范围、最

[①] 姜晓萍、陈朝兵：《公共服务的理论认知与中国语境》，《政治学研究》2018年第6期。

[②] 金人庆：《完善公共财政制度 逐步实现基本公共服务均等化》，《求是》2006年第22期。

[③] 郭小聪、刘述良：《中国基本公共服务均等化：困境与出路》，《中山大学学报》（社会科学版）2010年第5期。

[④] 姜晓萍、吴宝家：《人民至上：党的十八大以来我国完善基本公共服务的历程、成就与经验》，《管理世界》2022年第10期。

[⑤] 刘尚希、杨元杰、张洵：《基本公共服务均等化与公共财政制度》，《经济研究参考》2008年第40期。

[⑥] 陈海威：《中国基本公共服务体系研究》，《科学社会主义》2007年第3期。

[⑦] 基本公共服务均等化研究课题组：《让人人平等享受基本公共服务——我国基本公共服务均等化研究》，中国社会科学出版社2011年版，第5页。

[⑧] 卢洪友：《建立有助于改善社会公平的财政制度》，《地方财政研究》2013年第2期。

低标准的服务。有学者将基本公共服务从低到高划分为生存服务、发展服务和扶助服务三个层次，认为基本公共服务的范围应随着财政实力的增强而不断扩大。①

自"十一五"以来，基本公共服务的范围开始明晰，并成为国家推进区域经济社会发展、保障和改善民生的重要内容。到"十二五"时期，国家将基本公共服务的范围明确界定为三大类：一是基本民生需求类，如教育、就业、社会保障、医疗卫生、计划生育、住房保障、文化体育等；二是人民生活环境类，如交通、通信、公用设施、环境保护等；三是安全需要类，如公共安全、消费安全和国防安全等。② 进入"十四五"时期，基本公共服务更是与普惠性非基本公共服务、高品质生活服务有了更为紧密和更高水平的动态衔接。③

（三）基本公共服务均等化的概念与内涵

基本公共服务均等化一直是中国基本公共服务体系建设的核心目标。基本公共服务的概念一经提出，其内涵就与均等化密不可分。基本公共服务的均等化是"大体相等""相对平等"的过程。④ 学界对于公共服务均等化概念的研究，主要是基于不同的公平伦理观做出不同解读。在西方，不同学派有不同的公平观，比如弗里德曼（Milton Friedman）的自由主义公平观注重过程公平，罗尔斯的公平正义观强调机会平等，新福利经济学的补偿原则注重起点公平等。这些差异导致对公平的不同表达，如 fairness、equity、justice、reasonableness、impartiality 等。通过整理相关文献，⑤ 目前对

---

① 刘明德：《基本公共服务均等化辨析》，《上海行政学院学报》2017年第4期。

② 《国务院关于印发国家基本公共服务体系"十二五"规划的通知》，2012年7月19日，中国政府网，https://www.gov.cn/zhengce/zhengceku/2012-07/19/content_7224.htm?ivk_sa=1023197a。

③ 《"十四五"公共服务规划》，2021年12月28日，中国政府网，https://www.gov.cn/zhengce/zhengceku/2022-01/10/content_5667482.htm。

④ 安体富、任强：《公共服务均等化：理论、问题与对策》，《财贸经济》2007年第8期。

⑤ 基本公共服务均等化研究课题组：《让人人平等享受基本公共服务——我国基本公共服务均等化研究》，中国社会科学出版社2011年版，第10页；曹静晖：《基本公共服务均等化的制度障碍及实现路径》，《华中科技大学学报》（社会科学版）2011年第1期；吕炜、王伟同：《我国基本公共服务提供均等化问题研究——基于公共需求与政府能力视角的分析》，《财政研究》2008年第5期；项继权：《基本公共服务均等化：政策目标与制度保障》，《华中师范大学学报》（人文社会科学版）2008年第1期。

均等化的理解至少存在五种公平观,包括结果平等、起点平等、机会/过程平等、能力平等和需求平等(见表2-1)。

表2-1　　　　　国内关于基本公共服务均等化的公平观

	具体内容	可能后果
结果平等	向人们提供并保证人们实际享受相同内容和标准的公共服务;强调居民享受到的基本公共服务水平基本相当	平均主义、一律化;与多样化需求相矛盾,不现实
起点平等	向人们提供基本的公共服务,对弱势群体和地方提供特别支持,以消除现存差距;强调各地提供基本公共服务的财力条件基本相当,关注政府供给能力	出现实际结果的不平等
机会平等	赋予并保障人们平等享有公共服务的权利,提供共享的条件和机会;侧重制度的公平性	可能出现实际结果的不平等
能力平等	不同发展水平与条件的人们和地区可以享受不尽相同的公共服务水平	承认并扩大实际的不平等
需求平等	需求具有无限性、多样性、变动性,应根据不同的需求提供相应的公共服务,"各取所需""因人而异"	难以操作和满足;可能扩大差距

资料来源:笔者根据基本公共服务均等化研究课题组:《让人人平等享受基本公共服务——我国基本公共服务均等化研究》,中国社会科学出版社2011年版,第10页等整理。

总的来看,基于上述任何一种公平观的政策设计都不尽如人意,可行的选择是根据人们的需求、社会发展和政府能力,以低标准来界定基本公共服务均等化,即"人人都享有不低于他人或社会最低标准的公共服务"。这将同时满足起点平等、机会平等、需求平等的要求,并适应不同地方的政府供给能力。[①]《国家基本公共服务体系"十二五"规划》提出,基本公共服务均等化是指,全体公民都能公平可及地获得大致均等的基本公共服务,其核心是促进机会均等,重点是保障人民群众得到基

[①] 基本公共服务均等化研究课题组:《让人人平等享受基本公共服务——我国基本公共服务均等化研究》,中国社会科学出版社2011年版,第10页。

本公共服务的机会，而不是简单的平均化和无差异化。① 这一定义体现了当前中国基本公共服务均等化的第一标准，即机会均等及其背后的制度公平。《"十四五"公共服务规划》进一步提出基本公共服务均等化的目标，即"地区、城乡、人群间的基本公共服务供给差距明显缩小，实现均等享有、便利可及"②，强调了起点平等和机会平等。总之，"均等化"是一个托底的概念而非"扯平"的概念，是在承认各地客观差异的情况下，政府在现有条件下为地方居民提供的"最低限度"的基本公共服务。

推进基本公共服务均等化重在"均等"，但是难在"标准"——应当基于何种程度的基本公共服务水平来实现基本公共服务均等化。③ 由于基本公共服务均等化是一个动态概念，需要经历不同阶段，不同阶段具有不同标准。④ 从中国现阶段的国情出发，基本公共服务均等化需要在"横向上范围要适中""纵向上标准要适度"。⑤ 学界关于基本公共服务均等化的标准大致存在三种理解：一是最低标准，即要保底；二是平均标准，即要达到中等平均水平；三是相等标准，即结果均等。这三个标准并不矛盾，是一个动态过程。⑥ 具体来说，基本公共服务均等化体现在三个方面：一是服务内容和水平的均等化（消费均等和结果均等）；二是服务设施、条件及资源占有的均等化（条件均等和起点均等）；三是赋予人们相同的权利和机会（权利平等和制度平等）。⑦

---

① 《国务院关于印发国家基本公共服务体系"十二五"规划的通知》，2012 年 7 月 19 日，中国政府网（https://www.gov.cn/zhengce/zhengceku/2012 - 07/19/content_7224.htm? ivk_sa = 1023197a）。

② 《"十四五"公共服务规划》，2021 年 12 月 28 日，中国政府网，https://www.gov.cn/zhengce/zhengceku/2022 - 01/10/content_5667482.htm。

③ 曾红颖：《我国基本公共服务均等化标准体系及转移支付效果评价》，《经济研究》2012 年第 6 期。

④ 苏明、刘军民：《如何推进环境基本公共服务均等化?》，《环境经济》2012 年第 5 期。

⑤ 常修泽：《中国现阶段基本公共服务均等化研究》，《中共天津市委党校学报》2007 年第 2 期。

⑥ 安体富、任强：《公共服务均等化：理论、问题与对策》，《财贸经济》2007 年第 8 期。

⑦ 基本公共服务均等化研究课题组：《让人人平等享受基本公共服务——我国基本公共服务均等化研究》，中国社会科学出版社 2011 年版，第 10 页。

(四) 基本公共服务均等化的指标与测量

测评基本公共服务均等化的程度并不容易。已有文献从不同角度和层面构建了丰富多样的指标体系和分析模型，对基本公共服务均等化水平展开评估，逐步由定性研究转向定量与定性相结合的新阶段。这些测量指标分别从公共服务投入、公共服务产出、公共服务投入—产出、公共服务感知四种视角展开，既有单一指标，也有综合指标体系；既有全国层面的研究，也有区域（省、市、县）层面的研究（见表2-2）。这为进一步推进基本公共服务均等化水平测量指标体系的研究和构建提供了重要参考。

第一，投入角度。公共服务均等化的水平在相当程度上转变为地方政府提供公共服务的财政能力和财政投入上。不过由于个体特征不同，其公共需求的类别和数量也不同，各地的基本公共服务供给需要考虑实际人口数量和人口结构（老龄化、贫困率等）特征。① 因此，不少学者以人口为权重的公共服务支出作为基本公共服务均等化的测量指标。这些研究既包括总的公共服务人均支出，也包括卫生、教育等分领域的公共服务人均支出。但这种简单的人均化处理方式受到了质疑。因为导致基本公共服务成本差异的因素十分复杂多样，比如自然地理条件、人口因素、行政管理规模、劳动力和电力价格、市场发育程度等。因此，基本公共服务的均等化并非单纯的人均财力或支出的均等化，反而是要向那些基础条件差、单位服务成本高的地区给予适当倾斜。②

第二，产出角度。此类研究通过对不同类型基本公共服务的供给数量、设施、条件等产出和实际结果进行考虑，以此构建基本公共服务的均等化指标。这些研究会对多个分领域的公共服务资源数量进行综合，基本回应了政策层面对基本公共服务范围的确定，包括公共教育、公共卫生、公共文化、社会保障、环境保护等。此类指标较能真实地反映基本公共服务供给的客观结果，但忽略了主观评价，并且更难的地方在于

---

① 吕炜、王伟同：《我国基本公共服务提供均等化问题研究——基于公共需求与政府能力视角的分析》，《财政研究》2008年第5期。

② 曾红颖：《我国基本公共服务均等化标准体系及转移支付效果评价》，《经济研究》2012年第6期；苏明、刘军民：《如何推进环境基本公共服务均等化？》，《环境经济》2012年第5期。

表2-2 基本公共服务均等化状况的评估研究

	研究者	指标选择	测量方法	分析单位	数据跨度	均等化程度
公共服务投入	黄小平、方齐云①	人均财政卫生支出	泰尔指数	省	1997—2005年	全国省际差距缩小，但东部地区省际差距较大
	宋文昌②	人均公共服务支出	加权变异系数、泰尔指数	省	1987—1993年 1994—2006年	西部和东部地区内部差距较大，东中西区域间差距更大
	郭小聪、刘述良③	人均财政支出	横向比较	省	2008年	各地区之间不均等
	于凌云④	人均财政支出	变异系数	区县	2007—2009年	成都市城乡总体差距逐年缩小，但养老保险均等化不足
	和立道、李妍⑤	人均基础设施支出	横向比较	市、县、镇、乡、村	2000—2008年	城乡差距大
	曾红颖⑥	人均公共服务支出	横向比较	省	2008年	中西部、东北地区较弱
	梁朋、康珂⑦	3个指标合成的基本教育服务投入指数	极值、标准差	省	2005年、2011年	东中西部区域间差距很大，"中部塌陷"现象明显

① 黄小平、方齐云：《中国财政对医疗卫生支持的区域差异——基于泰尔指数的角度》，《财政研究》2008年第4期。
② 宋文昌：《财政分权、财政支出结构与公共服务不均等化的实证分析》，《财政研究》2009年第3期。
③ 郭小聪、刘述良：《中国基本公共服务均等化：困境与出路》，《中山大学学报》（社会科学版）2010年第5期。
④ 于凌云：《基本公共服务均等化财政转移支付机制的创新研究》，《保险研究》2010年第12期。
⑤ 和立道、李妍：《城乡公共服务均等化影响因素及其路径选择》，《云南师范大学学报》（哲学社会科学版）2012年第6期。
⑥ 曾红颖：《我国基本公共服务均等化标准体系及转移支付效果评价》，《经济研究》2012年第6期。
⑦ 梁朋、康珂：《基本公共教育均等化：基于财政预算投入的测量与评价》，《中共中央党校学报》2013年第6期。

续表

	研究者	指标选择	测量方法	分析单位	数据跨度	均等化程度
公共服务投入	田发，周琛影①	人均分项公共服务支出	泰尔指数	省	1996—2010年	区域间差距改善，东部和西部地区内部省际差距大
	杨东亮，杨可②	生均教育财政支出	经济收敛模型	县	2000—2010年	—
	青鑫，郑冰鑫③	基于供给能力、供给水平和人口规模的基本公共服务承载力测度指标	可能—满意度测度方法	市	2015年	大中城市之间差距较大，极化特征明显，空间分异显著
	李晓梅，任强④	7个维度16个指标合成	变异系数	省	2000—2006年	地区间差距扩大
	任强⑤	7个维度16个指标合成	基尼系数	省	2000—2006年	地区间差距扩大
公共服务产出	肖海平⑥	9个维度35个指标合成	变异系数	省	1990—2008年	沪浙区域间差距缩小
	马昊，曾小溪⑦	4个维度10个标合成的基本公共服务均等化指数	变异系数	省	2002—2009年	东中西部地区代表省份的均等化程度不高
	安体富，任强⑧	5个维度12个指标	变异系数	省	2000—2010年	省际差距未有改善

① 田发，周琛影：《区域基本公共服务均等化与财政体制测度：一个分析框架》，《改革》2013年第1期。
② 杨东亮，杨可：《财政分权对县级教育公共服务均等化的影响研究》，《吉林大学社会科学学报》2018年第2期。
③ 青鑫，郑冰鑫：《基本公共服务均等化视角下空间治理情境变动及策略研究》，《软科学》2021年第11期。
④ 李晓梅，任强：《中国公共服务均等化水平指标体系的构建——基于地区差别视角的量化分析》，《财贸经济》2008年第6期。
⑤ 任强：《中国省际公共服务水平差异的均等化变化》，《中央财经大学学报》2009年第11期。
⑥ 肖海平：《沪苏浙省际基本公共服务均等化水平研究：运用基尼系数的测度方法》，《江南论坛》2011年第2期。
⑦ 马昊，曾小溪：《我国基本公共服务均等化的评价指标体系构建——基于东中西部代表省份的实证研究》，《江汉论坛》2011年第15期。
⑧ 安体富，任强：《中国省际基本公共服务均等化水平的变化趋势：2000年至2010年》，《财政监督》2012年第15期。

续表

	研究者	指标选择	测量方法	分析单位	数据跨度	均等化程度
公共服务产出	傅小随、吴晓琪[1]	8个维度13个指标的基本公共服务均等化指标体系	变异系数、平均值	区	2010年	深圳市区域间差距较大，但基础教育领域和人群均等化水平较高
	胡骏钢、王洪川、周绍杰[2]	3个一级指标，9个二级指标，17个三级指标	变异系数	省	2006—2010年	地区差距逐步缩小
	魏淑艳、徐涛、王孟莹[3]	5个维度13个指标体系	变异系数	区县	2012年	沈阳市的均等化程度处于中等偏低，其中教育领域均等化程度最好
	武力超、林子辰、关悦[4]	5个维度7个指标合成	基尼系数	省、地级市	2003—2011年	均等化水平由西向东逐渐提高
	刘成奎、龚萍[5]	4维综合指标合成	各省农村与所在省比值	省	2004—2011年	—
	王永乐、李梅香[6]	4个每千人拥有10个题项的测量量表	均值比较、T检验	个体	2008年	新生代农民工与城镇居民差距较大
	叶林、吴少龙、贾德清[7]	4个千人拥有的卫生资源数量指标	变异系数、T检验	区县	2005—2012年	广州市中心区域与边缘区距扩大

[1] 傅小随、吴晓琪：《构建基本公共服务均等化双轨评价体系——以深圳市为例》，《国家行政学院学报》2012年第3期。
[2] 胡骏钢、王洪川、周绍杰：《国家"十一五"时期公共服务均等化发展评估》，《中国行政管理》2013年第4期。
[3] 魏淑艳、徐涛、王孟莹：《推进沈阳地区公共服务均等化的路径选择》，《辽宁大学学报》（哲学社会科学版）2013年第3期。
[4] 武力超、林子辰、关悦：《我国地区公共服务均等化的测度及影响因素研究》，《数量经济技术经济研究》2014年第8期。
[5] 刘成奎、龚萍：《公共服务均等化对新生代农民工城市融合的影响研究》，《广东财经大学学报》2014年第4期。
[6] 王永乐、李梅香：《财政分权、地方政府偏向与城乡基本公共服务均等化》，《统计与信息论坛》2014年第8期。
[7] 叶林、吴少龙、贾德清：《城市扩张中的公共服务均等化困境：基于广州市的实证分析》，《学术研究》2016年第2期。

续表

	研究者	指标选择	测量方法	分析单位	数据跨度	均等化程度
公共服务产出	刘成奎、齐兴辉、王宙翔①	3个维度6个指标合成	城乡比值	省	2003—2011年	城乡差距显著
	张德钢、郭皓皓、陆远权、黄巍瑶②	4个维度11个指标合成	基尼系数	市	2013—2018年	省会的公共服务水平较高,各省份内部城市间差距表现不一
	汪良军、胡文静③	5个维度10个题项的综合量表	双临界值	个体	2017年	—
	陈昌盛、蔡跃洲④	8个维度165个指标合成	变异系数	省	2000—2004年	区域差距明显,东部地区优于中西部地区,经济发达省份优于经济落后省份
公共服务投入—产出	李齐云、刘小勇⑤	三类指标	变异系数、差异指数、与全国偏离度	省	1997—2006年	不同指标和不同计算方法所表结论不同
	卢洪友⑥	6个层次221个指标合成	标准差、偏离度	省	2003—2009年	省际差距扩大

① 刘成奎、齐兴辉、王宙翔:《财政透明度对基本公共服务均等化的影响研究》,《宏观经济研究》2021年第11期。
② 张德钢等:《统筹城乡综合配套改革促进了民生性公共服务城乡均等化水平的提高吗——来自重庆市的经验证据》,《财贸研究》2018年第11期。
③ 汪良军、胡文静:《基本公共服务均等化与流动人口传染病就医行为研究》,《南方人口》2023年第3期。
④ 陈昌盛、蔡跃洲:《中国政府公共服务:基本价值取向与综合绩效评估》,《财政研究》2007年第6期。
⑤ 李齐云、刘小勇:《财政分权、转移支付与地区公共卫生服务均等化实证研究》,《山东大学学报》(哲学社会科学版)2010年第5期。
⑥ 卢洪友、卢盛峰、陈思霞:《中国省际基本公共服务非均等程度的经验评估》,中国财政学会2012年年会暨第十九次全国财政理论讨论会论文,厦门,2012年4月。

续表

	研究者	指标选择	测量方法	分析单位	数据跨度	均等化程度
	庞明礼、张东方①	人均基本公共服务支出	变异系数	市	2007—2009年	河南省内地区间差距显著
	张文礼、侯蕊、赵昕②	5个维度15个指标合成的基本公共文化服务均等化指数	变异系数	省	2006—2010年	甘、青、宁地区与东、中部地区差距缩小
	刘小勇、李齐云③	人均卫生支出指标和每万人卫生资源数量指标	增长率差异	省	1997—2008年	不同指标得到的结论不同
公共服务投入—产出	田时中、金海音、涂欣培④	5个维度23个指标合成	最大序差、方差	省	2004—2014年	省际差距，东中西部地区差距明显，尤其是东部地区内部差距较大
	范逢春、谭淋丹⑤	4个维度14个指标的评价体系	历时整体比较、共时均值比较	省	2006—2015年	中国城乡基本公共服务均等化水平显著提升，但各领域表现并不一致
	吉富星、鲍曙光⑥	人均公共财政支出、万人拥有公共服务资源数量	与全国偏离度	县	2000—2013年	—

① 庞明礼、张东方：《省域视野下基本公共服务均等化的模式选择与度量》，《辽宁大学学报》（哲学社会科学版）2012年第2期。
② 张文礼、侯蕊、赵昕：《西北民族地区基本公共服务均等化研究——基于甘、青、宁的实证分析》，《兰州大学学报》（社会科学版）2013年第5期。
③ 刘小勇、李齐云：《省及省以下财政分权与区域公共卫生服务供给——基于面板分位数回归的实证研究》，《财经论丛》2015年第4期。
④ 田时中、金海音、涂欣培：《基于熵值法的政府基本公共服务水平动态综合评价——来自全国2004—2014年的面板证据》，《石家庄学院学报》2017年第2期。
⑤ 范逢春、谭淋丹：《城乡基本公共服务均等化制度绩效领域测量：基于分省面板数据的实证分析》，《上海行政学院学报》2018年第1期。
⑥ 吉富星、鲍曙光：《中国式财政分权、转移支付体系与基本公共服务均等化》，《中国软科学》2019年第12期。

续表

	研究者	指标选择	测量方法	分析单位	数据跨度	均等化程度
公共服务投入—产出	田学斌、陈艺丹[1]	5个维度22个指标加权合成	泰尔指数、变异系数	省	2004—2017年	京津冀整体均等化水平提高，但京冀、津冀差距较大
	郭雨晖、汤志伟、赵迪[2]	6个维度39个指标合成	基尼系数、泰尔指数	省	2003—2018年	基本公共服务均等化系数在时序上呈倒"U"形趋势
	姜晓萍、康健[3]	3个维度10个二级指标29个三级指标的综合体系	—	—	—	—
	刘小春、李婵、熊惠君[4]	逆向财政指数	基准值比较	省	2007—2018年	东部、西部地区省份全国均水平高于基本公共服务省份水平则低于全国平均水平
	祝毅[5]	逆向财政指数	基准值比较	省	2017—2019年	区域间基本公共服务均等指数较高的省份为西藏、北京、青海、上海和天津
	何华兵[6]	8个维度共35个题项的公民满意度模型	指数排序	个体	—	—

[1] 田学斌、陈艺丹：《京津冀基本公共服务均等化的特征分异和趋势》，《经济与管理》2019年第6期。
[2] 郭雨晖、汤志伟、赵迪：《基本公共服务均等化评价的新视角与指标构建》，《中国行政管理》2020年第10期。
[3] 姜晓萍、康健：《实现程度：基本公共服务均等化水平及其影响因素分析》，《江西社会科学》2021年第6期。
[4] 刘小春、李婵、熊惠君：《我国区域基本公共服务均等化共同富裕：中国现状与实现路径》，《西北大学学报》（哲学社会科学版）2023年第2期。
[5] 祝毅：《区域基本公共服务均等化与共同富裕：中国现状与实现路径》，《西北大学学报》（哲学社会科学版）2023年第2期。
[6] 何华兵：《基本公共服务均等化满意度测评体系的建构与应用》，《中国行政管理》2012年第11期。

续表

	研究者	指标选择	测量方法	分析单位	数据跨度	均等化程度
居民主观感知	王敬尧、叶成[1]	基础教育和医疗卫生服务的满意度	数值排序	个体	2013年	各地区差距较大
	胡斌、毛艳华[2]	教育、卫生和住房三类居民均衡性感知	观测值	个体	2013年	—
	吕炜、张妍彦[3]	居民公共服务满意度	变异系数	个体	2012年、2014年、2016年	城市之间差距显著
	吴莹[4]	服务感知、满意度和未预期3个住房保障满意度指数	观测值	个体	2016年	三类指标均存在地区间差距
	梅正午、孙玉栋、刘文章[5]	教育、医疗、住房和社会管理四类公共服务资源均衡感	观测值	个体	2013年	四类均衡感均不够高
	缪小林、张蓉[6]	纵向和横向2个维度共4个指标	观测值	个体	2015年	—

资料来源：笔者整理。

[1] 王敬尧、叶成：《基本公共服务均等化的评估指标分析》，《武汉大学学报》（哲学社会科学版）2014年第4期。
[2] 胡斌、毛艳华：《转移支付改革对基本公共服务均等化及微观影响》，《经济学家》2018年第3期。
[3] 吕炜、张妍彦：《城市内部公共服务均等化及微观影响的实证研究》，《数量经济技术经济研究》2019年第11期。
[4] 吴莹：《基本公共服务均等化视角下的城市住房保障满意度研究——基于全国社会发展状况与社会态度调查》，《城市观察》2020年第4期。
[5] 梅正午、孙玉栋、刘文章：《公共服务均等化水平与公民社会公平感——基于CGSS 2013的分析》，《财贸研究》2022年第2期。
[6] 缪小林、张蓉：《从分配迈向治理——均衡性转移支付与基本公共服务均等化感知》，《管理世界》2022年第2期。

省级以下的数据不容易获得。

第三，投入—产出综合角度。为了更加系统地反映均等化的状况，很多学者综合考虑了权利平等、机会均等、结果均等不同面向的情况，将投入与产出维度相结合来建立一个综合性指标。此类指标的构建更为烦琐复杂。尤其值得关注的问题是，合并投入与产出维度的要素，使投入与产出之间的因果机制被掩盖，导致财政投入对均等化影响研究难以开展。

第四，居民主观感知视角。由于公共服务均等化并非简单通过财政人均投入和物质人均分配的统一途径就能实现的经济问题，[①] 而是应兼顾个体和区域差异，以人民的多样化需求满足为基础。[②] 当前，学界逐步将研究重点转向基本公共服务均等化的感知研究，提出基本公共服务感受均等，[③] 即从人人"可获得"转向人人"有感受"，强调居民获得感知，认为这种感知是建立在"客观获得"基础上的"主观感受"。[④] 既包括充分性感受，比如满意度、充足性、便利性、普惠感等，也包括比较性感受，比如均衡性、公平性等。王敬尧和叶成的研究发现，在基本公共服务均等化的感知上，结果均等要比过程正义更为重要，同时财政资金投入和服务供给数量无法取代居民对公共服务的满意度水平。[⑤] 但是主观性评价存在多样化、多变性和模糊性的缺点，同时开展大规模的主观调查十分困难。

[①] 苏明、刘军民：《如何推进环境基本公共服务均等化?》，《环境经济》2012年第5期；陈毅：《澄清与再审视：公共服务均等化对政府提出的挑战及其回应》，《行政论坛》2014年第6期。

[②] 吕炜、张妍彦：《城市内部公共服务均等化及微观影响的实证测度》，《数量经济技术经济研究》2019年第1期；曹静晖：《基本公共服务均等化的制度障碍及实现路径》，《华中科技大学学报》（社会科学版）2011年第1期。

[③] 姜晓萍、康健：《实现程度：基本公共服务均等化评价的新视角与指标构建》，《中国行政管理》2020年第10期；缪小林、张蓉、于洋航：《基本公共服务均等化治理：从"缩小地区间财力差距"到"提升人民群众获得感"》，《中国行政管理》2020年第2期。

[④] 杨宜勇、邢伟：《公共服务体系的供给侧改革研究》，《人民论坛·学术前沿》2016年第5期；丁元竹：《对政府购买医疗保险领域公共服务制度安排的思考》，《中国机构改革与管理》2016年第4期。

[⑤] 王敬尧、叶成：《基本公共服务均等化的评估指标分析》，《武汉大学学报》（哲学社会科学版）2014年第4期。

总的来说，由于"均等化"的含义与理解具有多样性，基本公共服务均等化的度量并不存在统一的、权威性的指标，加之数据的获取上存在难度，导致不同研究者采用了多种方式对公共服务均等化进行指标设计。在具体的实证研究中，存在以下特点：一是在评估对象上，涵盖全国、区域、省份、地市级、县域等多个层面；二是在评估范围上，涵盖公共教育、医疗卫生、社会保障、公共设施、劳动就业、公共文化体育等多个领域；三是在构建方法上，从单一指标法转向复合指标的模型构建法，采用因素权重、算数平均、层次分析、主成分分析、回归分析、模型建构等多种方法合成指标；四是在测算方法上，存在变异系数、泰尔指数、基尼系数等多种方法对相关指标数值的差异进行测算；五是在评估结果上，尽管存在差异，但总体来说在时间维度和区域维度上均存在均等化改善的趋势。

第二节 财政分权的理论与研究进展

一 财政分权的理论进展

财政分权的研究是随着分权的越发普及而不断发展的，已经成为政治经济学、公共选择理论、政治科学、法学、财政联邦主义、分权化、欧洲一体化、地区和全球体制、国际关系等领域学者共同关注的话题。① 财政分权理论中的一个重要领域是，研究分权对公共支出与公共产品供给的影响。长期以来，主流公共产品理论侧重于对全国性公共需求的分析。1956年，美国经济学家蒂布特的经典文章《地方支出的纯理论》拉开了财政分权研究的序幕。西方学界就财政分权是否有利于优化公共资源配置，是否有助于限制政府规模，以及对政府间职能分配如何影响等问题展开激烈争论，并由此产生丰富的理论成果。

迄今为止，财政分权研究经历了三个发展阶段。第一代财政分权理论，或称为传统财政分权理论，主要是从经济学的视角，以新古典经济

---

① Fritz Breuss, Markus Eller, "The Optimal Decentralisation of Government Activity: Normative Recommendations for The European Constitution", *Constitutional Political Economy*, Vol. 15, No. 1, March 2004, pp. 27–76.

学的规范理论作为分析框架，对不同政府层级和公共部门职能的财政责任分配问题进行分析，旨在通过优化政府间税收和支出的配置来改进社会福利。鉴于蒂布特、马斯格雷夫和奥茨（Wallace E. Oates）等学者的开创性贡献，这一理论也被称为 TOM 模型（TOM-model）。其核心内容是，将政府视为追求社会福利最大化的慈善家，认为通过资源配置权力的下放，一方面可以促进地方政府在"用脚投票"机制的驱使下产生政府间竞争，提高生产效率；另一方面能够使地方政府在信息优势的基础上更好地满足当地居民偏好，实现帕累托最优。

第二代财政分权理论，或称为财政分权新理论，对公共产品层次性和市场供求关系的传统分析框架进行了拓展。通过运用激励相容与机制设计学说、委托—代理关系等研究路径，将政府间财政关系的研究推向了一个新的高度。[①] 20 世纪 80 年代，以布伦南（Geoffrey Brennan）和布坎南（James M. Buchanan）为代表的学者提出，以往的研究忽视了政府的激励机制，认为政府并不是一个慈善家，而是一个高度集权、寻求收入最大化的"利维坦"（Leviathan），因此需要通过分权建立竞争，并通过"用脚投票"的机制实现对政府的约束。到 20 世纪 90 年代，以钱颖一、温加斯特（Barry R. Weingast）为代表的一批学者将地方政府行为激励和经济增长等纳入财政分权的研究中，标志着第二代研究的形成。与第一代研究相比，第二代研究主要在基本假设上发生了根本变化，承认政府是经济人的假设，认为政府只要缺乏约束也有可能从政治决策中寻租，但是在对分权效应的结论上是一致的，即通过分权竞争能够实现对政府权力的有效制约。

第三代财政分权研究对以往的研究进行了修正，认为中央的转移支付会影响分权的效果，引发预算软约束、"粘蝇纸效应"或"掠夺财政公地"（raiding of the fiscal commons）的问题。[②] 因此，分权竞争在某些情

[①] Wallace E. Oates, "Toward a Second-Generation Theory of Fiscal Federalism", *International Tax and Public Finance*, Vol. 12, No. 4, August 2005, pp. 349–373.

[②] Prud'homme Rémy, "The Dangers of Decentralization", *The World Bank Research Observer*, Vol. 10, No. 2, August 1, 1995, pp. 201–220; Richard M. Bird, Michael Smart, "Intergovernmental Fiscal Transfers: International Lessons for Developing Countries", *World Development*, Vol. 30, No. 6, June 2002, pp. 899–912; Jonathan Rodden, "Reviving Leviathan: Fiscal Federalism and The Growth of Government", *International Organization*, Vol. 57, No. 4, Fall 2003, pp. 695–729.

况下就无法对政府行为产生约束。第三代研究也强调了不同政府职能对分权的限制。一些公共服务可能从分散化供给中获得质量提升的好处，但是还有一些"自然核心职能"则更加适合集中控制与执行，一些诸如基础设施供给等具有网络外溢特征的任务也是由国家层面来集中供给比较好。① 与前两代研究相比，第三代研究更加务实，通过运用新政治经济学的分析框架，将政治制度、交易费用等引入财政分权的研究中，开辟了对转型经济体和发展中国家研究的新路径。

尽管财政分权的研究存在多种分支，却逐步达成一种共识：分权效应是非线性的，会因具体的国家治理背景、政治经济条件等不同而产生不同的影响效果，② 由此引起很多关于财政分权影响因素的热烈探讨。③ 更为可行的解决路径是，将分权对公共服务供给成本和效率造成的影响视为一种"权衡"（tradeoffs）的问题，④ 比如规模经济、信息优势和外部性之间的权衡，⑤ 或是协调与问责之间的权衡，⑥ 再或是公共服务与经济

---

① Wallace E. Oates, "Toward a Second-Generation Theory of Fiscal Federalism", *International Tax and Public Finance*, Vol. 12, No. 4, August 2005, pp. 349 – 373.

② Timothy Besley, Stephen Coate, "Centralized versus Decentralized Provision of Local Public Goods: A Political Economy Approach", *Journal of Public Economics*, Vol. 87, No. 12, December 2003, pp. 2611 – 2637; Pranab Bardhan, Dilip Mookherjee, "Pro-Poor Targeting and Accountability of Local Governments in West Bengal", *Journal of development Economics*, Vol. 79, No. 2, April 2006, pp. 303 – 327; Marius R. Busemeyer, "The Impact of Fiscal Decentralisation on Education and Other Types of Spending", *Swiss Political Science Review*, Vol. 14, No. 3, January 20, 2008, pp. 451 – 481.

③ Alfred M. Wu, Wen Wang, "Determinants of expenditure decentralization: Evidence from China", *World Development*, Vol. 46, June 2013, pp. 176 – 184; Gustavo Canavire-Bacarreza, Jorge Martinez-Vazquez, Bauyrzhan Yedgenov, "Reexamining the Determinants of Fiscal Decentralization: What is the Role of Geography?", *Journal of Economic Geography*, Vol. 17, No. 6, November 2017, pp. 1209 – 1249; Antonio Nicolás Bojanic, "The Empirical Evidence on The Determinants of Fiscal Decentralization", *Revista Finanzas y Política Económica*, Vol. 12, No. 1, May 13, 2020, pp. 271 – 302.

④ Michele Cincera, Antonio Estache, "Alexander Wolf, Would Less Fiscal Decentralization Reduce Public Sector Size Across Sectors in Europe?", the Centre for Economic Policy Research, Feburary 17, 2012.

⑤ Wallace E. Oates, "Searching for Leviathan: An Empirical Study", *The American economic review*, Vol. 75, No. 4, September 1985, pp. 748 – 757.

⑥ Paul Seabright, "Accountability and Decentralisation In Government: An Incomplete Contracts Model", *European Economic Review*, Vol. 40, No. 1, January 1996, pp. 61 – 89.

稳定之间的权衡。①

二 财政分权的理论模型

无论是作为起源的第一代研究，还是作为传承的第二代理论，抑或是最新的第三代研究，都产生了丰富的理论视角。这对于理解财政分权研究公共服务供给的假设基础与方法设计都十分重要。财政分权理论就财政分权对公共服务供给的影响形成了两种判断，反映了公共部门决策制定的不同视角：一是以"蒂布特模型"为代表的理论研究，包括马斯格雷夫的"最佳配置职能说"和奥茨的"分权定理"，认为政策制定者旨在寻求社会福利最大化，会因税收竞争而提升公共资源配置效率；二是以"利维坦模型"为基础的理论研究，包括"税收竞争基本模型""企业选址模型""垂直税收竞争""分裂政府模型""市场维持型联邦制"等，认为政府也具有追求自我利益的动机，甚至是寻求税收最大化的"利维坦"，因此需要关注对地方政府的激励约束机制。

（一）"蒂布特模型"及其扩展

蒂布特开创性提出了"用脚投票"模型。该模型认为，地方公共产品的供给能够通过居民"用脚投票"机制实现公共资源的有效配置，达到帕累托最优；同时，由于各地区的公共产品与税收组合可能有所不同，通过地区之间的竞争，有利于促进政府效率的提高。② 米耶史考斯基（Peter Mieszkowski）和佐德罗（George R. Zodrow）精练地总结了"蒂布特模型"的关键特征：一是有一群拥有不同固定收入和偏好的家庭，能够在社区中完全流动；二是有大量能够自由进出的社区存在，每个社区都提供了一些地方公共产品并征收人头税；三是有一个最优人口水平使人均公共产品成本最小化，地方当局会为争取家庭流入而展开竞争，通过提供合适的公共产品和税收组合以获得最优人口数量。③ 蒂布特的主要

---

① Luiz R. De Mello Jr., "Fiscal Decentralization and Intergovernmental Fiscal Relations: A Cross-Country Analysis", *World Development*, Vol. 28, No. 2, Feburay 2000, pp. 365 – 380.

② Charles M. Tiebout, "A Pure Theory of Local Expenditures", *Journal of Political Economy*, Vol. 64, No. 5, October 1956, pp. 416 – 424.

③ Peter Mieszkowski, George R. Zodrow, "Taxation and the Tiebout Model: The Differential Effects of Head Taxes, Taxes on Land Rents, and Property Taxes", *Journal of Economic Literature*, Vol. 27, No. 3, September 1989, pp. 1098 – 1146.

贡献在于，将公共产品理论中对全国性公共产品的需求分析扩展到了对地方性公共产品的需求分析；并且看到了居民流动性带来的地方政府之间的竞争，能够使地方政府有效提供地方性公共产品，从而为日后财政竞争理论的发展奠定基础。

马斯格雷夫在"蒂布特模型"的基础上，进一步提出了"最佳配置职能"的财政分权理论。他在其代表作《财政理论与实践》（Public Finance in Theory and Practice）中明确了政府三大职能在中央与地方之间的分工原则，认为尽管公共产品在理论上应该公平分配，但是由于空间限制和外溢效应，公共产品应该由中央和地方共同负责。地方政府根据当地居民偏好提供公共产品与服务，而中央政府则主要负责地区之间的公平分配与宏观稳定，以此实现公共产品供给效率与分配公平的平衡。并且，马斯格雷夫还提出了一个详细指导中央与地方之间税收划分的原则，主张通过分税制，即固定中央与地方政府的税权分配来使地方政府拥有较为独立的财政权力。

奥茨吸收了"蒂布特模型"的特点，在其经典著作《财政联邦主义》（Fiscal Federalism）一书中详细论述了地区偏好的异质性在分权决策中的重要意义，提出了著名的奥茨"分权定理"（decentralization theorem），认为分权存在两方面成本：一是由于某些公共产品存在正的外部性，如果由地方政府供给，则无法达到全国的帕累托最优；二是由于信息的不完全，中央政府无法根据各辖区居民的偏好来提供相应的公共产品。因此，每一项公共服务都应由可将收益与成本内部化的最小地理辖区提供。比如，国防就应由中央负责，而垃圾清理和消防则应由地方负责。他还提出一项"对应原则"（correspondence principle），即决定某一公共产品供给水平的层级政府，还应该具体设定相应的个体消费模式。

（二）"利维坦模型"及其扩展

以往研究通常将政府天然地视为慈善家而忽视了对政府激励机制的研究。布伦南和布坎南提出了著名的"利维坦假说"（Leviathan Hypothesis），认为政府是一个高度集权的、追求税收收入最大化的"利维坦"怪物，只要个人和企业是流动的，财政分权就会迫使政府参与税收竞争，进而破坏"利维坦"的税收垄断并使政府支出更加贴近居民偏好。因此在其他条件不变的情况下，收入和支出的分权程度越高，政府对经济的总体干预程度应该越小。① 但是，"利维坦模型"的假设前提是完全意义上的分权，即支出和税收的分权匹配，政府能够独立承担财政平衡的责任，现实中少有国家能够符合这一前提。即使满足这一前提，选民也无法完全限制中央与地方政府的收入获取。如果存在转移支付，地方的支出与税权不相匹配，就无法形成政府间的有效税收竞争，甚至会使财政分权产生负面效应。

后来，佐德罗和米耶史考斯基构造了著名的"Z-M 模型"，即"税收竞争基本模型"，认为税收扭曲是导致国内地方政府间资本税竞争无效的根本原因。② 他们认为，由于辖区数量的增加会加剧辖区间的竞争，为避免资本流失，辖区政府会将资本税转嫁到非流动要素上。因此，一旦某一辖区为获取更多资本而降低税负，就会出现税收的"逐底竞争"（race to the bottom）。由于该模型假定"辖区同质""总资本量固定"，资本所得零税率的状况并未出现，但各辖区政府都发现对资本征税会导致资本外流，进而降低当地工资水平和土地租金，最终导致公共支出减少。因此，税收竞争将导致所有辖区的公共服务供给不足。

怀特（Michelle J. White）和费舍尔（William A. Fischel）等学者提出企业选址模型的初步应用，认为税收补贴会引导企业实现有效分布。布兰克（Dan A. Black）和霍伊特（William Hoyt）在其基础上提出，由于大企业的进驻将有助于吸引更多的居民迁入，从而降低公共产品的供给成本和扩大地方政府的税基，因此当地方政府在争夺企业而展开竞争时，如果公共产品的边际供给成本低于税收的边际成本，政府就会对企业进行补贴，促使企业实现更有效的选址。③ 金（Ian King）等则进一步指出，地方政府为争夺企业而进行的大量前期基础设施建设，会吸引更多的企业投资。④ 因此，为吸引企业尤其是外商直接投资（FDI），地方政

---

① Geoffrey Brennan, James M. Buchanan, *The Power to Tax: Analytic Foundations of a Fiscal Constitution*, New York: Cambridge University Press, 1980, pp. 13 – 30.

② George R. Zodrow, Peter Mieszkowski, "Pigou, Tiebout, Property Taxation, and the Underprovision of Local Public Goods", *Journal of Urban Economics*, Vol. 19, No. 3, May 1986, pp. 356 – 370.

③ Dan A. Black, William H. Hoyt, "Bidding for Firms", *The American Economic Review*, Vol. 79, No. 5, December 1989, pp. 1249 – 1256.

④ Ian King, R. Preston McAfee, Linda Welling, "Industrial Blackmail: Dynamic Tax Competition and Public Investment", *Canadian Journal of Economics*, Vol. 26, No. 3, 1993, pp. 590 – 608.

府往往采用补贴或者减免税收等各种优惠手段，从而造成资源配置的扭曲。

"垂直税收竞争"理论的代表人物约翰逊（William R. Johnson）首次提出纵向税收竞争的溢出特征，即统一税基征税的外部性问题。① 如果中央政府与地方政府存在一定的共享税收，那么地方政府提高辖区内居民的收入税率，将导致中央政府对该辖区内居民征税额度的减小。中央政府如果要达到先前水平，就必然会加重其他地区居民的负担。因此，地方政府往往会找到软化预算限制的方法，比如借贷，或者通过进入税收共享计划来减少支出限制的麻烦。在此情况下，中央以下政府会产生"掠夺财政公地"的倾向。与此同时，一些行政人员也通过对公共决策的影响使中央政府的拨款补助"粘"在所属部门或特定公共产品中，形成"粘蝇纸效应"（flypaper effect）。②

以爱德华兹（Jeremy Edwards）等为代表的学者则认为，在政府不是很贪婪的情况下，税收之间的合作会使居民得到比竞争时更高的福利，形成了"分裂政府模型"（Divided Government Model）。③ 假定政府是怪兽和慈善家的结合体，既关注本身的预算规模，也关注当地的社会福利，那么"利维坦竞争"并不一定是促进效率的。如果存在以权谋私的动机的政府控制着财政支出水平，而居民控制税率水平，并通过"用手投票"和"用脚投票"的机制来监督政府行为，那么居民的自由流动性将会引起税基的变化，促使政府为留住居民而进行自我约束，并且增加公共产品与公共服务的供给。因此，争夺居民的竞争会促进居民福利水平的提升，而对公共支出水平产生显著正向影响。

钱颖一和温加斯特提出"市场维持型联邦制"（market-preserving federalism），假定政府并不是普度众生的救世主，政府工作人员也有物质利

---

① William R. Johnson, "Income Redistribution in a Federal System", *The American Economic Review*, Vol. 78, No. 3, June 1988, pp. 570 – 573.

② James R. Hines, Richard H. Thaler, "Anomalies: The Flypaper Effect", *Journal of Economic Perspectives*, Vol. 9, No. 4, Fall 1995, pp. 217 – 226.

③ Jeremy Edwards, Michael Keen, "Tax competition and Leviathan", *European Economic Review*, Vol. 40, No. 1, January 1996, pp. 113 – 134; John Douglas Wilson, Roger H. Gordon, "Expenditure Competition", *Journal of Public Economic Theory*, Vol. 5, No. 2, March 14, 2003, pp. 399 – 417.

益动机，可能从政治决策中寻租。① 该模型从以下三方面论证了分权的合理性。第一，地方政府之间出于对税基和资本的竞争，会减少对经济的管制，促进市场化改革，推动经济增长。尤其是地方政府在财政分权制下，预算约束的硬化会提高其财政支出效率。第二，硬化地方政府的预算约束，使地方政府很难在资源有限的情况去补助亏损的国有企业，它们甚至还会为了提高国企效益而推动国有企业的民营化和重组。第三，要素流动下的财政竞争增加了政府援助国有企业的机会成本，地方政府不再有向经营绩效不佳的国有企业提供援助的激励动机，因此有效促进了经济的增长。

三　财政分权与公共服务均等化的关系

财政分权与公共服务均等化的关系研究，可以追溯到"财政正义"（fiscal justice）的概念。布坎南对此进行了深入阐述，提出财政制度的设计必须坚持公平原则以实现"同等纳税人同等待遇"（"equal treatment for equals"）。具体来说，公共服务供给必须考虑税收负担的水平和公共服务的范围，即具有同等财政能力的单位应能够以同等的税收负担来提供同等的服务。② 但这一观点坚持的是普遍性原则，体现出对规则公平的重视，忽略了个体差异和事实上的平等，显然是不切实际的。③ 财政是国家治理的基础和重要支柱，特别是在中国现阶段，财政安排与乡村振兴、共同富裕等历史性任务紧密相连，不可避免向农村地区和欠发达地区倾斜，绝对的普遍性原则必然脱离中国实际。由于不同地方提供的公共服务数量和标准以及税收能力存在差异，必须通过财政体制的整体安排来消除这种财政能力的不均等、实现地方间的财政均等。其根源在于，地区间的发展差距、个体间的贫富差距扩大，要求政府不断扩

---

① Yingyi Qian, Barry R. Weingast, "Federalism as a Commitment to Preserving Market Incentives", *Journal of Economic Perspectives*, Vol. 11, No. 4, Autumn 1997, pp. 83 – 92; Hehui Jin, Yingyi Qian, Barry R. Weingast, "Regional Decentralization and Fiscal Incentives: Federalism, Chinese Style", *Journal of Public Economics*, Vol. 89, No. 9 – 10, September 2005, pp. 1719 – 1742.

② James M. Buchanan, "Federalism and Fiscal Equity", *The American Economic Review*, Vol. 40, No. 4, September 1950, pp. 583 – 599.

③ 苏京春、王琰：《西方经济思想中的税收逻辑》，《财政科学》2019年第4期。

大财政支出和公共服务范围，造成公共服务需求与地方公共服务能力之间的矛盾。

目前，财政分权已经成为世界各国有效提升公共服务供给能力的改革路径，尤其是在如伊朗一样治理结构薄弱的国家。① 但是，一部分学者开始质疑财政分权能否改善公共服务。20世纪90年以来，展开了一场关于"权力下放潜在危险"的辩论，认为权力下放可能面临降低效率、加剧区域不平等和削弱地方问责方面的严重风险，② 特别是当权力下放超过地方政府自身能力时，比如在医疗卫生和教育等复杂性公共服务领域，无法提供公平优质的服务。怀疑论者开始质疑财政分权对公共服务效率的改善，认为较低层级的政府可能难以充分使用财政能力，进而对人类福祉产生负面影响。在这场辩论中，只有一小部分文献围绕财政分权与地区平等的问题展开，大部分研究更加关注公共服务效率③问题，还有少量研究涉及地方问责问题。而在地区平等问题的研究中，更多聚焦于经济发展，只有极少文献讨论了财政分权与公共服务均等供给的问题。④

与上述研究趋势相对应，很多经验研究聚焦于财政分权与公共服务效率的关系，不过结论并不一致。比如，亚当（Antonis Adam）等对1970—2000年21个经合组织国家的数据进行了数据包络分析（DEA），证明了财政分权能够显著提升公共部门效率。⑤ 奥托（Isaac C. Otoo）和丹奎（Michael Danquah）使用2013年的加纳数据，通过数据包络分析、随机前沿分析（SFA）和Tobit回归方法证明，财政自主度越高，地方公

---

① "Decentralization and Subnational Service Delivery in Iraq: Status and Way Forward", World Bank Report, No. AUS17063, March 2016.

② Prud'homme Rémy, "The Dangers of Decentralization", The World Bank Research Observer, Vol. 10, No. 2, August 1, 1995, pp. 201 – 220.

③ 公共服务效率通常包括分配效率与生产效率两个维度，其中分配效率指公共服务的充分分配以满足当地需求，生产效率是指以最低成本生产与提供既定的公共服务数量和质量。

④ Helge Arends, "The Dangers of Fiscal Decentralization and Public Service Delivery: A Review of Arguments", Politische Vierteljahresschrift, Vol. 61, No. 3, September 2020, pp. 599 – 622.

⑤ Antonis Adam, Manthos D. Delis, Pantelis Kammas, "Fiscal Decentralization and Public Sector Efficiency: Evidence from OECD Countries", Economics of Governance, Vol. 15, No. 1, February 2014, pp. 17 – 49.

共服务的效率就越高；而中央转移支付在地方政府总支出中占比越高，地方公共服务的效率就越低。① 国际货币基金组织（IMF）运用1990—2012年全球64个国家的非平衡面板数据，使用两阶段最小二乘法证明了财政分权只能在特定条件下提高公共服务提供的效率，包括适当的政治和体制环境、足够程度的收入与支出分权，否则财政分权可能会降低提供公共服务的效率。② 因为财政分权可以通过偏好匹配、"用脚投票"、"标尺竞争"、强化问责来提高公共服务效率，但是也可能导致生产性服务偏向、"逐底竞争"、"粘蝇纸效应"、"预算软约束"、"财政幻觉假说"（fiscal illusion hypothesis）、规模不经济等问题，影响公共服务效率。

在财政分权与公共服务效率的经验研究中，大部分文献指向了公共服务支出的规模和结构，聚焦于政府的某一特定部门，比如教育、健康或基础设施。辛塞拉（Michele Cincera）等使用欧洲国家2000—2009年的面板数据进行研究，发现支出分权显著减少了政府规模，证明了"利维坦假说"；但对不同政府职能部门的影响差异很大，支出分权显著减少了基础设施支出偏向和社会支出偏向，对教育和卫生支出偏向没有显著影响；而纵向不平衡的程度将显著减少财政分权效应。③ 巴塞梅耶（Marius R. Busemeyer）通过对1980—2001年经合组织国家的面板数据进行横截面回归，发现财政分权对教育支出的总体水平具有稳健和积极的影响，但会减少社会支出规模。④ 菲娃（Jon H. Fiva）利用1970—2000年18个经合组织国数据进行分析，发现税收分权有助于缩减政府规模尤其是社

---

① Isaac Otoo, Michael Danquah, "Fiscal Decentralization and Efficiency of Public Services Delivery by Local Governments in Ghana", *African Development Review*, Vol. 33, No. 3, September 2021, pp. 411 – 425.

② Moussé Sow, Ivohasina Fizara Razafimahefa, "Fiscal Decentralization and the Efficiency of Public Service Delivery", IMF Working Paper WP/15/59, March 17, 2015.

③ Michele Cincera, Antonio Estache, Alexander Wolf, "Would Less Fiscal Decentralization Reduce Public Sector Size Across Sectors in Europe?", the Centre for Economic Policy Research, Feburary 17, 2012.

④ Marius R. Busemeyer, "The Impact of Fiscal Decentralisation on Education and Other Types of Spending", *Swiss Political Science Review*, Vol. 14, No. 3, January 20, 2008, pp. 451 – 481.

会保障支出，而纵向不平衡将显著扩大公共部门规模。①

遗憾的是，在关于财政分权与地区平等的少量经验研究中，大多数对经济发展的平等更感兴趣，只有极少部分文献具体讨论了财政分权与公共服务均等化的问题，而这恰恰才是财政分权理论的核心问题。在分权体制下，由于地区的资源禀赋和收入能力差异，如果没有中央政府对财政资源的再分配，可能会导致产生较大的地区差距，包括公共服务的地区差距。此外，地方政府的碎片化治理和政治关注度也会制约地方的公共服务效率，进而导致地方间公共服务差距扩大。阿伦兹（Helge Arends）等使用2004—2014年16个联邦州的平衡面板数据进行研究，发现德国的联邦制改革可能加大了各州之间在教育贫困方面的差距。②蒙特罗—格拉纳多斯（Montero-Granados）分析了1980—2001年西班牙各省和地区的健康状况趋同过程，并没有发现权力下放导致区域不平等现象减少的证据，权力下放要么不影响健康趋同，要么导致健康差距扩大。③帕拉米塔（Sekar A. Paramita）等评估了2000—2014年印度尼西亚34个省公共卫生资源的分布状况，发现在权力下放时期，全国的公共卫生资源呈均等化趋势。④

尽管财政分权对问责制和腐败的影响得到广泛讨论，但迄今为止很少有实证（定量）工作。总的来说，公共服务均等化是财政分权理论的核心问题，但仍然缺乏充分的探讨，尤其是在经验研究方面。同时现有的研究采用不同的财政分权测量指标、不同的控制变量以及不同的统计方法，导致财政分权的影响效应缺乏有效性的普遍结论。但是总体上还

---

① Jon H. Fiva, "New Evidence on The Effect of Fiscal Decentralization on the Size and Composition of Government Spending", *FinanzArchiv/Public Finance Analysis*, Vol. 62, No. 2, June 2006, pp. 250 – 280.

② Helge Arends, "Equal Living Conditions vs. Cultural Sovereignty? Federalism Reform, Educational Poverty and Spatial Inequalities in Germany", *Publius: The Journal of Federalism*, Vol. 47, No. 4, March 20, 2017, pp. 673 – 706.

③ Roberto Montero-Granados, Juan de Dios Jiménez, José Martín, "Decentralisation and Convergence in Health Among the Provinces of Spain (1980 – 2001)", *Social Science & Medicine*, Vol. 64, No. 6, March 2007, pp. 1253 – 1264.

④ Sekar Ayu Paramita et al., "Distribution Trends of Indonesia's Health Care Resources in the Decentralization Era", *The International Journal of Health Planning and Management*, Vol. 33, No. 2, March 11, 2018, pp. e586 – e596.

是应该对财政分权的积极影响保持乐观,关于如何改进财政分权制度的设计和实施,仍有许多具体工作要做。①

第三节 中国式财政分权与公共服务均等化的经验研究

一 财政分权与地方公共服务供给

国内学者根据"蒂布特模型"和"利维坦假说"对财政分权与公共服务规模和结构展开了广泛验证,主要解释机制为"标尺竞争"和"预算约束"等,代表性研究如表2-3所示。国内大部分研究集中于省际层面的探讨。大部分经验研究的共同点是,以某类公共服务支出(或公共服务支出比重)为被解释变量,验证了财政分权作为外生变量对公共支出结构造成的扭曲效应。但这一实证方法存在缺陷,忽略了居民本身的需求偏好对政府公共服务支出行为的影响。不过,鲜有研究将公共服务需求纳入分析框架。龚锋和卢洪友实证检验了财政分权程度与公共支出供需匹配指数的相互关系,同样支持了公共支出结构扭曲的结论,认为中国目前尚不具备使财政分权产生正向激励效应的制度基础。②

总体上看,大多数研究结论并不支持"蒂布特模型"和"利维坦假说"在中国的适用性,其主要解释机制是"政治锦标赛"体制形成的"标尺竞争"。③ 但究竟是财政激励还是晋升激励提升了地方政府的积极性,仍然是一个未解之谜。王文剑的研究表明,财政分权能够显著遏制行政管理费支出的过度扩张,提高地方政府自有收入比重对改善地方政府治理具有积极作用。④ 很多使用财政自主度作为分权指标的研究,也进

---

① Jorge Martínez-Vázquez, Santiago Lago-Peñas, Agnese Sacchi, "The Impact of Fiscal Decentralization: A Survey", *Journal of Economic Surveys*, Vol. 31, No. 4, November 7, 2017, pp. 1095 – 1129.
② 龚锋、卢洪友:《公共支出结构、偏好匹配与财政分权》,《管理世界》2009年第1期。
③ 孙琳、潘春阳:《"利维坦假说"、财政分权和地方政府规模膨胀——来自1998—2006年的省级证据》,《财经论丛》2009年第2期。
④ 王文剑:《中国的财政分权与地方政府规模及其结构——基于经验的假说与解释》,《世界经济文汇》2010年第5期。

表2-3 中国式财政分权与地方公共服务供给行为的经验研究

	公共服务供给行为指标	财政分权指标	分权是否促进公共服务供给	分析单位	其他变量	数据样本	计量方法
傅勇、张晏①	教育支出占比基础设施支出占比	支出分权	支出结构扭曲	省	人均GDP、学龄（5—20岁）人口比重、政府消费性支出占GDP的比重等	1994—2004年省际面板数据	固定效应
郑磊②	教育支出占比	收入分权支出分权财政自主度	否	省	万人机关工作人员数、人口密度、万人教师数、经济结构、税收竞争、外商直接投资、交互项（分权度×竞争度）等	1997—2005年省际面板数据	固定效应随机效应
龚锋、卢洪友③	7类公共支出供需匹配指数	地级市收入分权	抑制教育和社会福利支出；扩大行政管理和基本建设支出	省	人口特征变量（65岁及以上人口占总人口的比重、平均受教育年数、从业人口占总人口的比重）	1999—2005年省际面板数据	多选项Logit模型
潘春阳④	公共服务支出规模生产建设支出规模	支出分权	是（中西部地区）否（东部地区）	省	公共资源效应（财政总支出）、交互项（财政分权×公共资源效应）、人均GDP、人口密度、地区虚拟变量（东部地区、西部地区）	1999—2004年省际面板数据	固定效应随机效应

① 傅勇、张晏：《中国式分权与财政支出结构偏向：为增长而竞争的代价》，《管理世界》2007年第3期。
② 郑磊：《财政分权、政府竞争与公共支出结构——政府教育支出比重的影响因素分析》，《经济科学》2008年第1期。
③ 龚锋、卢洪友：《公共支出结构、偏好匹配与财政分权》，《管理世界》2009年第1期。
④ 潘春阳："中国式分权"能够遏制财政规模的膨胀吗？》，《世界经济情况》2008年第10期。

续表

	公共服务供给行为指标	财政分权指标	分权是否促进公共服务供给	分析单位	其他变量	数据样本	计量方法
陈硕[1]	公共品供给水平（万人中学生数、千人中医生数）	财政自主度	是	省	文教卫体事业人均支出，人均GDP，农村人口比率，城市农村人均收入比率，城乡收入差别及年龄结构等	1984—2006年省际面板数据	LSDV估计
高琳[2]	公共服务满意度	财政自主度	是	县	个人和家庭人口经济社会特征的变量，个体层面包括受访者年龄、性别、受教育程度、婚姻状况、健康状况、民族、经济社会地位、户籍等；家庭层面包括家庭成员规模、经济社会地位评价、是否拥有电话、是否有处于基础教育学习阶段的小孩以及是否有老人等	2005年县级面板数据	Ordered probit模型
宋小宁、陈斌、梁若冰[3]	一般转移支付数	基本公共服务支出	否	地市县	专项转移支付数，一般预算收入，基本建设支出，行政管理费支出	2000—2005年地市县面板数据	固定效应GMM估计

---

[1] 陈硕：《分税制改革、地方财政自主权与公共品供给》，《经济学》（季刊）2010年第4期。

[2] 高琳：《分权与民生：财政自主权影响公共服务满意度的经验研究》，《经济研究》2012年第7期。

[3] 宋小宁、陈斌、梁若冰：《一般性转移支付：能否促进基本公共服务供给?》，《数量经济技术经济研究》2012年第7期。

续表

作者	公共服务供给行为指标	财政分权指标	分权是否促进公共服务供给	分析单位	其他变量	数据样本	计量方法
周亚虹、宗庆庆、陈曦明[①]	生均教育支出	财政自主度	否	地级市	人口密度、人均GDP、产业结构、基础设施水平	2007—2010年地级市面板数据	固定效应 GS2SLS MLE
龚锋、卢洪友[②]	公共服务产出受益综合指标	财政分权组合指标（财政自主度、财政收入占比、支出自决率、财政支出占比、税收管理分权度、行政管理分权度）	有条件促进	省	人均GDP、人口规模、人口自然增长率、教育消费价格指数、医疗消费价格指数、15岁以下人口比重、65岁及以上人口比重、对外开放度、城镇化率、国有化率、工业化率、地方预算外收入比例等	2002—2010年省际面板数据	固定效应

① 周亚虹、宗庆庆、陈曦明：《财政分权体制下地市级政府教育支出的标尺竞争》，《经济研究》2013年第11期。
② 龚锋、卢洪友：《财政分权与地方公共服务配置效率——基于义务教育和医疗卫生服务的实证研究》，《经济评论》2013年第1期。

续表

公共服务供给行为指标	财政分权指标	分权是否促进公共服务供给	分析单位	其他变量	数据样本	计量方法
陈思霞、卢盛峰[1]	基础设施建设支出占比、民生性财政支出占比	财政省直管县数量	支出结构扭曲	地市县	人均GDP、人均储蓄存款余额、第三产业产值占GDP比重、总从业人员占总人口比重、年末单位从业人员占总人口比重、年末村委会数、人均医院床位数、福利院床位数、人口密度、乡村人口占比、普通中小学在校就读学生占比	2002—2007年地市县面板数据	双向固定效应
孙开、张磊[2]	基本公共服务支出占比	财政压力（一般公共预算超支额/GDP）	有条件促进	地级市	人均实际GDP、人口增长率、人口规模、人口密度、对外开放度、城镇化率、税收负担	2015—2017年地级市面板数据	固定效应 广义矩估计（GMM）

[1] 陈思霞，卢盛峰：《分权增加了民生性财政支出吗？——来自中国"省直管县"的自然实验》，《经济学》（季刊）2014年第4期。
[2] 孙开，张磊：《分权程度省际差异、财政压力与基本公共服务支出偏向——以地方政府同权责安排为视角》，《财贸经济》2019年第8期。

续表

公共服务供给行为指标	财政分权指标	分权是否促进公共服务供给	分析单位	其他变量	数据样本	计量方法
胡玉杰、彭徽[①] 农村公共服务产出	财政收入分权、财政支出分权、财政自主度	是	省	晋升激励指数（失业率、经济增长率和财政盈余额平均数）、人均GDP、人口密度、农村人口比重等	2009—2016年省际面板数据	固定效应
李永友、王超[②] 各类农村公共服务产出、基础设施产出	"乡财县管"改革	是	县	人均GDP、年末贷款余额占比、第一产业占比、城市化率、乡村从业人口占比、人均财政支出、人均转移支付	1998—2008年县级面板数据	双向固定效应

资料来源：笔者整理。

[①] 胡玉杰、彭徽：《财政分权、晋升激励与农村医疗卫生公共服务供给——基于我国省际面板数据的实证研究》，《当代财经》2019年第4期。

[②] 李永友、王超：《集权式财政改革能够缩小城乡差距吗？——基于"乡财县管"准自然实验的证据》，《管理世界》2020年第4期。

一步支持了财政分权对地方公共品供给水平的改善作用。① 引发研究结论争议的主要原因之一,在于对财政分权指标的错误测量。② 同时,由于不同分权指标的作用机制不同,彼此不能混用。③ 因此,需要根据研究目标科学合理地度量和使用这些分权指标,才能准确评估财政分权对地方公共服务供给行为的真实影响。

二 财政分权与公共服务均等化

目前,财政分权和地方公共服务均等化的关系已经得到足够重视,但是相关的实证检验仍然较少。韦斯特(Loraine A. West)和黄(Christine Wong)较早考察了中国财政分权对公共服务均等化的影响,通过1993年和1994年对山东、河北和贵州三省进行实地调研,发现财政分权造成教育和医疗的人均支出在省际存在较大差异。④ 后来很多研究均证明了,财政分权并不能促进公共服务的均等化(见表2-4)。"标尺竞争"和地方支出偏向成为影响均等化的重要因素。宋文昌认为,在中国的财政分权模式下,基于经济增长导向的政府竞争,在总水平方面导致公共服务供给不足,在地区间导致公共服务供给不均等。⑤ 部分研究还指出,财政分权会强化地方政府的支出偏向,并不利于实现城乡基本公共服务均等化。⑥ 此外,相邻省份的财政自给度也会导致公共服务供给的非均等化。⑦

---

① 陈硕:《分税制改革、地方财政自主权与公共品供给》,《经济学》(季刊)2010年第4期;高琳:《分权与民生:财政自主权影响公共服务满意度的经验研究》,《经济研究》2012年第7期。

② 张光:《测量中国的财政分权》,《经济社会体制比较》2011年第6期。

③ 陈硕、高琳:《央地关系:财政分权度量及作用机制再评估》,《管理世界》2012年第6期。

④ Loraine A. West, Christine P. W. Wong, "Fiscal Decentralization and Growing Regional Disparities In Rural China: Some Evidence In The Provision Of Social Services", *Oxford Review of Economic Policy*, Vol. 11, No. 4, Winter 1995, pp. 70 – 84.

⑤ 宋文昌:《财政分权、财政支出结构与公共服务不均等的实证分析》,《财政研究》2009年第3期。

⑥ 刘成奎、龚萍:《财政分权、地方政府城市偏向与城乡基本公共服务均等化》,《广东财经大学学报》2014年第4期;杨东亮、杨可:《财政分权对县级教育公共服务均等化的影响研究》,《吉林大学社会科学学报》2018年第2期。

⑦ 胡洪曙、亓寿伟:《政府间转移支付的公共服务均等化效果研究——一个空间溢出效应的分析框架》,《经济管理》2015年第10期。

表 2-4　中国财政分权与公共服务均等化的经验研究

	基本公共服务均等化指标	财政分权指标	分权是否促进均等化	其他变量	分析单位	数据样本	计量方法
宋文昌①	支出差异	支出分权	否	GDP 增长率、地方政府净财政收入（预算内财政收入＋向下转移支付－向上转移支付）增长率、地方政府竞争度（外资实际利用额的加权变异系数）	省	1994—2006 年省际面板数据	滞后变量回归
李齐云、刘小勇②	支出差异产出差异	税收分权财政收入分权财政支出分权财政自给率	受指标影响	人均转移支付（包括税收返还、财力性转移支付、专项转移支付和国债补助）、人均 GDP、市场化程度、城镇化率、教育水平、政府竞争度、财政纪律（预算外支出占比）、人均预算内卫生支出	省	1997—2006 年省际面板数据	固定效应
和立道③	支出差异产出差异	支出分权	各领域不同	城镇化水平、农村居民收入水平	省	2000—2008 年省际面板数据	固定效应

① 宋文昌：《财政分权、财政支出结构与公共服务不均等的实证分析》，《财政研究》2009 年第 3 期。
② 李齐云、刘小勇：《财政分权、转移支付与地区公共卫生服务均等化实证研究》，《山东大学学报》（哲学社会科学版）2010 年第 5 期。
③ 和立道：《城乡基本公共服务均等化：政策固化与突破》，《云南财经大学学报》2012 年第 6 期。

续表

	基本公共服务均等化指标	财政分权指标	分权是否促进均等化	分析单位	其他变量	数据样本	计量方法
刘成奎、龚萍①	产出差异	支出分权	否	省	城市偏向（"三农"财政支出比重）、人均实际GDP、城镇化率、城乡居民收入差距、工业化率、对外开放度、民营化率、人口密度、人口增长率	2004—2011年省际面板数据	固定效应
杨东亮、杨可②	支出差异	财政自给率、国有固定资产比	否	县	经济发展水平（人均GDP、工业化水平）、公共服务供给能力（财政支出占GDP比重、转移支付）、空间相依影响（空间权重矩阵）	2000—2010年县级面板数据	固定效应、空间杜宾模型
吉富星、鲍曙光③	支出—产出综合差异	支出分权	否	县	转移支付，经济发展水平（县人均GDP）、产业结构（工业和农业占GDP比重）、人口密度、城镇化率、人口规模、财政供养人口、省份和年份交乘项	2000—2013年县级面板数据	两阶段最小二乘法、工具变量

① 刘成奎、龚萍：《财政分权、地方政府城市偏向与城乡基本公共服务均等化》，《广东财经大学学报》2014年第4期。
② 杨东亮、杨可：《财政分权对县级教育公共服务均等化的影响研究》，《吉林大学社会科学学报》2018年第2期。
③ 吉富星、鲍曙光：《中国式财政分权、转移支付体系与基本公共服务均等化》，《中国软科学》2019年第12期。

续表

	基本公共服务均等化指标	财政分权指标	分权是否促进均等化	分析单位	其他变量	数据样本	计量方法
田时中[1]	支出—产出综合水平	收入分权 支出分权	否	省	人口结构（14岁以下人口比重、65岁以上人口比重）、经济发展水平（人均GDP）、工业化水平、政府规模、对外开放度、城镇化率	2006—2018年省际面板数据	随机效应 固定效应
白晨[2]	支出差异	财政压力	受筹资策略影响	省	财政依赖度、贫困发生率（城乡低保人口占总人口比重）、医疗救助人次数、中央医疗救助转移支付比重、人均GDP、医疗卫生及社会保障支出占财政支出比重、城镇化率、对外贸易占GDP比重、第二产业比重以及时间、省份哑变量	2011—2016年省际面板数据	随机效应、双向固定效应

---

[1] 田时中：《中国式财政分权抑制了政府公共服务供给吗?》，《西南民族大学学报》（人文社科版）2020年第6期。
[2] 白晨：《转移还是消化：省级政府基本公共服务筹资策略及其效果分析——来自医疗救助服务的证据》，《中国软科学》2020年第1期。

续表

基本公共服务均等化指标	财政分权指标	分权是否促进均等化	分析单位	其他变量	数据样本	计量方法
王力、李兴锋、董伟玮[①] 支出—产出综合差异	支出分权	是	省	经济分权（国有企业工业产值占全国比重）、行政分权（地方万人公共管理和公共组织人员数量占全国比重）、经济赶超水平（邻近省份组织人均GDP与本省份最高人均GDP与本省比重）、外贸依存度、第三产业占比、城乡收入水平之比、平均受教育年限	2000—2019年省际面板数据	基准回归、固定效应、工具变量
任斌、林义、周宇轩[②] 支出差异	收入分权	是	市	财力水平、转移支付规模、转移支付结构、社会救助转向转移支付、低保标准、社会经济发展水平（人均GDP）、人均受教育年限、政府竞争度（各地区城市数量与区县数量比）、城镇化率	2017—2020年市级面板数据	OLS、逆向因果检验、外部冲击检验、门槛估计检验

资料来源：笔者整理。

① 王力、李兴锋、董伟玮：《分权式改革、经济赶超与城乡公共服务均等化》，《哈尔滨商业大学学报》（社会科学版）2022年第6期。
② 任斌、林义、周宇轩：《地区间财力差异、中央转移支付与社会救助均等化》，《山西财经大学学报》2023年第8期。

也有部分研究证明了，财政分权对公共服务均等化的促进作用。王力、李兴锋和董伟萍的经验研究表明，无论是经济分权还是财政分权，均能显著提高城乡公共服务均等化水平，但是地方政府的经济赶超行为弱化了分权改革对缩小城乡公共服务差距的政策效果。[①] 任斌、林义和周宇轩分析发现，地方增值税和所得税的增加能够在一定程度上缩小地区间社会救助支出差距。[②] 这表明财政实力充足是促进均等化的重要因素。不过他们认为，这主要是源于财力提升。从税收偏好来看，过度强调特定税收的增长还是会导致地区间财力失衡而抑制均等化水平。面对研究结论的不一致，学者们同样认为与分权指标的选择密切相关。而更为棘手的难题是，公共服务均等化的指标并不统一。李齐云和刘小勇发现，财政分权加剧了地区间人均卫生支出的差距，但对人均卫生资源拥有量的影响则依赖于采用何种分权指标。[③] 和立道也验证了，财政分权对不同领域的基本公共服务存在不同的均等化效应。[④] 因此，在对财政分权与公共服务均等化的关系展开实证检验时，仍然需要对二者的指标设计加以谨慎对待。

三 转移支付与公共服务均等化

转移支付是公共服务均等化的重点研究视角和实现路径。在相关经验研究中，少量研究直接探讨了转移支付与公共服务均等化的关系，大部分研究的重点在于转移支付与政府支出规模和结构的关系（见表2-5）。总体研究结果显示，转移支付并未发挥应有的均等化效应，反而造成支出结构扭曲和地方差距扩大。田发和周琛影的研究发现，中央转移支付提高了区域财力总体均衡与区域间财力均衡水平，但未能有效抑制东、

---

① 王力、李兴锋、董伟萍：《分权式改革、经济赶超与城乡公共服务均等化》，《哈尔滨商业大学学报》（社会科学版）2022年第6期。

② 任斌、林义、周宇轩：《地区间财力差异、中央转移支付与社会救助均等化》，《山西财经大学学报》2023年第8期。

③ 李齐云、刘小勇：《财政分权、转移支付与地区公共卫生服务均等化实证研究》，《山东大学学报》（哲学社会科学版）2010年第5期。

④ 和立道：《城乡基本公共服务均等化：政策固化与突破》，《云南财经大学学报》2012年第6期。

表2-5 中国的转移支付与公共服务供给的经验研究

	公共服务供给指标	转移支付指标	转移支付是否促进供给	分析单位	其他变量	数据样本	计量方法
宋小宁、苑德宇[1]	人均公共服务支出	转移支付规模	否	省	受灾经济损失、人口占全国人口比重	1998—2005年省际面板数据	固定效应
曾明、华磊、刘耀彬[2]	人均财政支出均等化指数	财政依赖度转移支付/GDP	受财政自给率影响	省	财政自给率（预算收支比）、经济发展指数（人均GDP）、人口增长指数（人口自然增长率）	1994—2012年省际面板数据	门槛模型
王瑞民、陶然[3]	人均财政支出均等化指数	各项转移支付规模	是	县	无	1994—2009年县级面板数据	相关系数
郝春虹、王英家、贾晓俊等[4]	人均财政收入均等化指数	各项转移支付规模	是	省	无	1996—2017年省际面板数据	指数及其分解方法

[1] 宋小宁、苑德宇：《公共服务均等、政治平衡与转移支付——基于1998—2005年省际面板数据的经验分析》，《财经问题研究》2008年第4期。
[2] 曾明、华磊、刘耀彬：《地方财政自给与转移支付的公共服务均等化效应——基于中国31个省级行政区的面板门槛分析》，《财贸研究》2014年第3期。
[3] 王瑞民、陶然：《中国财政转移支付的均等化效应：基于县级数据的评估》，《世界经济》2017年第12期。
[4] 郝春虹、王英家、贾晓俊等：《分好"财政蛋糕"：对转移支付财力均等化效率和效率的考察》，《中国工业经济》2021年第12期。

续表

作者	公共服务供给指标	转移支付指标	转移支付是否促进供给	分析单位	其他变量	数据样本	计量方法
胡洪曙、亓寿伟[①]	支出—产出综合水平	转移支付规模	部分领域是	省	人口密度、对外开放度、财政分权度（财政收支比）、税收竞争度（税收负担/区域平均税负）、预算约束或政府规模（预算内外支出/GDP）	2005—2012年省际面板数据	空间模型
段晓红[②]	区域转移支付/全国转移支付	促进财力均等化而非产出均等化	区域	无	1998—2012年全国时间序列数据	协整检验
尹恒、朱虹[③]	支付偏向	各项转移支付规模	支出结构扭曲	县	人均GDP、第一产业比重、第二产业比重、人口密度、农业人口比重、财政供养人口比重、小学生比重、中学生比重、万人病床数	2001—2005年县级面板数据	固定效应动态面板模型

---

① 胡洪曙、亓寿伟：《政府间转移支付的公共服务均等化效果研究——一个空间溢出效应的分析框架》，《经济管理》2015年第10期。
② 段晓红：《促进公共服务均等化：均衡性转移支付抑或专项—般转移支付——基于民族地区的实证分析》，《中南民族大学学报》（人文社会科学版）2016年第4期。
③ 尹恒、朱虹：《县级财政生产性支出偏向研究》，《中国社会科学》2011年第1期。

续表

公共服务供给指标	转移支付指标	转移支付是否促进供给	分析单位	其他变量	数据样本	计量方法
郑垚、孙玉栋[①] 支出规模 支出偏好	转移支付规模	促进支出规模，但不影响支出偏好	省	财政自给率（预算收支比）、财政分权度（收入分权、支出分权）、地区经济因素（人均GDP、产业结构）、社会因素（城市化率、人口密度和老龄人口比重）	2007—2015年省际面板数据	固定效应模型
朱光、鲍曙光[②] 支出规模	人均转移支付/年均人均转移支付	非线性关系 存在支出偏好	县	财政自给率（财政收支）、财政分权度（支出分权）、人均GDP、产业结构、人口密度、人口规模、城镇化水平、财政供养人口、地区年份交乘项	1994—2007年县级面板数据	门槛模型
肖育才、谢芬[③] 支出规模	一般转移支付规模	存在支出偏好	县	专项转移支付、一般预算收入、基本建设支出、行政管理支出	1994—2007年县级面板数据	固定效应模型、OLS

资料来源：笔者整理。

---

① 郑垚、孙玉栋：《转移支付、地方财政自给能力与基本公共服务供给——基于省面板数据的门槛效应分析》，《经济问题探索》2018年第8期。
② 朱光、鲍曙光：《转移支付与地方政府公共支出偏向——基于面板门槛效应模型》，《运筹与管理》2019年第12期。
③ 肖育才、谢芬：《转移支付与县级基本公共服务均等化：基于四川省138个县（市）的实证分析》，《西南民族大学学报》（人文社科版）2016年第6期。

西部区域内的财力差距。① 段晓红分析认为，民族地区人均财力明显增长，但受地方政府支出偏好的影响，民族地区公共服务水平并未同步提升，反映出均衡性转移支付并非促进民族地区公共服务均等化的最优选择。②

也有部分学者论证了转移支付的均等化效应。王瑞民和陶然的实证分析表明，在县级层面，一般性转移支付和专项转移支付均促进了人均财力均等化，而非辖区人口公共服务均等化。③ 李齐云和刘小勇的研究发现，转移支付有利于缩小地区间可及性公共卫生服务产出差距，但并未缩小地区间人均卫生支出投入差距。④ 这些研究表明，转移支付能够有效提升地方政府的财力，实现人均财政支出的均等化，但是投入的均等化未必带来产出的均等化。原因在于，各地存在支出成本和收入能力的差异，⑤ 同时在转移支付上存在策略性选择，⑥ 甚至会带来政府规模膨胀等问题。⑦

一些学者还关注到转移支付对财政分权和公共服务均等化关系的影响，但结论并不一致。李永友证实了中国转移支付有强化相邻县之间税收竞争的作用，会进一步强化地方政府的恶性税收竞争和经济性投入偏向。⑧ 吉富星和鲍曙光的研究则发现，财政分权扩大了基本公共服务差

---

① 田发、周琛影：《区域基本公共服务均等化与财政体制测度：一个分析框架》，《改革》2013年第1期。

② 段晓红：《促进公共服务均等化：均衡性转移支付抑或专项性一般转移支付——基于民族地区的实证分析》，《中南民族大学学报》（人文社会科学版）2016年第4期。

③ 王瑞民、陶然：《中国财政转移支付的均等化效应：基于县级数据的评估》，《世界经济》2017年第12期。

④ 李齐云、刘小勇：《财政分权、转移支付与地区公共卫生服务均等化实证研究》，《山东大学学报》（哲学社会科学版）2010年第5期。

⑤ 曾红颖：《我国基本公共服务均等化标准体系及转移支付效果评价》，《经济研究》2012年第6期。

⑥ 王英家、张斌、贾晓俊：《财政推动共同富裕——基于省以下转移支付制度分析》，《财经论丛》2022年第9期；白晨：《转移还是消化：省级政府基本公共服务筹资策略及其效果分析——来自医疗救助服务的证据》，《中国软科学》2020年第1期。

⑦ 袁飞等：《财政集权过程中的转移支付和财政供养人口规模膨胀》，《经济研究》2008年第5期。

⑧ 李永友：《转移支付与地方政府间财政竞争》，《中国社会科学》2015年第10期。

距，而转移支付则起到一定的"矫正"作用，但均等化效果不彰。① 曾明、华磊和刘耀彬发现转移支付能够有条件地促进公共服务均等化，存在三门槛效应，其均等化效用随着地方财政自给能力的提升呈现先增强后减弱的态势。② 因此，在研究中国的财政分权与公共服务均等化的问题时，需要同时考虑转移支付对财政分权效应的影响。

第四节 若干评述

财政分权已经成为发展中国家摆脱增长不足与治理效率低下的普遍手段。早期关于财政分权研究聚焦于公共部门的权力配置，近年来的主流文献开始关注财政分权对公共治理的影响。③ 由于缺乏一个被普遍接受的理论框架，财政分权的效应研究仍存在很多争议。支持财政分权的观点主要有三类：一是以蒂布特和奥茨为代表的学者，认为分权有助于改善公共资源配置效率；二是以马斯格雷夫、布伦南、布坎南为代表的学者认为，分权有助于限制政府权力；三是以钱颖一、温加斯特为代表的学者，认为分权有助于促进经济发展。反对财政分权的观点有两类：一是认为分权不利于规模经济与外部性治理，二是分权容易引发地方政府行为不当等。这些分歧，在很大程度上影响了财政分权与公共服务供给之间关系的研究。

目前，财政分权的影响效应，尤其是财政分权对公共服务供给的影响效应仍是一个具有理论争议、有待实证研究的领域。之所以出现上述分歧，除了理论假设本身的因果机制不同，还有一个重要的原因是指标选择、验证方法与数据使用上的差异。已有研究大多来自 OECD 国家或 IMF 会员国家，对于联邦制国家研究较多，而对发展中国家或是转型国家的专门研究还相对较少，这在一定程度上影响了研究结论的普适性。在

---

① 吉富星、鲍曙光：《中国式财政分权、转移支付体系与基本公共服务均等化》，《中国软科学》2019 年第 12 期。

② 曾明、华磊、刘耀彬：《地方财政自给与转移支付的公共服务均等化效应——基于中国 31 个省级行政区的面板门槛分析》，《财贸研究》2014 年第 3 期。

③ Hiroko Uchimura, Johannes P. Jütting, "Fiscal Decentralization, Chinese Style: Good for Health Outcomes?", *World Development*, Vol. 37, No. 12, December 2009, pp. 1926–1934.

中国，从总体上看，"蒂布特模型"和"利维坦假说"存在较大争议。大部分学者的研究并未证明"利维坦假说"在中国的有效性，认为是中国的政治晋升激励和转移支付带来的预算软约束影响了地方政府行为。不过也有一些学者对晋升激励的作用表示质疑，认为仍然是财政激励主导地方政府的行为。因此，中国财政分权的影响效应究竟如何，仍是一个值得探讨的问题。

在研究中国的财政分权过程中，相应的理论构建和指标选择既要考虑本土化又要面向国际化。由于西方财政分权理论是建基于联邦制和西方财政分权实践基础上总结出的理论，解释的是西方市场经济国家，背后更存在不同的经济理念和国家观，并不完全适合解释中国的实际。尤其是以布坎南为代表的西方学者，尽管是公平与正义的追寻者，却是资本主义制度和市场制度的坚定支持者，拒绝仁慈政府的假设，对政府的不信任贯穿始终，并坚持反对以公平分配为由干预市场经济。并且，"蒂布特模型"作为西方财政分权理论的核心，根本弊端在于割裂了地方公共产品与全国公共产品的相通性质，否定了公共事务的多级所有的实际需求和制度优势。[①] 中国作为社会主义国家和单一制国家，财政分权是置于党和国家统一领导之下的部分分权，其根本目标是利用市场机制服务于社会主义现代化建设、实现人民共同富裕。尽管中西方的财政分权形式及其地方竞争机制存在相似之处，但是财政分权的逻辑起点、地方竞争的方式、内容和目标等均存在很大区别，因此要从中国的实际经验出发，对西方理论加以批判借鉴，避免将西方财政分权理论自觉不自觉地构成评价中国财政分权实践的倾向。

总的来说，关于中国式财政分权与基本公共服务均等化的研究难点主要有三方面：一是仍然缺乏一个合理的解释框架来分析财政分权对公共服务均等化的影响机制，这不仅是源自"蒂布特模型"和"利维坦假说"所需要的理论假设前提在中国的实践中受到限制，还在于中国式财政分权在效率与制衡之间的微妙关系；二是关于财政分权指标的设计与

[①] 李风华：《纵向分权与中国成就：一个多级所有的解释》，《政治学研究》2019年第4期。

测量问题，向来是一个极具争议的话题，需要根据具体的研究目标做出谨慎选择；三是关于基本公共服务均等化的评估研究，也同样存在基础理论解释分析相对不足、评估指标的选取随意的问题。①

---

① 范柏乃、唐磊蕾：《基本公共服务均等化运行机制、政策效应与制度重构》，《软科学》2021 年第 8 期。

第 三 章

基本概念与理论框架

本章对相关概念进行阐述和定义，提出本书的理论视角并构建分析框架。本章分为四部分：第一部分提出基本公共服务均等化、财政分权、中国式财政分权和转移支付的基本概念；第二部分从福利经济学、新制度主义政治学和财政分权理论三大视角探讨财政分权与基本公共服务均等化的研究进路；第三部分在基本概念和理论视角基础上，构建中国式财政分权与基本公共服务均等化的分析框架；第四部分，对本章内容进行总结。

第一节 基本概念

一 基本公共服务均等化

（一）公共服务

公共服务的概念一直缺乏清晰统一的界定。从理论渊源上讲，公共服务的概念源于经济学中的公共物品（产品）理论。经济学家最初主要围绕公共物品的供给效率展开研究，忽视了公共物品的社会和政治属性，技术和理性价值一度超越了公平和责任价值。直到19世纪中后期，瓦格纳提出"公共服务"的概念，以此强调政府在社会文化和福利中的必要作用以及财政需要。20世纪初，莱昂·狄骥率先对公共服务的概念与内涵展开系统论述，提出"公共服务就是指政府有义务实施的行为"，认为公共服务必须由政府来加以规范和控制，否则就无法得到保障。① 此后，

---

① ［法］狄骥：《公法的变迁》，郑戈译，商务印书馆2013年版，第47—53页。

20世纪50年代兴起的政策科学运动对公共服务供给的黑箱展开研究，使得公共服务开始成为政治学、行政学等领域的研究主题。到20世纪70年代，新公共管理运动进一步推动公共服务成为西方政府改革与治理的核心理念之一。

目前，关于公共服务的概念及其内涵解释主要存在公共产品视角、价值功能视角、供给责任视角以及比较分析视角。其中，公共产品视角认为公共服务即公共产品；价值功能视角强调公共服务的公共利益属性和回应性；供给责任视角普遍认为公共服务供给的责任是政府为主、市场为辅；比较分析视角则根据不同研究视角、不同类型、不同情境等，对公共服务的内涵和外延加以具体分析。综合以上不同视角，本书采取陈振明对公共服务的界定，即"公共服务是指政府运用其权威资源，根据特定的公共价值（如权利、慈善和正义），通过公共政策回应社会需求，使最大多数人得到最大的福利"[1]。这一界定较好地兼顾了对公共服务概念的不同理解，同时强调了公共服务的社会和政治属性。

（二）基本公共服务

"基本公共服务"更多是中国语境下的一个政策概念。《"十四五"公共服务规划》将公共服务分为"基本公共服务"和"非基本公共服务"两大类，并提出"生活服务"的概念（见表3-1）。其中，基本公共服务是"保障全体人民生存和发展基本需要、与经济社会发展水平相适应的公共服务"，主要由政府供给，并由政府引导市场和社会补充供给，直接关乎社会全体成员的基本权利和基础性的福利水平，强调服务均等化和公平可及；非基本公共服务则是"为满足公民更高层次需求、保障社会整体福利水平所必需但市场自发供给不足的公共服务"，需要政府支持社会或市场增加服务供给、提升服务质量，实现大多数公民以可承受价格付费享有，强调服务的普惠化；生活服务则是"为满足公民多样化、个性化、高品质服务需求"，"完全由市场供给、居民付费享有"的那部分服务，是对公共服务体系的有益补充。政府主要负责营造公平竞争的市场环境，引导相关行业规范可持续发展，并做好生活服务与公

---

[1] 陈振明等：《公共服务导论》，北京大学出版社2011年版，第13页。

共服务的衔接配合。①

表 3-1　　　　　　2021—2025 年中国的公共服务体系

	含义	供给者	付费者	特点
基本公共服务	为保障全体人民生存和发展基本需要、与经济社会发展水平相适应的公共服务	政府	政府	均等化公平性
非基本公共服务	为满足公民更高层次需求、保障社会整体福利水平所必需但市场自发供给不足的公共服务	政府+市场+社会	政府+个人	普惠性规范性
生活服务	满足公民多样化、个性化、高品质服务需求，完全由市场供给、居民付费享有的服务	市场	个人	高品质多样化

资料来源：《"十四五"公共服务规划》。

上述分类方式，有助于明确政府、社会、个人在公共服务供给中的权责关系，尤其是政府在其中承担的责任，将有限的财政资源用于最急需、最迫切的民生保障领域，并引导更多的社会资源投入公共服务领域；同时，也适用于不断满足人民群众日益增长的美好生活需要。随着中国经济社会发展水平的不断提升，公民个人的生存发展需要层次将随之上升，基本公共服务的范围、水平和质量也将逐步改进，使不同类型的服务之间的边界发生相对变化。

在当前阶段，《"十四五"公共服务规划》将基本公共服务的范围划为三类（见图 3-1）：一是基本民生需求类，如教育、就业、社会保障、医疗卫生、计划生育、住房保障、文化体育等领域的公共服务；二是生活环境类，如交通、通信、公用设施、环境保护等领域的公共服务；三是安全需要类，如公共安全、消费安全和国防安全等公共服务，并强调不同时期要进行阶段性调整。"十二五"时期，基本公共服务的范围包括

---

① 《"十四五"公共服务规划》，2021 年 12 月 28 日，中国政府网，https://www.gov.cn/zhengce/zhengceku/2022-01/10/content_5667482.htm。

教育、劳动就业、社会保险、社会服务、基本医疗卫生、人口和计划生育、住房保障、公共文化、残疾人服务 9 项。到"十四五"时期，基本公共服务的范围优化调整为幼有所育、学有所教、劳有所得、病有所医、老有所养、住有所居、弱有所扶、文体保障 8 个方面，而《国家基本公共服务标准（2023 年版）》又在此基础上增加了 1 项优军服务保障。

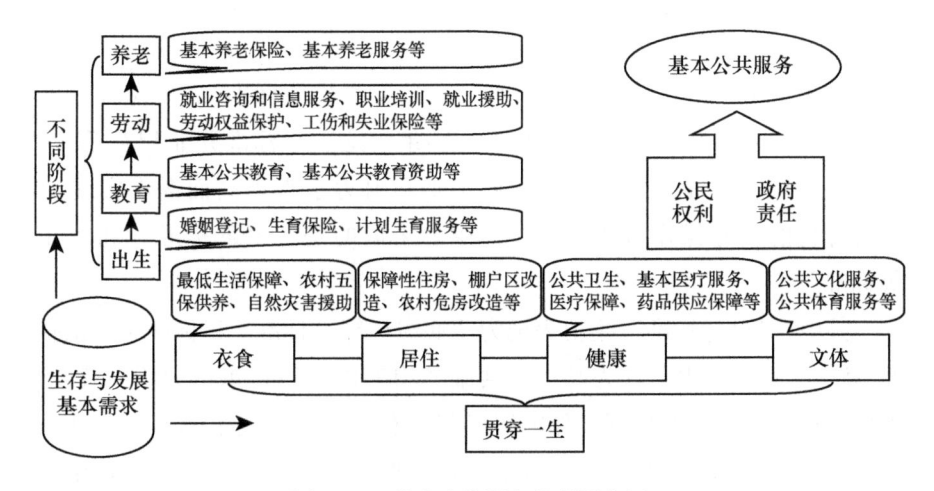

图 3-1 基本公共服务的范围内涵

资料来源：《国务院关于印发国家基本公共服务体系"十二五"规划的通知》，2012 年 7 月 19 日，中国政府网，https://www.gov.cn/zhengce/zhengceku/2012-07/19/content_7224.htm?ivk_sa=1023197a。

（三）基本公共服务均等化

"均等化"从字面理解即平均、均衡、相等的意思，既包含调节、平衡的过程，也包含最终相对平衡、大体相等的结果。对于公共服务均等来说，包含两方面内容：一是社会全体成员享受公共服务的机会均等，享有基本公共服务是公民的基本权利，保障人人享有基本公共服务是政府的重要职责；二是社会全体成员享受公共服务的结果均等，比如每一个个体不论居所、不论户籍，享受数量和质量都大体相等的义务教育供给。

基本公共服务均等化的难点，不在"基本"而在"标准"。① 公共服务的均等化是大体均等而非绝对均等。相关规划明确提出，基本公共服务均等化的"核心是机会均等，而不是简单的平均化和无差异化"，② 意在"全体公民都能公平可及地获得大致均等的基本公共服务"。③ 因此，在承认公共服务供给的数量和质量存在客观差异的前提下，如何确定均等化的标准？对此，学界存在三种标准：一是"最低标准"，政府承担基本公共服务最低限度的托底供给；二是"平均标准"，政府提供的基本公共服务水平应达到中等平均水平；三是"相等标准"，即保证人人享有大致均等的基本公共服务水平或结果。这三个标准并非相互矛盾，而是一个动态过程，随着经济发展水平和财力水平提高而渐次实现。④ 在均等化的实际操作过程中，目前主要采取的是"最低标准"和"相等标准"。

其中，"最低标准"主要表现为"底线均等"标准。该标准由广东省在 2009 年率先提出，认为基本公共服务均等化是"在承认地区、城乡、人群间存在差别的前提下，保障居民都享有一定标准之上的基本公共服务"。⑤ 在中央与地方财权事权和支出责任改革中，《国务院关于推进中央与地方财政事权和支出责任划分改革的指导意见》也对义务教育、学生资助、基本养老保险等 9 个支出事项制定了统一的国家基础标准，属于兜底性质的标准设定。此种标准，虽然尊重客观实际，并不强调人人享有完全一致的基本公共服务，但是无法控制基本公共服务的地区间差距。如果只是保证最低水平的公共服务供给，可能导致底线与高线之间的差

---

① 曾红颖：《我国基本公共服务均等化标准体系及转移支付效果评价》，《经济研究》2012年第6期。

② 《国务院关于印发国家基本公共服务体系"十二五"规划的通知》，2012 年 7 月 19 日，中国政府网，https：//www.gov.cn/zhengce/zhengceku/2012 - 07/19/content_7224.htm? ivk_sa = 1023197a。

③ 《"十四五"公共服务规划》，2021 年 12 月 28 日，中国政府网，https：//www.gov.cn/zhengce/zhengceku/2022 - 01/10/content_5667482.htm。

④ 安体富、任强：《公共服务均等化：理论、问题与对策》，《财贸经济》2007 年第 8 期。

⑤ 《印发广东省基本公共服务均等化规划纲要（2009—2020 年）的通知》，2009 年 12 月 11 日，广东省人民政府网站，https：//www.gd.gov.cn/gkmlpt/content/0/138/post_138742.html#7。

距相差过大，进而违背了均等化的含义。①

"平均标准"则表现为"转移支付系数"。目前，中央对地方均衡性转移支付标准是根据《2008年中央对地方一般性转移支付办法》执行的。其中以"转移支付系数"确定中央对地方一般性转移支付标准，转移支付系数按照均衡性转移支付总额、各地区标准收支缺口总额以及财政困难程度系数等因素确定。②转移支付系数越大，意味着均等化程度越高。但此种方法设定较粗、档次较少、数据可获得性和可操作性不强，导致分配模式不透明，增加了盲目性和随意性，鼓励了地方政府的讨价还价。③

为此，国务院发展研究中心提出"人均财政支出差距控制"标准，认为该标准最适合作为中国基本公共服务均等化标准的基础。④此种标准主要是借鉴德国经验，即将各个地区的人均财政支出（按照常住人口）差距控制在全国平均水平的一定范围内，换言之，即地区之间、城乡之间和人群之间的基本公共服务水平差异不应过大。这也属于"相等标准"的操作化方式，相对来说，此种方式更能兼顾机会均等和结果均等，强调在机会均等的基础上，实现基本公共服务支出结果的均等化。

二 财政分权

财政分权与财政联邦主义（fiscal federalism）、财政自治（fiscal autonomy）和财政改革（fiscal reform）同义，是指财政权限在政府间自上而下的转移。⑤具体来说，财政分权是指，中央政府给予地方政府一定的

---

① 倪红日、张亮：《基本公共服务均等化与财政管理体制改革研究》，《管理世界》2012年第9期。

② 《财政部对十三届全国人大三次会议第7448号建议的答复》，2020年9月8日，财政部网站，https://yss.mof.gov.cn/jytafwgk_8379/2017jytafwgk_14529/2018rddbjyfwgk/202010/t20201023_3609794.htm。

③ 曾红颖：《我国基本公共服务均等化标准体系及转移支付效果评价》，《经济研究》2012年第6期。

④ 倪红日、张亮：《基本公共服务均等化与财政管理体制改革研究》，《管理世界》2012年第9期。

⑤ Richard M. Bird, Francois Vaillancourt, "Fiscal Decentralization in Developing Countries: An Overview", in Richard M. Bird, Francois Vaillancourt eds., *Fiscal Decentralization in Devloping Countries*, New York: Cambrige University Press, 1998, pp. 1–48.

税收权和支出责任范围，允许地方政府自主决定其预算支出的规模和结构。[1] 财政分权是分权的一个核心内容，与政治分权、行政分权和市场分权构成了分权的主要形式（见表3-2）。分权通常被视为中央政府向地方政府的一种权力转移，是涵盖多方面的总体权力让渡，[2] 包括行政、政治和经济领域。[3] 世界银行将分权划分为政治分权、行政分权、财政分权和市场分权四种类型，认为财政分权是所有分权的核心，因为地方政府具备足够的收入能力和支出决定权，是高效执行分权的重要职能基础。[4]

表3-2　　　　　　　　　　不同形式的分权

	政治分权	行政分权	财政分权	市场分权
目的	旨在赋予公民或票选干部更多公共决策权；公民参与公共决策的程度越高，越能提升社会的知情权并满足多元化利益需求	旨在实现公共服务供给权限、职责与财政资源在不同政府层级的再分配；是中央政府及其机构的某一公共职能的下放与转移	分权的核心内容；地方政府和私人机构拥有足够的收入能力和支出决定权，是高效执行分权的职能基础	公共服务供给，包括教育、健康、人口与营养、基础设施、安全网、灌溉、供水和卫生、自然资源管理与环境等领域的职能下放与市场化改革；旨在提升公共服务质量和效率；不同领域的分权形式和程度不同
形式	·多元政治 ·代议制政府 ·民主化决策与执行	·权力分散 ·权力委托 ·权力下放	·税收支出 ·合作供给 ·收入扩大 ·转移支付 ·政府借贷	·私营化 ·放松管制

---

[1] 杨灿明、赵福军：《财政分权理论及其发展述评》，《中南财经政法大学学报》2004年第4期。

[2] Wallace E. Oates, "Toward a Second-Generation Theory of Fiscal Federalism", *International Tax and Public Finance*, Vol. 12, No. 4, August 2005, pp. 349–373.

[3] Jean-Paul Faguet, Fabio Sanchez, "Decentralization's Effects on Educational Outcomes in Bolivia and Colombia", *World Development*, Vol. 36, No. 7, July 2008, pp. 1294–1316.

[4] "Decentralization", June 6, 2013, Word Bank, https：//www.worldbank.org/en/topic/communitydrivendevelopment/brief/Decentralization.

续表

	政治分权	行政分权	财政分权	市场分权
战略	·改革宪法或法律 ·发展多元化政党 ·强化立法部门 ·创设地方政治单位 ·公共利益团体参与	·公务员制度改革 ·行政信息与监管 ·地方行政技术与管理能力 ·分权治理中的问责性、透明度和反腐败	·支出配置 ·收入配置 ·政府间转移支付/拨款设计 ·公共部门借款	·项目设计 ·权责下放 ·合同外包 ·私人投资 ·国企剥离 ·服务监管

资料来源:"Decentralization", June 6, 2013, Word Bank, https://www.worldbank.org/en/topic/communitydrivendevelopment/brief/Decentralization。

  财政分权的核心是,地方政府有一定的自主权。奥茨认为,财政分权特指地方政府拥有独立的税权。[1] 这种权力的自主性,既要包括支出责任的划分,也要包括收入权力的划分,还要考虑财政平衡与制度保障。在究财政分权时,只将财政分权定义为财政责任的下放而不讨论收支的支配权力是毫无意义的。[2] 一国财政分权的程度很高,或许只意味着该国的地方政府拥有了大部分的收入并承担了大部分的支出责任,但仍然受控于中央政府。因此,财政分权实际上是一个多维概念,必须涉及政府间财政关系的所有重要方面,包括职能配置、收入划分、财政平衡和制度安排四大方面。[3]
  财政分权常常与财政联邦主义交替使用。从严格意义上讲,财政联

---

[1] Wallace E. Oates, "Toward a Second-Generation Theory of Fiscal Federalism", *International Tax and Public Finance*, Vol. 12, No. 4, August 2005, pp. 349-373.

[2] Nobuo Akai, Masayo Sakata, "Fiscal Decentralization Contributes to Economic Growth: Evidence from State-Level Cross-Section Data for the United States", *Journal of Urban Economics*, Vol. 52, No. 1, July 2002, pp. 93-108.

[3] Richard M. Bird, Francois Vaillancourt, "Fiscal Decentralization in Developing Countries: An Overview", in Richard M. Bird, Francois Vaillancourt eds., *Fiscal Decentralization in Devloping Countries*, New York: Cambrige University Press, 1998, pp. 1-48; Robert D. Ebel, Serdar Yilmaz, "On the Measurement and Impact of Fiscal Decentralization", Policy Research Working Papers, No. WPS2809, World Bank Groups, March 31, 2002.

邦主义更加强调联邦政治制度特征，强调地方自治和对公民直接负责，中央政府决策或活动建基于次国家单位的同意或积极合作。[①] 尽管两个概念存在差异，但是从财政意义上看，二者都是在解决公共部门的纵向结构问题，即如何在不同的政府层级间分配责任以及实现这些责任的财政手段，并使这些财政手段与各级政府所欲实现的财政责任相一致。奥茨曾专门指出，在经济学看来，几乎所有公共部门都具有联邦制特征，因为公共产品和服务是由不同政府层级提供，并且存在与正式宪法无关的事实权力空间。[②] 比如很多非联邦制国家，也采用了财政分权的治理方式。因此，大部分西方文献对财政分权和财政联邦主义都未加区分，[③] 本书亦遵循这个惯例。

许多学者根据财政分权的不同表现形式进行了分类。钱颖一按地方政府拥有权力的大小，将分权划分为行政代理、联邦制和分权化三种形式。其中，行政代理不伴随权力下放；联邦制具有分散化特征；分权化是完全意义上的。这三种方式的分权程度依次递增。[④] 博德（Richard M. Bird）等将分权分为三类：一是权力分散（deconcentration），地方政府只是中央政府的一个派出机构，有义务完成中央政府授予的一些职责，并且在人事上完全听命于中央；二是权力委托（delegation），地方政府拥有一定的自主权来履行职责，但是主要对中央负责；三是权力下放（devolution），地方政府拥有完全的自主权，且只对本地区的居民负责。[⑤] 茵曼（Robert P. Inman）按中央政府政策的决策方式，将联邦制分为经济联邦制、合作联邦制和民主联邦制三种形式。其中，在经济联邦制下，政

---

① Ruben Enikolopov, Ekaterina Zhuravskaya, "Decentralization and Political Institutions", *Journal Of Public Economics*, Vol. 91, No. 11 – 12, December 2007, pp. 2261 – 2290.

② Wallace E. Oates, "An Essay on Fiscal Federalism", *Journal of Economic Literature*, Vol. 37, No. 3, September 1999, pp. 1120 – 1149.

③ Fritz Breuss, Markus Eller, "Decentralising the Public Sector: Fiscal Decentralisation and Economic Growth: Is There Really a Link?", *CESifo DICE Report*, Vol. 2, No. 1, October 2004, pp. 3 – 9.

④ 钱颖一：《现代经济学与中国经济改革》，中国人民大学出版社2003年版，第208—209页。

⑤ Richard M. Bird, Michael Smart, "Intergovernmental Fiscal Transfers: International Lessons for Developing Countries", *World Development*, Vol. 30, No. 6, June 2002, pp. 899 – 912.

府的首要目标是经济效率，并且，中央政策由选任或任命的中央计划者决定；在合作联邦主义下，经济效率目标是政府的中心目标，中央政策需要经过基层政府选出的全体代表的一致同意；在民主联邦制下，中央政策的决定遵循多数原则，由基层政府选出的大多数代表同意决定。[1]

三 中国式财政分权与转移支付

（一）中国式财权分权

西方财政分权理论认为，在具有一定的政府数量与良好的流动性税基的前提下，完全意义上的财政分权制度可以实现政府间的有效竞争。国外大量关于财政分权与公共服务供给的经验研究框架，都以满足预算约束的地方政府收支行为为前提，并未考虑不同类型的财政收入对公共服务供给产生的不同影响效应。换言之，这些研究将各级政府的收支平衡或是财权与事权对称当作默认前提，认为收入分权与支出分权对政府的激励是相同的。但是，中国并非标准意义上的财政分权国家，在地方政府层面，税收权力与支出权力并不对称，具有典型的纵向不平衡特征。自1994年的分税制改革后，中国形成中央税、地方税和共享税三种形式并存的税收分配制度。由于地方政府只拥有部分税种（如屠宰税和筵席税等）的征收权和减免权，并在税收总量上远远小于中央政府，因此，中国实际上形成的是收入集权、支出分权的财政分权体制，在地方承担大部分支出责任的同时，中央集中了大部分的收入权力。为缓解地方财政缺口带来的巨大压力，中央政府采取了巨额的转移支付方式，而地方政府则开始寻求各种途径积极增收。

同时，中国式财政体制的核心内涵是经济分权与垂直的政治治理体制的紧密结合。[2] 一方面，中国式财政分权向地方政府和企业提供了经济发展的激励，形成了"中国式分权"。[3] 虽然在政府与个人关系上迥异于

---

[1] Robert P. Inman, Daniel L. Rubinfeld, "Rethinking Federalism", *Journal of Economic Perspectives*, Vol. 11, No. 4, Fall 1997, pp. 43–64.

[2] 傅勇、张晏：《中国式分权与财政支出结构偏向：为增长而竞争的代价》，《管理世界》2007年第3期。

[3] Yingyi Qian, Barry R. Weingast, "Federalism as a Commitment to Preserving Market Incentives", *Journal of Economic Perspectives*, Vol. 11, No. 4, Autumn 1997, pp. 83–92.

西方联邦制，但是在政府层级关系上具有西方联邦制特点，形成了一种"市场维持型联邦制"：一是地方政府对辖区内经济事务获得了主导权；二是产品和生产要素在区位之间流动，形成地方政府间的竞争；三是地方政府的支出与收入紧密挂钩，因此地方政府具有强烈的发展地方经济的财政激励，不再向经营绩效不佳的国有企业提供援助。另一方面，在集权型的政治管理体制下，"用手投票"和"用脚投票"机制作用在中国相对有限。① 综上，中国式财政分权主要是指中国以政治集权体制和分税制为基础，以收入集中、支出下沉和转移支付为主要内容的政府上下级财政关系模式。

（二）转移支付

中国的转移支付是指，"上级政府对下级政府无偿拨付的资金，包括中央对地方的转移支付和地方上级政府对下级政府的转移支付，主要用于解决地区财政不平衡问题，推进地区间基本公共服务均等化，是政府实现调控目标的重要政策工具"。② 转移支付的设计初衷在于在解决政府间纵向与横向财力不均衡和外部性：一方面，财政联邦主义从资源分配和激励等角度说明了上级财政事权有限而财力相对集中的必要性，转移支付用于弥补地方财力与支出责任存在的缺口，实现政府间纵向财力均衡；另一方面，因地区间经济发展不均衡以及公共服务均等化要求，需要财政资金从财力较高地区转移至财力较低地区，即实现政府间横向财力均衡。③ 地方政府提供的公共物品中，往往存在正外部性，为了使公共物品数量达到有效水平，需要上级政府对下级政府补贴。但是，中国的转移支付体系具有一定特殊性，主要由一般性转移支付、专项转移支付和共同财政事权转移支付三部分构成。其中，一般性转移支付并不"一般"，除了"均衡性转移支付"以外，其他在资金用途上都有限制；而税

---

① 胡书东：《政府规模和财政分权、集权的适宜度》，《改革》2002 年第 1 期；王文剑、仉建涛、覃成林：《财政分权、地方政府竞争与 FDI 的增长效应》，《管理世界》2007 年第 3 期；周黎安：《中国地方官员的晋升锦标赛模式研究》，《经济研究》2007 年第 7 期。

② 《国务院关于财政转移支付情况的报告》，2023 年 9 月 4 日，财政部网站，http://www.mof.gov.cn/zhengwuxinxi/caizhengxinwen/202309/t20230904_3905364.htm。

③ 王英家、张斌、贾晓俊：《财政推动共同富裕——基于省以下转移支付制度分析》，《财经论丛》2022 年第 9 期。

收返还则属于分税制改革初期的妥协性产物——中央根据地方每年收入计算出的返还性收入,其最大问题在于倾向维护富裕地区的既得收入,与缩小地区间差距的制度导向背道而驰。①

第二节 理论视角

一 福利经济学

尽管公共服务均等化是一个中国本土化概念,但是福利经济学为公共服务均等化的实现路径提供了重要的理论基础。早在 20 世纪 20 年代,英国经济学家庇古就提出了"经济福利"的概念,他认为福利是对享受或满足的心理反应,福利可以分为社会福利和经济福利,其中经济福利只是社会福利中能够用货币衡量的那部分;而分配越均等,社会福利就越大,因此主张收入均等化,要求国家加强对国民收入的调节作用。庇古国民收入均等化的思想对公共服务均等化产生了基础性的影响,即政府应当通过公共服务均等化来实现全社会福利最大化。由于公共服务源于国民收入,因此政府可以通过公共服务的配置来影响国民收入的分配,进而实现社会福利最大化,尤其是当政府财政收入占 GDP 比重较高的情况下更是如此,政府可以通过手上大量的公共资源和财政资金等对公共服务予以有效配置。

上述思想带来的进一步启示是,公共服务要以公共财政为基本保障。公共财政是为市场提供公共服务并弥补市场失灵的一种国家财政类型。公共财政的本质特征是公共性,即公共财政来自全体社会成员,也要用于全体社会成员,尤其是要对所有社会成员提供"一视同仁"的服务,而不是只服务于某些利益集团或是少数社会成员,要求政府及其公共财政在提供公共服务的过程中,对所有社会成员应该是公平对待的。但是,要实现公共服务供给结果的大体均等,政府的供给成本不能是均等的。②由于不同地区的资源禀赋、经济水平、人口规模等存在差异,政府在提供公共服务时的成本也极不相同,这就有赖于中央对地方的转移支付。

---

① 吕冰洋:《央地关系:寓活力于秩序》,商务印书馆 2022 年版,第 327—330 页。
② 安体富、任强:《公共服务均等化:理论、问题与对策》,《财贸经济》2007 年第 8 期。

因此，公共服务供给的关键是构建完善的公共财政体系，公共服务均等化具体要通过公共财政收入、公共财政支出和转移支付制度来实现。

二 新制度主义政治学

要探讨财政制度对政府公共服务供给的行为影响，需要从制度与行为的关系研究入手，这是新制度主义理论的一个重要研究方向。"新制度主义"源于政治学，已经逐步扩展到经济学、社会学等不同学科，成为当代社会科学研究中重视制度要素的学术流派的概括性称谓。[①] 尽管制度一直是政治学的主要研究对象，但新制度主义在20世纪80年代才成为西方政治学研究的一股重要思潮。20世纪50—60年代，受科学主义和反理性思潮影响，传统政治学开始转向行为主义政治学，制度被排除在主流研究之外。由于行为主义过度强调价值中立和研究手段的科学化，逐渐与现实政治生活脱离，难以对日益错综复杂的政治现象作出有效解释。直到20世纪80年代，政治理论家开始重新强调和复兴制度分析的作用。1984年，詹姆斯·马奇和约翰·奥尔森发表《新制度主义：政治生活中的组织因素》一文，标志着政治学研究的新制度主义时代来临。当前，新制度主义理论呈现出流派众多、理论驳杂的特点。

在政治科学中，普遍认为新制度主义存在理性选择制度主义、社会学制度主义和历史制度主义三种分支（见表3-3）。[②] 其中，理性选择制度主义认为行动者的行为是在确定的制度框架内，基于对其他相关行动者的互动关系，作出的利益权衡结果，原因是人都是追求利益最大化的经济人，有内在稳定偏好，会根据制度提供的确定性信息展开利益博弈并调节自身期望；社会学制度主义则与理性选择制度主义针锋相对，认为行动者的行为不是理性选择的结果，而是受到自身文化价值观影响的决定，由于个体在利益之外还存在社会适应性和文化价值需求，其目标和偏好是会改变的，个体会基于自我认知和道德规范进行行为调整；而

[①] 曹胜：《制度与行为关系：理论差异与交流整合——新制度主义诸流派的比较研究》，《中共天津市委党校学报》2009年第4期。

[②] Peter A. Hall, Rosemary R. Taylor, "Political Science and the Three New Institutionalisms", *Political Studies*, Vol. 44, No. 5, June 1996, pp. 936–957.

历史制度主义则没有明确的分析框架，认为行动者受具体情境或是历史事件的影响，由于特定制度往往会产生非对称性的权力格局，行动者所拥有的社会力量存在差异，导致行动者的利益目标和行为方式受到制约。因此，在同一制度下会存在不同的行为方式，同一行为方式也会产生不同的结果。

表 3-3　　　　　　　　　新制度主义"三分法"比较

	理性选择制度主义	社会学制度主义	历史制度主义
	理性	文化	权变
主要观点	行为是制度框架内的利益权衡结果	行为受特定世界观、价值观所形塑	行为由特定制度框架下的权力格局决定
基本假设	·行为偏好具有内生性和稳定性 ·行为目标由自我设定 ·追求利益最大化 ·实现目标的手段具有策略性	·个体的目标和偏好可以被改变 ·行为受个人独特世界观限制 ·个体在利益之外还有文化价值需求	·制度形成非对称权力格局 ·行为受特定情境影响
制度对行为的作用机制	·信息传递 ·利益博弈 ·期望调节	·自我认知 ·道德标准	·权力结构 ·组织结构
分析方法	演绎	演绎	归纳
对比评价	强调经济人假设，逻辑严密、假设明晰，但是人的偏好和理性设定过于绝对	与理性选择相对，关注社会层面的文化价值因素，但是逻辑模糊、因果链条不明	重视事实分析，兼容理性和文化因素，更具整合性和现实意义，但逻辑模糊、因果链条不明

资料来源：笔者整理。

在以上三种理论流派中，理性选择制度主义是最具逻辑性的，其假设前提和因果机制都较为明确，形成了较为严密的分析框架；而社会学制度主义和历史制度主义则缺乏严密的逻辑论证，但弥补了理性选择制度主义对文化因素、历史因素的忽视。以上流派都具有各自的优势和盲点，并且这些流派正在逐步消除分歧、走向理论融合。尽管到目前为止，新制度主义政治学仍未形成一个统一的理论框架对制度和行为的关系展开分析，但是在上述三种流派中，历史制度主义分析被认为是最具整合性的理论路径，可以兼容理性选择制度主义和社会学制度主义的观点。学界由此达成的共识是，制度因素、文化因素和历史因素均会对行动者的行为产生影响。这也构成了本书的基本理论视角。

三 财政分权理论

财政分权一直是理解政府公共服务供给的重要理论视角，其中关键的解释路径在于财政分权形成的地方政府竞争机制。第一代财政分权理论论证了地方政府竞争对于公共服务供给的正向效应，主要提出通过"用脚投票""用手投票"两条路径对地方政府施加经济压力和政治压力，进而产生政府间良性竞争，最终提升公共服务的供给效率和供给质量；第二代财政分权理论不再把政府视为理想化的慈善家，而是将其视为追求自身政治与经济效用的最大化的"利维坦怪"，认为有效的分权是约束政府行为的必要条件，因此要聚焦于产生政府间有效竞争的激励条件。但是相对于财政联邦制"收支对等"的"完全分权"模式，大部分转型国家和发展中国家出于对地方控制的需要，财政分权改革并不彻底，形成了"收入集权与支出分权"并存、"财政分权与行政集权"并存的"部分分权"模式。① 因此，早期的财政分权理论并不能完全解释包括中国在内的发展中国家和经济转型国家的政府行为。

由于早期的财政分权理论都缺乏对不同国家制度因素和微观基础的考量，难以形成具有普适性的解释路径。受新制度主义政治学的影响，最新的财政分权研究更多考虑了制度因素和现实情境等对财政分权效应的干扰，纳入政治制度、交易费用、激励因素等对政府行为展开研究，由此形成了第三代财政分权理论，更加关注有效分权的条件以及不同分权形式产生的不同效应，提出转移支付会破坏分权产生的有效竞争机制，而不同类型的公共服务适用于不同的分权形式。这一理论进展对政府行

---

① 白晨：《转移还是消化：省级政府基本公共服务筹资策略及其效果分析——来自医疗救助服务的证据》，《中国软科学》2020年第1期。

为的解释力显著提高，尤其是更加适用于对转型国家和发展中国家的分析。对于中国而言，第三代财政分权理论也具较高的适用性。由于中国是典型的集权制国家，自1994年分税制改革以来，中央将部分财税权力上收，但大部分公共服务职能仍在地方政府，造成了收入集权、支出分权的格局。尽管大量的转移支付能够平衡央地之间的财权事权关系，却弱化了分权产生的良性竞争效应。为此，周黎安提出"政治锦标赛体制"来对中国地方政府行为加以解释，认为与晋升挂钩的考核激励形成了中央驱动下的地方政府间正向竞争，进而推进了中国的经济增长和社会发展。①

第三节　分析框架

一　税收分成、转移支付与基本公共服务均等化

基于上述三大研究视角，要找到中国基本公共服务均等化的实现路径，关键在于厘清财政分权、转移支付与公共服务供给之间的关系，并且要关注中国制度情境下特有的经济、社会和历史因素对均等化可能造成的影响。按照财政分权理论，公共财政之所以能够改善公共服务供给，其根本原因在于财政分权体制下的财税竞争机制。不过，这一竞争机制要产生效果得具备三个前提条件：一是公民和企业能够在辖区间自由迁徙，这种"用脚投票"机制使辖区政府为争夺流动性税基而竞相削减税率并提升公共服务水平；二是地方政府距离公民更近，具有了解公民偏好的信息优势，进而会提供符合当地需求的公共服务；三是中央与地方之间存在严格的预算约束，如果在财政上实行收入集权，并通过转移支付的形式拨付给地方政府，那么很可能会产生"公共池塘效应"或是"粘蝇纸效应"，降低地方政府的能动性，从而使税收竞争机制无法发挥作用。尽管中国自20世纪80年代以来的财政分权制已经非常接近准传统财政联邦制，② 但是财政分权只是其中一个方面，与理论意义上的财政联

---

① 周黎安：《中国地方官员的晋升锦标赛模式研究》，《经济研究》2007年第7期。
② X. Feng et al., "Fiscal Federalism: A Refined Theory and Its Application in the Chinese Context", *Journal of Contemporary China*, Vol. 22, No. 82, March 2013, pp. 573–593.

邦制相去甚远。

第一，"用脚投票"机制受限。中国的户籍制度根据血缘或地缘关系将居民划分为以户为单位进行管理，证明了居民在本地生活的合法性，关系到公众所能获取的教育、医疗等公共服务资源，进而抑制了居民随意迁徙的自由性。尽管近年来推行的改革使户籍制度不断向单纯的人口登记服务功能转变，提升了人口的流动性，但是长期形成的制度路径依赖很难在短期内实现居民迁徙的完全自由。同时，中国的财政分权建立在垂直的政治管理体制基础之上，① 相对于自上而下的激励机制，"用手投票"和"用脚投票"机制作用也较为有限。②

第二，"政治晋升"机制明显。在"竞争锦标赛"的作用下，地方政府之间仍然存在竞争，只是这种竞争的目的在于获取升迁。加之"市场维持型联邦"体制的影响，中国的地方政府工作人员在公共产品的投入上会形成一种政绩最大化和税收收入最大化的混合政府目标，一方面关注税收任务的完成，另一方面关注招商引资的增长，此外还需要确保地方公共产品的基本满足。总的来说，政治上的集权对于中国的发展模式十分重要，中国在现行的财政分权格局实际上是一种经济分权与政治集权共同作用下的政治经济格局，中央政府的政治目标深刻影响了地方政府的行为偏好。③

第三，收入集权特征显著。自1994年的分税制改革之后，中国财政分权制度实际上形成了一种税收集中与支出分权的混合分权模式。分税制改革旨在增加中央的税收分成占比，中央政府最终获得所有关键性的财政政策权力，而地方政府仅具有一些日常财务管理的自主权，并且承担了绝大部分的公共服务事权。在税收权力上移和公共服务下沉的情况下，地方政府不得不依赖来自中央的大量转移支付，由此形成了财政纵向不平衡的财

---

① 傅勇、张晏：《中国式分权与财政支出结构偏向：为增长而竞争的代价》，《管理世界》2007年第3期；王永钦等：《中国的大国发展道路——论分权式改革的得失》，《经济研究》2007年第1期。

② 胡书东：《政府规模和财政分权、集权的适宜度》，《改革》2002年第1期；王文剑、仉建涛、覃成林：《财政分权、地方政府竞争与FDI的增长效应》，《管理世界》2007年第3期；周黎安：《中国地方官员的晋升锦标赛模式研究》，《经济研究》2007年第7期。

③ 陈钊、徐彤：《走向"为和谐而竞争"：晋升锦标赛下的中央和地方治理模式变迁》，《世界经济》2011年第9期。

政分权体制特征，深刻影响了地方政府公共服务供给的能力与水平。

长期以来，中国式财政分权究竟能否促进地方政府的公共服务供给水平，是备受争议的。在这种纵向失衡条件下，财政分权制度难以对地方政府形成收支对等下的严格预算约束，激励与平衡成为上级政府面临的永恒难题。① 上级政府既需要对下级政府给予财政激励，同时也需要平衡各下级政府之间的财力差距。为此，中央政府一方面为了对下级政府给予财政激励，采取了"弹性分成"的分税制设计；另一方面，地方政府的财权事权不匹配导致的财政失衡给地方政府造成了巨大的财政压力。对于层级较低的地方政府，不仅同样面临与自身财力不匹配的公共服务支出负担，而且还会因自身行政级别相对低下，不得不接受上级政府固化下来的事权分配格局甚至是"层层加码"，② 使得基层政府的公共服务支出能力备受制约。与此同时，中央政府试图利用转移支付的政策工具，对地方政府间的财力差距进行平衡，以促进基本公共服务均等化。③ 因此，在财政纵向不平衡的制度条件下，税收分成和转移支付均是影响中国基本公共服务均等化实现的重要变量。同时还应考虑政府竞争、公共服务支出等关键因素对公共服务均等化的影响。

（一）税收分成与基本公共服务均等化

目前学界就财政分权与基本公共服务支出均等化的研究已有大量成果，但是结论并不一致。多数学者认为，财政分权对基本公共服务均等化起抑制作用。比如，宋文昌的研究证明，基于经济增长导向的政府竞争，中国的财政分权模式导致公共服务供给的总水平不足和地区间不均等；④ 杨东亮和杨可发现，财政分权影响地方政府公共服务供给意愿，不利于教育公共服务均等化；⑤ 而部分学者认为，中国的财政分权有助于提

---

① 吴敏、周黎安、石光：《中国县级政府税收分成的典型化事实：基于独特数据的测算与分析》，《财贸经济》2023年第4期。

② Jan K. Brueckner, "Partial Fiscal Decentralization", *Regional Science and Urban Economics*, Vol. 39, No. 1, January 2009, pp. 23-32.

③ 刘晓明：《财政分权、财政纵向失衡与共同富裕研究》，《生产力研究》2023年第5期。

④ 宋文昌：《财政分权、财政支出结构与公共服务不均等的实证分析》，《财政研究》2009年第3期。

⑤ 杨东亮、杨可：《财政分权对县级教育公共服务均等化的影响研究》，《吉林大学社会科学学报》2018年第2期。

升基本公共服务均等化，如胡洪曙、亓寿伟的研究表明，财政分权度越高，地方政府越有能力增加对公共服务的投入，进而实现基本公共服务均等化。① 之所以出现上述分歧，是因为分权指标与均等化指标选择的影响。李齐云、刘小勇的研究就表明，只有税收分权能够有效抑制地区人均卫生经费支出的差距，其他财政分权指标均与预算内人均卫生经费偏离度呈显著正相关。②

而从经验上看，地方政府的行为往往受制于国家治理的总体目标，在不同阶段的顶层制度和目标管理下，地方政府会有不同的行为选择。尤其是对于中国而言，不应过高估计财政分权对地方政府行为的影响而忽视中央权威的作用。中国政府具有较高的组织动力，"讲政治"是评价政府工作人员的一项重要指标，目标责任制和干部考核制是中国经济社会发展的重要制度保障，因此政治约束的作用会大大超过政治激励。③ 在改革开放初期"以经济建设为中心"的工作目标下，地方政府在政治晋升激励和巨大财政压力的双重约束下，往往会把有限的财力优先投入拉动短期GDP增长的投资建设项目中去，而对教育等公共支出缺乏足够的热情，④ 由此形成"为增长而竞争"的行为模式和公共支出结构的明显扭曲。⑤ 但是随着中国步入全面深化改革时期，国家治理目标转向"以人民为中心"的高质量发展阶段，中央对地方干部的政绩考核也愈加偏向民生保障和公共服务的均衡配置。不少研究也证实了随着政治任务的变化，地方政府的竞争格局发生了变化，⑥ 走向兼顾地方经济和地方公共品的竞

---

① 胡洪曙、亓寿伟：《政府间转移支付的公共服务均等化效果研究——一个空间溢出效应的分析框架》，《经济管理》2015年第10期。

② 李齐云、刘小勇：《财政分权、转移支付与地区公共卫生服务均等化实证研究》，《山东大学学报》（哲学社会科学版）2010年第5期。

③ 吕冰洋、陈怡心：《财政激励制与晋升锦标赛：增长动力的制度之辩》，《财贸经济》2022年第6期。

④ 周亚虹、宗庆庆、陈曦明：《财政分权体制下地市级政府教育支出的标尺竞争》，《经济研究》2013年第11期。

⑤ 傅勇、张晏：《中国式分权与财政支出结构偏向：为增长而竞争的代价》，《管理世界》2007年第3期。

⑥ 何艳玲、李妮：《为创新而竞争：一种新的地方政府竞争机制》，《武汉大学学报》（哲学社会科学版）2017年第1期。

争模式。① 更为重要的是，是财政激励而非晋升激励引导了地方政府行为。② 综上，本书提出如下研究假设。

H1：某地区税收分成程度越高，该地区基本公共服务均等化程度越高。

H2：某地区税收分成程度越高，该地区基本公共服务偏向越大。

尽管中国式财政分权的激励效应可能会受到一定限制，但是地方政府税收收入的增加，会为基本公共服务的供给提供充足的财政保障，进而提升地方基本公共服务的供给水平。对于省以下地方政府也是如此，省级政府的税收分成越大，越有能力实现对省以下地方政府的转移支付。并且中国现行的省以下税收分成体系并不稳定，各省和省以下地市的分成比重并不统一，存在较大的变动性。这进一步导致省以下公共服务供给取决于省级政府的财政实力。更为重要的是，已有研究证明，不同政府偏好会影响政府的竞争行为。当地方政府的偏好是提高辖区居民福利水平时，政府既关注地区经济增长，也关注辖区居民的公共服务消费水平。③ 因此，笔者认为基本公共服务支出偏向构成了财政分权与基本公共服务产出均等化之间的中介桥梁，形成如下研究假设。

H3：某地区基本公共服务偏向越大，该地区基本公共服务均等化程度越高。

H4：基本公共服务支出偏向在税收分成对基本公共服务均等化的影响效应上具有中介作用。

转移支付对地方政府到底是"援助之手"还是"激励陷阱"，学界尚未达成一致。一方面，转移支付相当于增加地方政府的财政收入，因而允许地方政府增加公共服务的提供、改变地方政府的支出结构，有利于基本公共服务的均等化。比如曾明等的研究均证实了，财政转移支付明

---

① 陈钊、徐彤：《走向"为和谐而竞争"：晋升锦标赛下的中央和地方治理模式变迁》，《世界经济》2011年第9期。
② 陆铭：《大国治理——高质量发展与地方间竞争的空间政治经济学辨析》，《经济社会体制比较》2023年第3期。
③ 代志新、程鹏、高宏宇：《税收竞争、分成激励与政府偏好——兼论均等化转移支付的作用》，《经济理论与经济管理》2023年第2期。

显促进了地区基本公共服务水平的提高。① 尽管不少学者认为，转移支付并不能有效实现公共服务均等化，因为中国的转移支付包含了大量税收返还，其规范性也有待提高，地方政府自由支配转移支付的空间较大，可能由此削弱转移支付应有的均等化效应。但实际上并非如此，一是中国的一般性转移支付并不"一般"，只有"均衡性转移支付"项未作具体使用规定，而自2002年起中央就在不断强化一般性转移支付的均等化功能；二是中国的专项转移支付占比很高，根据财政部的公开数据计算，2021年的专项转移支付（含"共同财政事项转移支付"）占转移支付总额的比重高达50.7%；三是中央在不断降低税收返还比重，2015年和2016年增值税和消费税由"增长返还"改为"定额返还"。综上，尽管存在设计缺陷，中国的转移支付仍然能够通过加大对落后地区的公共服务财力支持来促进基本公共服务均等化的实现。据此，提出如下假设。

H5：某地区中央转移支付规模越大，该地区的基本公共服务均等化程度越高。

H6：某地区中央转移支付规模越大，该地区地方基本公共服务偏向越大。

H7：基本公共服务支出偏向在转移支付对基本公共服务均等化的影响效应上具有中介作用。

但是另一方面，转移支付会产生"公共池塘效应"或是"粘蝇纸效应"，可能对财政分权应有的激励效应产生替代作用。由于转移支付对地方政府来说具有很强的无偿性，在很大程度上降低了地方政府公共服务的支出压力，那么转移支付就可能降低地方政府的税收努力，在地方财政收入上对税收收入产生替代效应或是挤出效应（crowding-out）。② 如果税收收入和转移支付本身对公共服务均等化都具有正向

---

① 曾明、华磊、刘耀彬：《地方财政自给与转移支付的公共服务均等化效应——基于中国31个省级行政区的面板门槛分析》，《财贸研究》2014年第3期；王庆、樊稼岐：《财政转移支付对地区基本公共服务均等化的影响——基于空间断点回归的实证分析》，《兰州财经大学学报》2022年第4期；宋佳莹：《基本公共服务均等化测度：供给与受益二维视角——兼论转移支付与财政自给率的影响》，《湖南农业大学学报》（社会科学版）2022年第4期。

② 吕冰洋、张凯强：《转移支付和税收努力：政府支出偏向的影响》，《世界经济》2018年第7期。

影响作用，那么在税收收入和转移支付同时存在的情况下，很可能形成相互替代关系。国内很多研究均证实了转移支付的"粘蝇纸效应"，① 及其对地方政府税收竞争产生的弱化作用，② 导致平衡中的效率损失。③ 综上，本书提出如下假设。

H8：中央转移支付与税收分成在对基本公共服务均等化的正向影响效应上存在替代关系。

二　影响基本公共服务均等化的其他因素

（一）经济竞争与基本公共服务均等化

由于中国式财政分权的行政分权特征明显，有学者认为中国的政府竞争机制是一种类似"政治锦标赛"的激励机制。在长期以来"GDP唯上"的考核导向下，招商引资成为政府竞争的关键动力，使财政分权应有的"标尺竞争"一度演绎成一种"不良竞争"。地方政府会因财政激励伸出"市场保护之手"，容易造成致力于凸显短期政绩、提供基础设施等生产性公共服务的行为偏好，④ 甚至没有能力或动力去提供充足的基本公共服务。⑤ 比如在民族地区，尽管转移支付使人均财力明显增长，但受地方政府支出偏好影响，民族地区公共服务水平和均等化程度并未同步提升。⑥ 研究表明，财政分权影响地方政府公共服务供给意愿，过度激励地方政府在公共服务财政支出结构上形成经济建设倾向，

---

① 杨东亮、杨可：《财政分权对县级教育公共服务均等化的影响研究》，《吉林大学社会科学学报》2018年第2期；范子英、张军：《粘纸效应：对地方政府规模膨胀的一种解释》，《中国工业经济》2010年第12期。

② 吉富星、鲍曙光：《中国式财政分权、转移支付体系与基本公共服务均等化》，《中国软科学》2019年第12期；代志新、程鹏、高宏宇：《税收竞争、分成激励与政府偏好——兼论均等化转移支付的作用》，《经济理论与经济管理》2023年第2期。

③ 范子英、张军：《中国如何在平衡中牺牲了效率：转移支付的视角》，《中国经济学》2010年第00期。

④ Yingyi Qian, Gerard Roland, "Federalism and the Soft Budget Constraint", *American Economic Review*, Vol. 88, No. 5, December 1998, pp. 1143–1162.

⑤ 吉富星、鲍曙光：《中国式财政分权、转移支付体系与基本公共服务均等化》，《中国软科学》2019年第12期。

⑥ 段晓红：《促进公共服务均等化：均衡性转移支付抑或专项性一般转移支付——基于民族地区的实证分析》，《中南民族大学学报》（人文社会科学版）2016年第4期。

会影响地方政府供给公共服务的能力，不利于教育公共服务均等化。[①]

根据企业选址模型，为了吸引企业尤其是外商直接投资（FDI），地方政府往往采用补贴或者减免税收等各种优惠手段。从税收竞争来看，在现有的分税制体制下，地方政府并不具有完整意义上的税收决策权，仅就少部分税种享有征收权和减免权展开税收竞争。其中，又以减免税收作为主要的竞争手段。[②] 张晏在对财政分权、FDI 竞争与地方政府行为进行的研究中，根据企业选址模型的原理，建立了一个 FDI 税收优惠模型。研究表明，尽管税收优惠对政府收入的影响具有两面性，一是有助于增加就业和 GDP 从而增加地方税收总额，二是税收减免导致地方税收总额减少，但是投资环境越好的地区越具有竞争力。对于"利维坦"政府而言，会在扩大税基和减少税收之间进行最优权衡。因此条件落后的地区为吸引外资，会不断加大对基础设施的累积，导致支出结构扭曲，进一步扩大地方之间的公共服务差距。[③]据此，提出如下假设。

H9：某地区 FDI 竞争程度越大，该地区的基本公共服务均等化程度越低。

（二）规模经济与基本公共服务均等化

公共服务供给存在的规模经济问题。对某些公共服务而言，使用者越多，人均成本则可能越低；而分权会导致政府数量增多，进而引起公共服务支出的规模经济损失。根据奥茨的分权定理，如果分权存在代价，即是损失了经济规模，可能导致预算的提升。由于构建一个行政系统需要投入大量固定成本，因此小规模的人口可能导致公共服务供给的高成本。因此，在其他条件不变的情况下，辖区内的人口密度较低会增加提供公共服务的成本，导致政府公共服务供给水平下降，进而扩大地区之间的公共服务差距。一般来说，公共服务供给水平较高的地区，又容易吸引更多的人口流入，不断促使该地区提升公共服务供给水平。因此，

---

① 杨东亮、杨可：《财政分权对县级教育公共服务均等化的影响研究》，《吉林大学社会科学学报》2018 年第 2 期。

② 张晏、夏纪军、张文瑾：《自上而下的标尺竞争与中国省级政府公共支出溢出效应差异》，《浙江社会科学》2010 年第 12 期。

③ 张晏：《财政分权、FDI 竞争与地方政府行为》，《世界经济文汇》2007 年第 2 期。

提出如下假设。

H10：某地区的人口密度越大，该区域的基本公共服务均等化程度就越高。

如果若干地方政府共同协调、联合供给某一类公共服务，服务对象数量增加，那么，这些地方的公共服务供给成本都将降低，并且会提升这一整片地区的公共服务均等化程度。但遗憾的是，地方的区域特点和地方政府的数量会产生多样化的地方公共服务供给方案，财政分权又在一定程度上赋予了地方政府的自主决策权，无形中增加了地方之间的协调难度，导致地方治理的碎片化。随着地方政府权力自主性的扩大，上级政府与下级政府间的沟通协调能力变弱，更大区域范围内的财政政策协调变得更加困难，[1] 地方政府之间的竞争也随之加剧。因此地区的碎片化程度的提升，抑制地区内的基本公共服务均等化程度，形成以下研究假设。

H11：某地区的碎片化程度越高，该地区的基本公共服务均等化程度就越低。

（三）经济发展与基本公共服务均等化

第一，经济水平与基本公共服务均等化的关系。随着经济社会发展不断升级，居民对基本公共服务的需求会不断提升，为此，政府会相应地加大对基本公共服务的投入。同时，经济发展水平高低对地方政府的财政能力具有重要影响，从而为扩大基本公共服务的财政支出提供物质基础。李齐云、刘小勇的研究证明，人均 GDP 的提高有利于缩小地区间公共卫生投入的不均等程度。[2] 孙智、武长奥、赵艳蕊的研究也发现，在民族地区公共文化服务均等化的影响因素中，起决定性作用的是民族地区自身经济发展水平。经济发展水平较高的地区，可用于推进公共文化服务均等化的财政投入资金就较为充足，反之则不然。[3] 因此，提出如下

---

[1] 张依群：《推进省以下财政体制改革与地方财政发展理论研究》，《财金观察》2022 年第 2 辑。

[2] 刘小勇、李齐云：《省及省以下财政分权与区域公共卫生服务供给——基于面板分位数回归的实证研究》，《财经论丛》2015 年第 4 期。

[3] 孙长智、武长奥、赵艳蕊：《民族地区基本公共文化服务均等化发展影响因素研究》，《长春理工大学学报》（社会科学版）2023 年第 6 期。

假设。

H12：某地区的经济发展水平越高，该地区的基本公共服务均等化程度就越高。

第二，对外开放与基本公共服务均等化。一般来说，对外开放程度较高的地区受外来技术和思想的影响较大，国际化程度也较高。地方政府会进一步对标先进地区的发展模式，持续改善基本公共服务供给水平。但是对外开放度在一定程度上也表征了地方"为增长而竞争"的程度，可能会导致地方政府的生产性服务偏向；同时，地方政府之间存在异质性竞争。[①] 对于弱势地区来说，由于先天禀赋、能力差异过大而无法从竞争中获胜，可能放弃参与竞争，导致"富者越富，贫者越贫"。胡洪曙、亓寿伟的研究就证实了，相邻地区的对外开放度对本地区的公共服务供给水平总体上存在空间抑制效应。[②] 因此，对外开放度的提升，在促进地区经济发展的同时，也可能带来地方基本公共服务的非均等化。因此，提出如下假设。

H13：某地区的对外开放度越高，该地区的基本公共服务均等化程度就越低。

（四）城乡发展与基本公共服务均等化

第一，城镇化水平与基本公共服务均等化。城镇化既是人口持续向城镇聚集的过程，也是城镇规模扩大、城乡不断融合发展的过程。随着城镇化水平的提高，更多的农村居民融入城市，享受更多的城市基本公共服务，使城市基本公共服务的规模效应不断彰显；同时，城乡融合发展也要求农村地区不断提高公共服务的供给能力和供给水平，由此消弭地区内基本公共服务的城乡差距，故提出如下假设。

H14：某地区的城镇化水平越高，该地区的基本公共服务均等化程度就越高。

第二，城乡收入差距与基本公共服务均等化。当前，中国城乡居民

[①] Yingyi Qian, Gerard Roland, "Federalism and the Soft Budget Constraint", *American Economic Review*, Vol. 88, No. 5, December 1998, pp. 1143–1162；傅勇、张晏：《中国式分权与财政支出结构偏向：为增长而竞争的代价》，《管理世界》2007年第3期。

[②] 胡洪曙、亓寿伟：《政府间转移支付的公共服务均等化效果研究——一个空间溢出效应的分析框架》，《经济管理》2015年第10期。

收入水平差距较大已是不争的事实。理论上看,收入水平是影响人口迁移的重要因素,一个地区的收入越高,越容易集聚人口。而收入的提高,会增加人们对公共服务资源的需求,进而促使地方政府提高公共服务供给的规模和水平。城乡收入差距是导致农村人口流失的重要原因,也会进一步强化地方政府的"城市偏向"、① 加速农村"空心化"现象显现,进而加剧基本公共服务的城乡差距。因此,提出如下研究假设。

H15:某地区的城乡收入差距越大,该地区的基本公共服务均等化程度就越低。

三 中国式财政分权对基本公共服务均等化的影响机制

在税权集中的体制下,尽管地方政府没有税权,也会通过税收激励政策的选择性使用对公共服务供给产生影响。总的来说,地方政府的公共服务供给行为同时受到收入分成的财政激励和转移支付的平衡作用,并最终对基本公共服务均等化的结果产生影响(见图3-2)。一是中国式财政分权体制中的收入分成,为地方政府提升基本公共服务水平的行为提供了财政激励。财政收入分成比例越高,地方政府做大税基的内在激励越强,越容易提升公共服务支出的规模,进而缩小地方之间的基本公共服务差距,实现基本公共服务均等化。二是中国式财政分权中的转移支付,为缩小地方政府的财政收支缺口、实现地方政府的财政收支平衡提供了可能。一方面通过提升地方基本公共服务的财力保障,发挥对基本公共服务均等化的正向促进作用;另一方面,转移支付可能存在的"粘蝇纸效应",又容易削弱财政分权对地方政府产生的为优化公共服务供给而努力的良性竞争效应,进而对基本公共服务均等化起到抑制作用。此外,政府竞争、供求因素、经济发展和社会因素等也会对基本公共服务均等化产生不同程度的影响。

---

① 刘成奎、龚萍:《财政分权、地方政府城市偏向与城乡基本公共服务均等化》,《广东财经大学学报》2014年第4期。

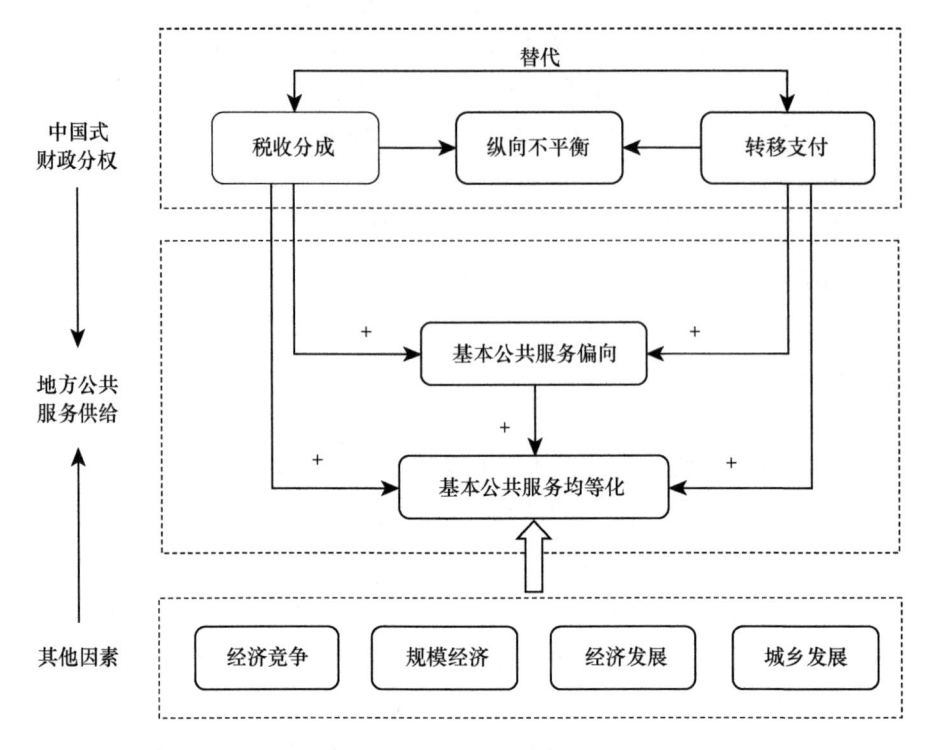

图 3-2　中国式财政分权对基本公共服务均等化的影响机制

资料来源：笔者自制。

第四节　本章小结

基本公共服务均等化是中国式现代化道路上的一个重要课题。影响基本公共服务均等化的因素十分复杂，导致研究路径也十分多样。从本质上看，基本公共服务均等化是一个福利经济学问题，财政资源的有效配置是实现基本公共服务均等化的关键路径。根据财政分权理论的最新发展理论和新制度主义政治学的观点，财政分权为基本公共服务均等化的实现提供了激励机制，而中国特有的制度条件和经济社会因素又使这种激励效应受到不同程度的影响，因此厘清中国式财政分权与基本公共服务均等化之间的关系尤为重要。具体来说，需要回答如下问题：在中国制度情境下，财政分权是否能够有效激励地方政府提升公共服务供给水平，转移支付能否平抑地方公共服务供给差距，进而实现基本公共服务高水平供给条件下的均等化。要回答上述问题，需要进行如下探讨。

第一，理解基本公共服务均等化的政策内涵，明晰财政分权体制与公共服务均等化的关系。基本公共服务均等化侧重机会均等和结果均等，前者通过制度设计加以实现，最重要的是制度设计（即公共财政制度的设计）是否体现了公平原则；后者通过公共服务产出加以体现，比如每个人实际享有的教育、医疗、社保等基本公共服务资源是否均等。由于财政分权的关键任务就是建立一个多层级的公共财政管理体系，对政府职能和财政资源加以优化配置，以最大化改善公共服务供给。因此，要研究财政分权与基本公共服务均等化的关系，应遵循从制度设计到实际产出的逻辑进路，对中国式财政分权体制在公共服务领域的运作情况加以剖析。而要验证财政分权对于基本公共服务均等化的实际影响，还需要进一步对均等化的操作化定义和推进状况进行研究。

第二，重点探讨税收分成、转移支付与基本公共服务均等化之间的关系。分税制以来，中央通过税收分成规范了央地之间的收入分配关系，使得地方政府享有一定的税收自主权，开始成为相对独立的经济利益主体，同时也面临纵向财政不平衡的问题。为此，中央通过大量转移支付来弥补地方财政收支缺口和促进地区均衡发展，转移支付成为地方政府的重要收入来源，与税收分成一起对地方政府的公共服务行为产生影响。一方面，税收分成对地方政府形成激励，地方政府为争夺财税资源展开竞争，客观上提高了地方优化公共服务供给的积极性；另一方面，转移支付直接提高了地方公共服务供给水平，却对地方税收收入形成财政上的替代关系，可能弱化税收分成对地方公共服务的正向影响。那么，税收分成和转移支付会共同对地方基本公共服务偏向产生何种影响，进而对基本公共服务均等化产生何种影响，就成为一个值得探讨的问题。

第三，关注中国情境的其他重要因素对基本公共服务均等化的影响。中国式财政分权具有强烈的行政分权特征，形成了"政治锦标赛"的激励机制。中国的财政分权改革发起于改革开放，首先来自经济发展和市场化的推动，形成了经济导向和市场导向的地方政府竞争机制。这种机制下，地方政府可能形成生产性公共服务支出偏向，更倾向于投资能够促进经济增长的基础设施建设，而忽视对基本公共服务的投入。随着经济水平的不断发展和改革开放的日益加深,社会结构的变化和公众需求的变化又进一步倒逼了政府职能转变,对公共服务供给提出更高要求。因此,政府竞争、供求因素、经济因素和社会因素等对基本公共服务均等化的影响,也应一并纳入考察范围。

第四章

中国财政分权体制的改革进展

本章对中国式财政分权体制的历史变迁、现行框架和最新动向进行整理，目的在于呈现中国式财政分权体制的逻辑进路和要素结构，进而分析基本公共服务领域的财政分权路径，为后续的经验验证奠定基础。

第一节 中国财政分权体制的历史变迁

与经济体制的改革进程相适应，中国财政体制的改革进程在本质上就是一个分权改革的过程。自中华人民共和国成立以来，财政体制历经数次大大小小的调整，根据中央与地方间的财政分权关系变化，大致经历了从高度集权模式（1950—1978年）到高度分权模式（1979—1993年），再到适度分权模式（1994年以来）的转变。这三种财政分权模式深刻影响了中国的经济社会发展和基本公共服务供给。

一 高度集权模式（1950—1978年）

自中华人民共和国成立以来，如何正确处理央地之间的权力分配关系一直是一个难题。1950年，为稳定物价、恢复经济，中国仿照苏联建立起高度集权的"统收统支"财政管理体制，尚不存在地方一级财政。1951年3月，中央人民政府政务院颁布《关于一九五一年度财政收支系统划分的决定》，提出"统一领导，分级负责"的指导方针与工作内容，标志着中国的财政收支由"高度集中"走向"分级管理"。随着财政经济形势好转，为扩大地方积极性，从第一个五年计划开始，中国的财政体制进行了多次改革和调整（见表4-1），逐步健全统一领导、分级管理的办法，地方财政的管理权限有所增加，统收统支体制有所松动。但是，在整个经济体制高度集中的环境下，财政体制的调整与改革始终是以维护集中型体制为前提，对集中型体制没有实质性突破。

表4-1　　　　　　　　　　高度集权的财政体制

时间	权力关系	制度调整
1950—1957年	高度集权	1950年：高度集中、统收统支 1951年：统一领导、分级负责 1954年：统一领导、划分收支、分级管理、侧重集中
1958年	权力下放	1958年：以收定支、五年不变
1959—1964年	权力上收	1959年：收支下放、计划包干、地区调剂、总额分成、①一年一变 1961年：集中统一、严格预算、总额分成、一年一变
1965—1976年	权力下放	1965年：总额分成、小额固定、②一年一变 1971年：定收定支、收支包干、保证上缴（或差额补贴）、结余留用、一年一定 1973年：收入按固定比例留成、超收另定比例分成、支出按指标包干 1976年：定收定支、收支挂钩、总额分成、一年一定
1977—1978年	权力上收	1978年：收支挂钩、增收分成

资料来源：笔者整理。

---

　　① "总额分成"指中央和地方确定一个固定比例，对地方财政收入总额进行分成。
　　② "小额固定"是指将一些零散小额的税种固定为地方收入，如屠宰税、车船使用牌照税、牲畜交易税等。

在高度集权模式下，地方政府仅作为中央政府的代理机构，执行中央下派的财政收入和支出任务，几乎没有财政自主权；同时，地方政府负责关税之外的绝大多数财政收入。这些收入被分为上解和留成两个部分，而上解和留成比例，并无法律上的明确规定。这一集权式的财政体制快速发挥了"集中力量办大事"的优势，但也带来中央事务过多、地方活力不足的弊端。为此，毛泽东提出"发挥两个积极性"的原则，中央开启了向地方放权的探索之路。但由于缺乏经验，央地关系长期陷于"一收就死、一放就乱"的循环怪圈。在财政分权方面，其间也经历过多次调整，但始终未能打破中央过度集中、地方财力过小的格局。并且，省级以下财政分权体制基本上是复制央地财政分权体制，基层财力严重不足。

二 高度分权模式（1979—1993 年）

1978 年，党的十一届三中全会提出既有的经济管理体制存在权力过于集中的严重缺点，提出向地方政府、企业和农民"放权让利"的改革思路。① 1979 年 4 月，中共中央工作会议提出"调整、改革、整顿、提高"的八字方针，掀起以财政管理体制改革为突破口的经济体制全面改革。1980 年 2 月，国务院发布《关于实行"划分收支、分级包干"财政管理体制的暂行规定》，建立"划分收支、分级包干"的财政体制。其核心是地方财政收入包干，即地方上交中央一定收入后，剩下归地方所有。由此，财政体制从"吃大锅饭"的高度分权模式彻底转向"分灶吃饭"的高度分权模式，也被称为"财政包干制"。在这一体制下，国家财力分配由以"条条"为主改为以"块块"为主，地方财政实力迅速提升并且可以自行统筹安排财政支出（见表 4-2）。相应地，省级以下财政体制的改革与发展也主要集中在这一时期。

---

① 《中国共产党第十一届中央委员会第三次全体会议公报》，2009 年 10 月 13 日，中国政府网，https://www.gov.cn/test/2009-10/13/content_1437683.htm。

表4-2 "统收统支"和"财政包干"的区别

	统收统支	财政包干
财政收入	地方全部的财政剩余均要上缴中央	地方按财政包干的比例上缴中央；为了"稳预期"，包干比例最初是"五年不变"，但仅执行一年后导致地方"各自为政"的问题，后改为"一年一变"
财政支出	由中央统一划拨财政支出	各地财政支出不再由中央下达，各地可以按财政收入自行决定财政支出的用途
收支平衡	中央平衡全国的财政收支	各地自求平衡

资料来源：笔者整理。

"分灶吃饭"体制带来的影响是两面的：一方面有效调动了地方积极性，在扩大地方财权的同时加强了地方责任，有利于地方合理稳定地统筹本地区的发展规划，并对所属企业加强管理，从而促进地方经济增长；但另一方面也导致中央财政负担过重、收支难以平衡，而地方为增加财源，出现了机会主义和保护主义倾向。[1] 为此，国务院于1985年将"分灶吃饭"体制修订为"划分税种、核定收支、分级包干"。[2] 修订后的"分灶吃饭"体制与1980年相比，具有两个显著优点：一是以税种划分作为各级政府财政收入的依据，为后来的分税分级管理体制奠定了基础；二是进一步明确了各级政府的财政权责，有助于充分发挥中央和地方两个积极性。[3]

1992年，财政部决定在天津、浙江等地进行分税制试点，同时继续实行原有的固定比例分成和专项收入办法。当时，全国各地存在总额分成、总额分成加增长分成、定额上解、定额补助、上解额递增包干、收

---

[1] 吕冰洋：《央地关系：寓活力于秩序》，商务印书馆2022年版，第91—102页。

[2] 《国务院关于实行"划分税种、核定收支、分级包干"财政管理体制的通知》，1985年3月21日，广东省人民政府网站，https://www.gd.gov.cn/zwgk/gongbao/1985/5/content/post_3354481.html。

[3] 项怀诚：《中国财政体制改革六十年》，《中国财政》2009年第19期。

入递增包干六种分成包干办法。① 多种分成办法实际构成了一个过渡性的财政体制，一直执行到1993年。从总体上看，包干制扩大了地方政府在财政收支上的自主权，地方政府成为相对独立的利益主体，为分税制改革奠定了基础，但是并未从根本上解决央地之间财力分配的约束机制与激励机制问题。财政体制频繁变动、多种方式并存，形成中央与地方"一对一"的谈判机制，加上收支指标的核定缺乏客观性，难以形成规范、透明与稳定的制度体系，导致中央与地方"讨价还价"的现象频繁发生，出现国家财政过度分散、各地盲目创收的问题，中央的财力与调控能力明显下降。②

三 适度分权模式（1994年以来）

1993年，党的十四届三中全会通过《中共中央关于建立社会主义市场经济体制若干问题的决定》，要求进一步调整中央和地方的关系，调动一切有助于社会主义市场经济体制建立的积极因素，财政体制改革作为经济体制改革的五大中心环节之一（其他环节包括金融、投资、计划和外贸）。1993年12月，国务院发布《关于实行分税制财政管理体制的决定》，从1994年开始全面推行分税制，主要包括以下三方面内容。③

第一，财政收入划分。根据财权事权相统一的原则，合理划分中央和地方收入（见表4-3）。按照1994年税制改革的税种设置，将维护国家权益、实施宏观调控所必需的税种划为中央税，将与地方经济社会发展关系密切、适宜地方征管的税种划为地方税，将涉及经济发展全局的主要税种划为中央与地方共享税。为便于税收征管，分设中央与地方两套税务机构。其中，国家税务总局负责征收中央固定收入和共享收入，地方税务局负责征收地方固定收入。

---

① "总额分成加增长分成"指在总额分成基础上，中央再按一定比例对地方财政超基数增长部分进行分成；"定额上解"是指地方财政每年上解一个固定金额到中央，剩余部分自己使用；"定额补助"与"定额上解"相对应，指中央每年对部分财政收不抵支的省份进行固定金额补助；"上解额递增包干"指地方每年上缴中央的财政额并不固定，而是按一个比率递增；"收入递增包干"指中央和地方确定递增率和留成率两个比率对地方收入进行分成。
② 项怀诚：《中国财政体制改革六十年》，《中国财政》2009年第19期。
③ 《国务院关于实行分税制财政管理体制的决定》，《财政》1994年第2期。

表 4-3　　1994 年中央与地方财政收入划分

中央固定收入	地方固定收入	中央和地方共享收入
・关税 ・海关代征消费税和增值税 ・消费税 ・中央企业所得税 ・地方银行和外资银行及非银行金融企业所得税 ・铁道部门、各银行总行、各保险总公司等集中交纳的收入（包括营业税、所得税、利润和城市维护建设税） ・中央企业上缴利润 ・外贸企业出口退税（除1993年地方已经负担的20%列入地方上交中央基数外，以后发生的出口退税全部由中央财政负担） ・其他收入	・营业税（不含铁道部门、各银行总行、各保险总公司等集中交纳的营业税） ・地方企业所得税（不含上述地方银行和外资银行及非银行金融企业所得税） ・地方企业上缴利润 ・个人所得税 ・城镇土地使用税 ・固定资产投资方向调节税 ・城市维护建设税（不含铁道部门、各银行总行、各保险总公司等集中缴纳的部分） ・房产税 ・车船使用税 ・印花税 ・屠宰税 ・农牧业税 ・农业特产税 ・耕地占用税 ・契税 ・遗产和赠予税 ・土地增值税 ・国有土地有偿使用收入 ・其他收入	・增值税（中央分享75%，地方分享25%） ・资源税（按不同资源品种划分，大部分资源税作为地方收入，海洋石油资源税作为中央收入） ・证券交易税（中央与地方各分享50%）

资料来源：《国务院关于实行分税制财政管理体制的决定》，《财政》1994 年第 2 期。

第二，财政支出划分。按照中央政府和地方政府的"基本事权"划分各级财政的支出范围，进一步明确了中央与地方的支出责任（见表 4-4）。其中，中央财政主要承担国家安全、外交和中央国家机关运转所需经费支出；调整国民经济结构、协调地区发展、实施宏观调控所必需的支出，以及由中央直接管理的事业发展支出；地方财政主要承担地方各级政权机关运转所需经费支出，以及本地区经济、事业发展所需支出。

表 4-4　　　　　　　　　1994 年中央与地方财政支出划分

中央财政支出	地方财政支出
·国防费	·地方行政管理费
·武警经费	·公检法支出
·外交和援外支出	·地方统筹的基本建设投资
·中央级行政管理费	·地方企业的技术改造和新产品试制费
·中央统管的基本建设投资	·支农支出
·中央直属企业的技术改造和新产品试制费	·城市维护和建设经费
·地质勘探费	·地方文化、教育、卫生等各项事业费
·中央财政安排的支农支出	·价格补贴支出
·中央负担的国内外债务还本付息支出	·其他支出
·中央本级负担的公检法支出	
·中央本级负担科教文卫等各项事业费支出	
·其他支出	

资料来源：《国务院关于实行分税制财政管理体制的决定》，《财政》1994 年第 2 期。

第三，实行税收返还制度。分税制执行后，所有地区的上解办法一律实行递增上解，而原属地方支柱性财源的"两税"（增值税和消费税）被上划至中央。为保障地方既得财力，原包干制下的中央补助办法基本不变，同时分别确定税收返还数额。具体办法是以 1993 年为基期，1993 年的地方实际收入数额，按分税后地方净上划中央的收入数额作为中央对地方的税收返还基数，基数部分全部返还地方，并且还按照"两税"年平均增长率的 1∶0.3 系数进行递增返还。由于税收返还数额较大，为避免资金往返划拨、保证地方财政正常用款，中央还确立了新的预算编制与资金调度规则，将中央税收返还数和地方原上解数抵扣，按抵扣后净额占当年中央消费税和增值税收入预计数的比重，核定一个"资金调度比例"，由中央按此比例向地方划拨资金。

总的来说，1994 年的分税制改革根据事权与财权统一的原则，明确划分了中央与地方的财政收支范围，初步理顺了中央与地方、国家与企业的分配关系，基本建立起适应市场经济要求的政府间财政关系框架，形成相对规范和稳定的财政管理体制。分税制改革使政府间财政关系实现了从传统的简单财力集分转向制度创新，形成"复合单一制"的中国式财政分权格局,① 成为中华人民共和国成立以来改革力度最大、范围最广、影响最为深远的一次创新和重大调整。此后,随着经济社会发展与体制改革深化,中央在分税制原有基础上,通过建立和完善预算管理制度、开展税制税种改革和征税体制改革、建立完善转移支付制度、完善财政监督制度等,不断对财政管理体制进行调整完善。尤其是党的十八届三中全会以来,中国的现代财政制度框架基本确立,权责清晰、财力协调、区域均衡的中央与地方财政关系逐步形成,有力推动了区域协调发展和基本公共服务均等化。

第二节 中国财政分权体制的框架结构

一 财政分权的管理体制

（一）中央与地方的分级管理

财政管理体制是财政分权的基础,简称为财政体制,主要指国家各级政权之间、国家与企事业之间、国家与居民之间财权财力等的分配关系和组织制度。中国是一个拥有五级政府的大国,地域辽阔、地区间的社会经济文化存在明显差异,决定了单一制下"条块分割、多级管理"的治理格局。由于预算监督权属于人大及其常委会,因此财政管理的层级结构与政权体系的层级结构基本对应。根据《中华人民共和国预算法》（2014年修正）规定,中国实行"一级政府一级预算",设立中央,省、自治区、直辖市,设区的市、自治州,县、自治县、不设区的市、市辖区、旗,乡、民族乡、镇五级预算,由此形成一级政权一级财政的财政分权管理格局（见图4-1）,县以上地方各级政府总财政分别由政府本级财政和所属下级总财政组成,各级政府相对独立地管理和支配一定的财政收入和财政支出,独立地编制预决算并对同级人民代表大会负责。

尽管财政管理层级的划分与政府层级密切相关,但是并不必然与政府层级保持一致。中国的财政分权管理体制可以简单分为中央层级和地

---

① 贾康、吴园林：《复合单一制下的财政分权格局——对当代中国隐性财政宪法的考察与展望》,《学术界》2020年第6期。

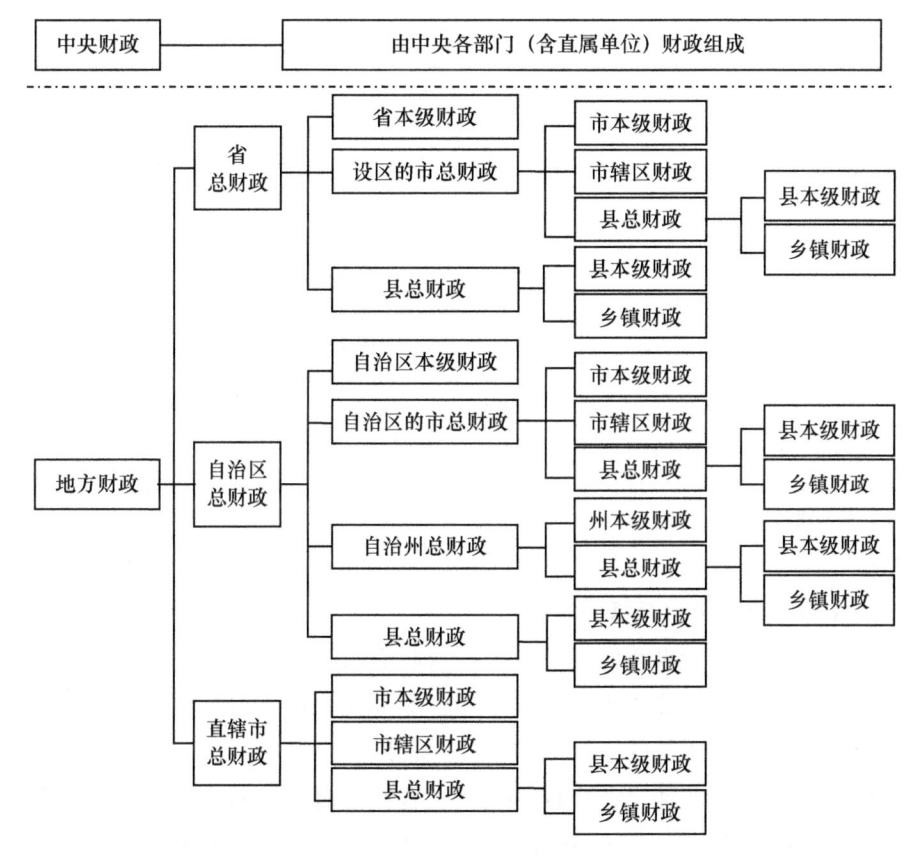

图 4-1 中国的财政管理体系

资料来源：笔者自制。

方层级两大部分。一般来说，地方财政包含省（自治区、直辖市）、设区的市（自治州）、县（自治县、不设区的市、市辖区、旗）和乡（民族乡、镇）四个层级。但是随着财政体制改革的推进，财政管理层级出现了与行政层级不一致的情况，尤其是省以下政府间关系变得十分复杂。在央地财政关系上，存在计划单列市越过省级政府直接与中央财政挂钩的情况，但不一定就与所在省财政完全脱钩；在省以下财政关系上，出现了"省直管县""乡财县管乡用"等新型财政体制形式（见表4-5）。

表 4-5　　　　　　　　　省以下财政管理体制的变化

阶段		财政层级
1950 年	中央财政建立	中央—大行政区［直辖省（市）］
1951 年	省级财政建立	中央—大行政区—省（市）
1953 年	省管县体制建立	中央—省（市）—县（市）
1982 年	市管县体制确立	中央—省（市区）—地（市）—县（市）
1983 年	乡级财政建立	中央—省市区—地（市）—县（市）—乡镇
1984 年	计划单列市设置	中央—计划单列市—县（市）—乡镇
1992 年	省管县体制试点	中央—省—县（市）—乡镇
2003 年	乡财县管体制探索	中央—省（市区）—县（市）（预算权）—乡镇（财政资金所有权、使用权）

资料来源：笔者整理。

（二）省市县的分级管理

省级政府在中央政府与省以下各级政府之间扮演着重要的"承上启下"的角色，是地方政府的最高层级。其职能范围十分广泛，几乎包括了除国防、外交以外的所有政府职能，特别是在中观层次上承担了重要的社会经济管理职能。在集权体制下，省以下财政体制作为央地财政关系的延伸，按照统一安排采用省—市、市—县、县—乡的财政分级管理模式。但是由于中国幅员辽阔、地域差异巨大，地方治理具有纷繁复杂的多样性，各省为了兼顾中央的统一政策和地方的实际情况，通常选择进行改革创新来突破两者之间的矛盾，"一地一策、一地多策、几年一变"是省以下财政体制的基本概括。①

中华人民共和国成立初期，省管县是主流制度。但是到 20 世纪 80 年代，为调动地方活力、促进经济发展，中央向地方放权达到顶峰，彼时地方政府为扩大城市经济区范围，广泛掀起市管县体制改革的浪潮，最终取代了省管县体制。20 世纪 90 年代以来，由于省以下政府层级过多、县乡财政困难成为普遍问题，以浙江为代表的财政"省直管县"经验取得瞩目成果，被多地学习。2009 年，中央一号文件明确提出推进"省直

---

① 王振宇、路遥：《省以下财政体制历史演进、约束条件与配套深化》，《财政科学》2022 年第 9 期。

管县"财政管理方式改革,同年财政部发布《关于推进省直接管理县财政改革的意见》,作出具体部署,要求在 2012 年年底前力争全国除民族自治地区外全面推进省直接管理县财政改革。"省直管县"以后,在政府间收支划分、转移支付、资金往来、预决算、年终结算等方面,省财政直接与市县财政发生联系,开展相关业务工作。

"省直管县"在本质上属于省级政府对地市级政府的财权上收、对县级政府的财政下放。但由于牵涉利益广、改革难度大,各地的具体推进情况不一,出现了"行政体制省直管县(市)模式""县(市)正职领导行政省直管县(市)+财政体制省直管县(市)+强县扩权模式""财政体制省直管县(市)+强县扩权模式""财政省直管县(市)+扩权强县模式""财政体制省直管县(市)模式""强县扩权模式""扩权强县模式"等多种模式。[①] 总体上看,这些改革模式可以分为四类(见表4-6):一是"行政直管"型,属于最彻底的一种"省直管县"模式;二是"财政直管"型,针对财政体制、转移支付、财政结算、资金调度、债务管理等财政方面实行省对县的全面直接管理;三是"补助直管"型,主要是对转移支付等涉及省对县补助资金分配等方面实行省直接管理;四是"省市共管"型,即省级政府仅对转移支付等补助资金直接核定到县,并承担监督责任,属于最弱的一类"省直管县"模式。

表 4-6　　　　　　　　"省直管县"财政管理体制

	具体内容	代表地区
行政直管	省级政府在行政管理上全面直接对接县级政府	北京、天津、上海、重庆、海南
财政直管	省级政府在财政管理上直接对接县级政府,但是行政层级不变	浙江、湖北、安徽、吉林
补助直管	省级政府在转移支付上直接对接县级政府	山西、辽宁、河南
省市共管	省级政府直接核定对县级的转移支付数额,但是资金调度仍然通过地市级政府	山东、贵州、青海、新疆等

资料来源:笔者整理。

---

① 周湘智:《我国省直管县(市)研究中的几个问题》,《科学社会主义》2009 年第 6 期。

时至今日，"省直管县"改革仍然未能完成全面推行的既定目标。2022年，国务院在《关于进一步推进省以下财政体制改革工作的指导意见》中再次提出推进"省直管县"财政改革的要求，并对改革的实施范围与方式进行了分类调整的优化：一是对区位优势不明显、经济发展潜力有限、财政较为困难的县，优先纳入省直管范围；二是对由市级管理更有利于加强区域统筹规划、增强发展活力的县，可以继续实施市管县的管理模式。这一调整顺应了不同地方的实际情况，但本质上仍然是中央为推动省以下财政体制朝"扁平化"改革的一种过渡选择。

（三）县乡分级管理

县级政府是政府组织体系的基础，政府的各项职能在县级政府一般都有体现，但重点是提供公共服务的职能。尽管乡镇财政在法理上属于财政体制中的最低层级，但从现实来看已经无法构成一级实体财政层级，尤其是在农村税费改革后，乡镇层面的税基已经无可匹配。[①] 为缓解乡镇财政困难、规范乡镇财政收支、控制乡镇财政供养人员和乡镇债务膨胀，各级政府财政管理权力呈现出上收特点。2004年，安徽、黑龙江全面推行"乡财县管乡用"后，很多地方纷纷效仿。2006年，财政部发布《关于进一步推进乡财县管工作的通知》，"乡财县管"模式被大规模推广。具体做法是，乡镇财政的一些主要支出项目由县级财政管理，重在"管"的方面，乡镇财政只是起出纳作用，由此乡镇政府财政收支的自主性大幅度下降。

二　中央与地方的财政分权形式

财政分权的主要体现方式即政府间的收支划分。一般来讲，中央与地方的收支划分是指中央本级与省（自治区、直辖市）本级进行分成，而省以下的收支划分则由各省根据实际情况自行确定。值得注意的是，在地级城市中，还具有副省级市与一般城市的区别，主要体现为国民经济与社会发展计划方面，国务院等主管部门将副省级市视为省一级计划单位，即副省级市政府在国民经济和社会发展规划上拥有省一级经济管理权限，但在行政上副省级市与其他地级市或地级行政区一样纳入各省

---

① 贾康：《论中国省以下财政体制改革的深化》，《地方财政研究》2022年第9期。

的管辖之下。同时，副省级城市的"四大班子"——市委书记、市人大常委会主任、市长、市政协主席均为副部级，副职为正厅级。不过，属于计划单列市（深圳、厦门、宁波、青岛、大连）的副省级城市则可以享受更大的经济管理权限，其财政收支直接与中央挂钩，在预算上相对独立于省级财政，但也存在与省级政府不脱钩的情况。

（一）收支划分

1994年的分税制改革之后，中国央地之间的财政收入划分框架基本稳定，之后只是对个别税种的分成比重进行了调整，主要变化是2012年为降低企业税负实行了营业税改增值税，到2016年所有行业企业缴纳的增值税均纳入中央和地方共享范围。同时，为了保证地方既得财力，将地方分享增值税的比重从25%提升至50%，中央分享增值税的比重从75%下降至50%。目前，中央税主要包括关税、消费税、车辆购置税等，地方税主要包括房产税、城镇土地使用税、土地增值税、车船税、契税等；而中央与地方共享税则是规模较大的税种，包括国内增值税、企业所得税和个人所得税等（见表4-7）。根据《中国税务年鉴》（2006—2022年）的数据，2005—2021年，地方所获的税收分成比重在波动中逐步上升（见图4-2），均值从2005年的43.6%提高到2021年的50.1%，其中2015年经历峰值54.5%；同时地区之间呈现一定差异，东部地区历年来的平均税收分成比重为52.5%，中部地区为50.5%，西部地区为47.6%，东北地区为45.3%。

表4-7　　2021年中央与地方预算收入划分情况　　（单位：万亿元，%）

		中央收入	地方收入	中央收入占比	地方收入占比
中央固定收入	国内消费税	1.388		100	
	出口货物增值税	1.660		100	
	进口消费品消费税	0.072		100	
	出口货物退增值税	-1.814		100	
	出口消费品退消费税	-0.002		100	
	船舶吨税	0.006		100	

续表

		中央收入	地方收入	中央收入占比	地方收入占比
中央固定收入	车辆购置税	0.352		100	
	关税	0.281		100	
中央地方共享收入	国内增值税	3.175	3.177	50	50
	企业所得税	2.661	1.544	63	37
	个人所得税	0.840	0.560	60	40
	资源税	0.006	0.223	3	97
	城市维护建设税	0.021	0.501	4	96
	印花税	0.248	0.160	61	39
	其他税收收入	0.004	0.002	51	49
	非税收入	0.252	2.729	8	92
地方固定收入	房产税		0.328		100
	城镇土地使用税		0.213		100
	土地增值税		0.690		100
	车船税		0.102		100
	耕地占用税		0.107		100
	契税		0.743		100
	烟叶税		0.012		100
	环境保护税		0.020		100

资料来源：《中国税务年鉴（2022）》。

关于中央与地方财政事权和支出责任的划分是一项庞大的系统工程，一直是财政分权体制改革的难点。尽管1994年的分税制框架初步划分了央地之间的支出范围，但是一直存在财权与事权不对等的问题，权责划分也不是很明确。党的十九大明确提出，"建立权责清晰、财力协调、区域均衡的中央和地方财政关系"的要求，国务院从2016年开始探索推进央地之间的财政事权和支出责任划分的改革，目前已经率先完成外交领域和基本公共服务领域的事权与支出责任划分。但是由于涉及领域多、改革难度大，央地之间的支出划分改革尚有很长的路要走。从目前的财政预算情况来看，央地之间的支出口径较1994年分税制确立的支出口径

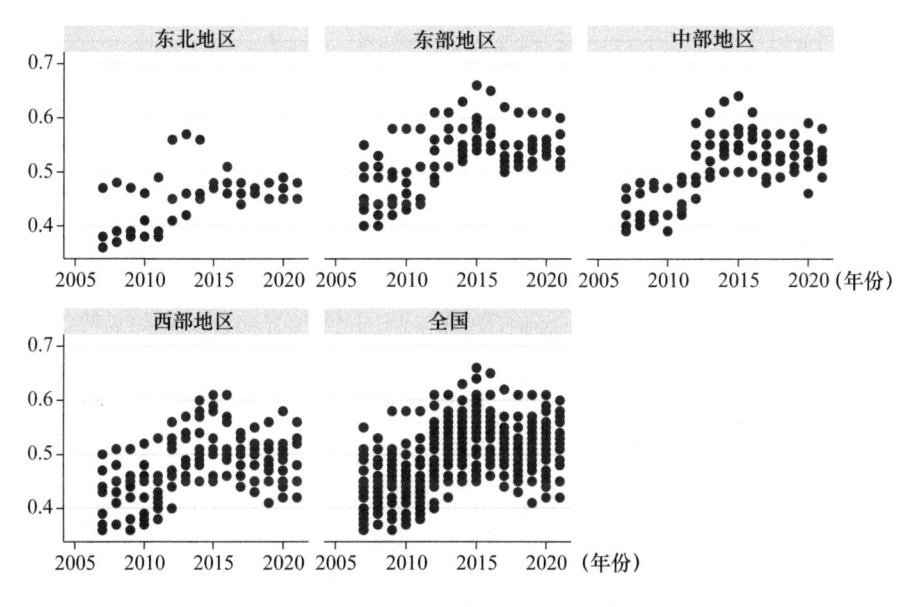

图 4-2　各省地方税收分成比重变化

资料来源：2006—2022 年的《中国税务年鉴》。

发生了很大变化（见表 4-8）。具体来说，中央支出主要是外交、国防、粮油储备等事关国家安全和发展的项目，地方支出涉及绝大部分与经济社会发展相关的事务，包括科教文卫、社保和就业、农林水、城乡社区等各项支出。相比于 1994 年的支出框架，地方的事权与支出责任事项更加清晰和具体。

表 4-8　2021 年中央与地方预算支出划分情况　　（单位：万亿元，%）

		中央支出	地方支出	中央支出占比	地方支出占比
中央主要支出	外交支出	0.049		100	
	国防支出	1.356	0.023	98	2
	粮油物资储备支出	0.111	0.066	63	37
	债务发行费用支出	0.004	0.002	63	37
	债务付息支出	0.587	0.458	56	44

续表

		中央支出	地方支出	中央支出占比	地方支出占比
地方主要支出	金融支出	0.062	0.094	40	60
	科学技术支出	0.321	0.646	33	67
	其他支出	0.031	0.107	22	78
	灾害防治及应急管理支出	0.043	0.158	21	79
	公共安全支出	0.189	1.189	14	86
	自然资源海洋气象等支出	0.028	0.200	12	88
	住房保障支出	0.063	0.646	9	91
	一般公共服务支出	0.157	1.831	8	92
	交通运输支出	0.082	1.060	7	93
	文化旅游体育与传媒支出	0.021	0.377	5	95
	节能环保支出	0.027	0.525	5	95
	资源勘探工业信息等支出	0.031	0.627	5	95
	教育支出	0.169	3.578	5	95
	社会保障和就业支出	0.089	3.290	3	97
	商业服务业等支出	0.004	0.154	2	98
	农林水支出	0.050	2.154	2	98
	卫生健康支出	0.022	1.892	1	99
	城乡社区支出	0.009	1.937		100
	援助其他地区支出		0.047		100

注：2021年地方政府的外交支出为1.7亿元，占国家外交支出总额的比重可忽略不计。
资料来源：《中国统计年鉴（2022）》。

（二）转移支付

从上述央地之间的收支划分结构来看，中央分享了大部分国家财政收入，而地方却承担了大部分公共支出，使财政纵向不平衡的状态十分突出，地方政府的财政支出与收入严重不对等。为此，大量的转移支付构成了地方财政收入的重要来源，形成中国式财政分权制度的主要特点。中国的转移支付是指，"上级政府对下级政府无偿拨付的资金，包括中央对地方的转移支付和地方上级政府对下级政府的转移支付，主要用于解决地区财政不平衡问题，推进地区间基本公共服务均等化，是政府实现调控目标的重要政策工具"。① 中国的转移支付制度建基于 1994 年的分税制改革，直到 2018 年前，转移支付分为税收返还、一般性转移支付和专项转移支付三个部分。其中，税收返还主要是针对分税制前原属于地方的收入，在分税制后被划为中央收入后给予地方的补偿。因此，税收返还是平衡地方利益的选择，虽然在名义上属于中央财政收入，但其实际的最终决定权仍在地方财政，并不利于缩小地区间差距。

2016 年国务院推行中央与地方财政事权与支出责任改革，将财政事权划分为中央事权、地方事权和中央与地方共同事权三类。根据改革要求，中央在 2019 年通过整合税收返还和部分专项转移支付，设立"共同财政事权转移支付"，为与预算法规定衔接，编制预算时将"共同财政事权转移支付"暂列入一般性转移支付，由此形成目前"一般性转移支付 + 专项转移支付 + 共同财权事权转移支付"的转移支付结构（见表 4-9）。调整后，一般性转移支付占整体转移支付的比重大幅度上升。值得注意的是，一般性转移支付并不"一般"，除"均衡性转移支付"外，其他类型的一般性转移支付在资金用途上都有所限制，与理论上的无条件转移支付不同。②

表 4-9　　　　　　　　　中国的转移支付结构

	一般性转移支付	专项转移支付	财权事权转移支付
定义	对有财力缺口的地方政府（主要是中西部地区）给予的补助，又称"体制性转移支付"	中央政府根据特定用途拨给下级的专项资金，也称"专案拨款"	中央委托地方政府完成本应由自己承担的部分事权所提供的支出
目的	均衡地区间基本财力	完成特定政策目标	履行共同事权中的支出责任、减轻地方支出压力
使用限制	下级政府统筹安排使用	专款专用	专款专用

---

① 《国务院关于财政转移支付情况的报告》，2023 年 9 月 4 日，财政部网站，http://www.mof.gov.cn/zhengwuxinxi/caizhengxinwen/202309/t20230904_3905364.htm。

② 吕冰洋：《央地关系——寓活力于秩序》，商务印书馆 2022 年版，第 327 页。

续表

	一般性转移支付	专项转移支付	财权事权转移支付
具体类型	·均衡性转移支付 ·县级基本财力保障机制奖补资金 ·老少边穷地区转移支付 ·税收返还及固定补助 ·体制结算补助等	·食品药品监管补助资金 ·重大传染病防控经费 ·大气污染防治资金 ·农村综合改革转移支付 ·基建支出等	·城乡义务教育补助经费 ·支持地方高校改革发展资金 ·就业补助资金 ·基本养老金转移支付 ·城乡居民基本医疗保险补助等

资料来源：笔者整理。

自党的十八届三中全会对深化财税体制改革作出部署后，转移支付的管理制度日益规范和完善。根据2014年预算法修正要求和国务院印发的《关于改革和完善中央对地方转移支付制度的意见》，中央进一步提高了一般性转移支付的规模和比例，对专项转移支付加以清理、整合和规范，同时加强了转移支付的预算管理和绩效管理。总体上看，中国的财政转移支付制度形成了以财政事权和支出责任划分为依据、一般性转移支付为主体，专项转移支付和共同财政事权转移支付共同协调配合的运作体系。

三 省以下政府间财政分权形式

作为央地财政关系的延伸，省以下政府间的财政体制也是1994年分税制改革的产物。但是，当时的分税制改革主要确定了中央与省级政府之间的分税方式，并没有具体规定省以下各级政府间的财政关系，这使省以下没有形成真正的分税制。由于各地的实际情况各不相同，省以下政府间财政关系十分复杂多样。

（一）收支划分

1. 省市县的收支划分

分税制改革以后，各地根据地方政府的职责，结合本地实际情况，对省以下政府事权和支出责任的划分进行了原则性规定。受经济水平和产业结构差异的影响，各地省以下政府间收入划分形式多样、差异较大。

从收入划分结构来看，包括省级固定收入、市县固定收入和省市县共享收入三个部分。

第一，很多省级政府将主要行业或支柱性产业的税种作为省级独享，成为省级固定收入。比如，天津将交通及管线运输、邮政通信、石油石化、金融保险等行业的增值税、企业所得税、个人所得税等划归本级政府收入；河北省将石油、石化、有色、电力四部门及省参与投资的电力企业缴纳的增值税划归本省级收入；还有部分省份将金融保险增值税全部作为省级固定收入。

第二，收入较少的税种一般由市县独享，成为市县固定收入。目前，划归地市或县市的固定收入税种主要有资源税、城建税、房产税、车船使用和牌照税、耕地占用税、印花税、契税、土地增值税等。作为市县固定收入的税种虽然较多，但收入规模普遍较小，缺乏主体税种。尤其是国家取消农业税和除烟叶以外的农业特产税以后，情况更是如此。

第三，收入稳定且规模较大的税种由省市县共享。大部分省份采用了这种模式。目前，省市县共享收入税种主要为增值税（地方财政分享的50%部分）、企业所得税和个人所得税（地方财政分享的40%部分）、城镇土地使用税等。从各省的共享税分成划分方式来看，又存在以下三种类型。一是按比例分享，绝大多数省份都以中央与地方的分成比例为标准，比如对增值税按"五五"比例分享，对个人所得税按"四六"比例分享。多数省级分享比例略低于市县分享比例，体现出财力下移的原则。二是按隶属关系划分，各省对国有资产经营收益、计划亏损补贴、行政性收费收入、罚没收入、专项收入等，均按隶属关系划分为省级固定收入和市县固定收入，还有部分省份将增值税和企业所得税按企业隶属关系进行划分。三是按比例和隶属关系交叉划分，比如部分省份将国有企业的所得税按企业隶属关系划分，非国有企业的所得税由省与市县按"四六"比例分享。

当前，省以下政府间的支出划分仍然不够清晰。自2000年以来，为了强化政府的公共服务职能、构建现代化的公共财政体系，中央出台了一系列惠及民生和促进基本公共服务均等化的重大支出政策，使省市财政用于保障民生支出的比重大幅度提升，支出责任呈现出明显上移和向困难地区倾斜的趋势。总体上看,省级政府主要承担保障本级政府运转所需的经费、全省经济宏观调控、省级直接管理的事业发展支出,以及政法类的支出;地市县的支出责任主要包括本级行政管理费用、农林水支出、城市维护和建设费用、社会优抚和福利救济,以及其他专项支出等;省市县共同事权支出包括基础建设支出、公检法司、科教文卫、社保等各项事业支出,其中省市承担了较大比重的义务教育类支出、新农保补助和医疗改革支出等。

相对于央地之间的财政体制改革,部分地区的省以下财政体制改革十分滞后,主要表现为收支划分上不尽合理、转移支付也不够规范等,导致基层财力保障不足,基本公共服务均等化受到阻碍。2022年,国务院办公厅出台《关于进一步推进省以下财政体制改革工作的指导意见》,要求各地加快理顺省以下政府间收入关系,规范省以下财政管理,未来的改革方向仍然是围绕清晰界定省以下财政事权和支出责任、参照税种合理划分收入分配,以及增强省级调控能力展开。

2. 县乡的收支划分

在县乡层面,收入分成方式也不尽相同,主要有三种类型。一是分税制型,在省和市(州)分税制框架下,县对乡镇确定财政收支范围,按税种将收入划分为固定收入、乡镇固定收入和县乡共享收入,同时核定乡镇支出数额,实行县对乡镇的税收返还制度。二是收支包干型。即县与乡镇按照税种划分收入,收支均由县财政核定,实行超收分成或留用、短收不补或补助的财政体制。三是统收统支型。乡镇所有的收入都作为县级收入,县财政按照实际需要对乡镇的工资、公用经费和其他事业发展支出进行核定,保障乡镇运转的最低要求。

从财政支出结构来看,中国县级政府的职能和支出责任在全国范围内差异不大,主要包括三大方面:一是保障行政机关的正常运转;二是保障科教文卫等社会事业的发展,其中,基础教育支出一般占比较大;三是提供农村公共产品,如农田水利设施、乡村道路建设、救灾、农村卫生合作医疗和农村社会保障等。乡镇政府是最基层的政府组织,一般辖区面积较小、人口规模不大,行政事务也相对简单。从政府职能来看,乡镇政府主要是提供基本的公共产品与服务,比如乡村道路、卫生计生、基础教育和社会治安等。此外,在乡镇以下还设立了村委会作为村民自治组织，代理承担一定的公共服务职能，如支付村干部工资补贴、对老弱病残者提供社会福利等。

（二）转移支付

由于自然禀赋、民族文化及经济发展差异较大，各省以下地区间财力差距较大。自1995年中央出台过渡期转移支付办法后，各地依据中央办法，结合本地情况，陆续实施了省对下转移支付。参照中央标准，省对下转移支付由一般性转移支付、专项转移支付和共同事权转移支付构成。其中，一般性转移支付用于均衡省域内地区间的基本财力配置，向欠发达地区和重要战略功能区域倾斜，不指定具体支出用途，由下级政府统筹安排使用；专项转移支付用于办理特定事项、引导下级干事创业等，实行专款专用；共同财政事权转移支付则与财政事权和支出责任划分改革相衔接，用于履行本级政府在共同财政事权中的支出责任，也是实行专款专用。在编制预算时，共同财政事权转移支付暂列一般性转移支付。近年来，省以下的一般性转移支付规模逐年加大，各地普遍将其政策目标定位于缩小辖区间财力差距、推进地区间基本公共服务均等化。

省以下转移支付资金来源包括中央转移支付和省本级财政收入，但不同地区存在差异。一般来说，东部地区省以下转移支付资金主要来自省本级财政收入，以广东、浙江、江苏为代表，这些地区的经济发达、财力较为充分，大部分省对下的转移支付资金来源都是依靠省级政府集中财力；而中西部地区，尤其是少数民族省份的省对下转移支付资金，几乎完全依靠中央政府的转移支付，比如西藏、青海和新疆。

在资金使用上，各地普遍规定转移支付资金要重点用于保障行政事业单位职工工资发放、机构正常运转、社会保障等基本公共支出，以及偿还到期债务，但是在转移支付规模上也存在很大差异：一般东部地区的省对下转移支付规模均不大，而且逐年下降，市县主要以自有收入为主；而在中西部和东北地区的省份，市县则主要依靠上级转移支付来补充财力，并且省对下的转移支付规模日趋扩大，部分原因在于中央对这些省份的转移支付规模也相对较大并逐年上升。①

虽然目前各地省对下的转移支付一般都是直接测算到市县一级，但在资金具体划拨过程中，很多省份是按照政府层级结构，通过地市一级实行二次分配；对于实行"省直管县"模式的地区，则是由省直接下达，不再经由地市进行再次分配。为了切实保障转移支付到位，各省一般都规定地市级不得再调减对所属县市的转移支付补助额度，并要求地市筹措配套资金以加大对所属县市特别是财政困难县的支持力度，尤其是专项转移支付不得挪作他用，有些省份甚至地市的违规行为与下年度一般性转移支付资金挂钩。即便如此，在地级市对转移支付资金进行二次分配的过程中，也出现了大量"雁过拔毛"的现象，导致基层财力严重不足。为此，省以下转移支付制度的改革被国家提上议事日程，国务院在《关于进一步推进省以下财政体制改革工作的指导意见》中明确要求，要完善省以下转移支付制度，各地要优化转移支付结构，加强对各类转移支付的动态管理。

第三节　基本公共服务领域的财政权责划分

尽管分税制确立的财政分权体系框架已经稳定运行三十年，但是政府间财政权责作为财政分权的关键内容，却存在不同程度的不清晰、不合理、不规范等问题。财政权责包括财政事权和支出责任两方面，其中财政事权是指一级政府应该承担的基本公共服务任务和职责，支出责任则是一级政府履行财政事权所应承担的财政支出义务和保障。简言之，财政权责即"谁该做什么事，以及谁该花多少钱"的问题。自2016年开始，国务院在基本公共服务领域率先启动了央地财政事权和支出责任的划分改革，将中国的财政分权改革推向纵深发展。

一　财政权责划分改革

2013年，党的十八届三中全会明确提出，要"深化财税体制改革，

---

① 王英家、张斌、贾晓俊：《财政推动共同富裕——基于省以下转移支付制度分析》，《财经论丛》2022年第9期。

建立现代财政制度"。其中,推进财政事权和支出责任划分是重要内容之一,成为央地之间财政分权改革的基本方向。"十三五"时期,基本公共服务领域初步形成央地财政权责划分改革的三层框架(见表4-10):第一层是指导性意见,《国务院关于推进中央与地方财政事权和支出责任划分改革的指导意见》首次系统性提出政府公共权力纵向配置思路,明确划分了中央和地方的财政事权和支出责任;第二层是承上启下的事项清单,《国务院办公厅关于印发基本公共服务领域中央与地方共同财政事权和支出责任划分改革方案的通知》进一步明确了中央与地方的财政事权和支出责任范围,为后续分领域财政事权和支出责任划分改革提供引领,标志着财政事权和支出责任划分取得了新的重大进展;第三层是分领域的具体改革方案,目前医疗卫生、科技、教育、交通运输、生态环境、自然资源、公共文化、应急救援等多个领域已经完成央地财政权责划分。①

表4-10　　　　　基本公共服务的财政权责划分改革框架

	时间	文件名称	政策概要
指导意见	2016年8月	《国务院关于推进中央与地方财政事权和支出责任划分改革的指导意见》	第一次系统性提出政府公共权力纵向配置思路,明确划分了中央和地方的财政事权和支出责任
事项清单	2018年1月	《国务院办公厅关于印发基本公共服务领域中央与地方共同财政事权和支出责任划分改革方案的通知》	进一步明确了8大类18项共同财政事权事项的支出责任及分担方式、保障标准制定等
具体方案	2018年7月	《国务院办公厅关于印发医疗卫生领域中央与地方财政事权和支出责任划分改革方案的通知》	首个调整央地权责划分的领域性改革方案,确认权责划分事项,中央加大对困难地区的均衡性转移支付
	2019年5月	《国务院办公厅关于印发科技领域中央与地方财政事权和支出责任划分改革方案的通知》	确认权责划分事项,中央侧重支持全局性、基础性、长远性工作,地方侧重支持技术开发和转化应用及区域创新

---

① 《央地财政权责划分三层框架初成》,2020年11月9日,财政部网站,https://www.mof.gov.cn/zhengwuxinxi/caijingshidian/zgcjb/202011/t20201106_3618326.htm。

续表

	时间	文件名称	政策概要
具体方案	2019年5月	《国务院办公厅关于印发教育领域中央与地方财政事权和支出责任划分改革方案的通知》	确认权责划分事项，要求以义务教育、学生资助等为重点，适度加强中央权责，强化地方分级负责机制
	2019年6月	《国务院办公厅关于印发交通运输领域中央与地方财政事权和支出责任划分改革方案的通知》	确认权责划分事项，适度加强中央权责和省级权责，减少基层支出压力
	2020年5月	《国务院办公厅关于印发生态环境领域中央与地方财政事权和支出责任划分改革方案的通知》	确认权责划分事项，适当加强中央在跨区域生态环境保护和治理方面的事权，中央通过转移支付支持地方支出事项
	2020年6月	《国务院办公厅关于印发自然资源领域中央与地方财政事权和支出责任划分改革方案的通知》	确认权责划分事项，适当加强中央在全民所有资源、国家生态安全等方面的事权，适度上移部分权责，减少基层支出压力
	2020年6月	《国务院办公厅关于印发公共文化领域中央与地方财政事权和支出责任划分改革方案的通知》	确认权责划分事项，中央和地方通过政府购买服务等形式支持社会力量参与，适度上移支出责任，减少基层支出压力
	2020年7月	《国务院办公厅关于印发应急救援领域中央与地方财政事权和支出责任划分改革方案的通知》	确认权责划分事项，适当加强中央在灾害风险调查及监测预警方面的事权，适度上移支出责任，减少基层支出压力

资料来源：笔者整理。

二 中央与地方的权责划分

根据基本公共服务受益范围、兼顾政府职能和行政效率、权责利相统一、激励地方主动作为和权责相适应的五大原则，《基本公共服务领域中央与地方共同财政事权和支出责任划分改革方案》将中央和地方的支出权责作出如下划分（见表4-11）。一是在财政事权划分上，提出了中央与地方各自事权的调整方向，将普惠性、保基本、均等化方面的事权上移中央，而将直接面向基层、量大面广、与当地居民密切相关、由地方提供更方便有效的公共服务、社会管理等事权下沉地方；确立了中央与地方的共同事项范围，率先将涉及基本民生、支出稳定性强的事项，包括义务教育、学生资助、基本就业服务、基本养老保险、基本医疗保障、基本卫生计生、基本生活救助、基本住房保障8大类共计18个事项纳入事权划分清单。

表4-11　基本公共服务领域的央地财政事权和支出责任划分

	中央政府	地方政府	中央地方共担
事权范围	保障国家安全、维护全国统一市场、体现社会公平正义、推动区域协调发展等基本公共服务	受益范围地域性强、信息较为复杂且主要与当地居民密切相关的基本公共服务	体现中央战略意图、跨省（区、市）且具有地域管理信息优势的基本公共服务
具体事项	·国防 ·外交 ·国家安全 ·出入境管理 ·国防公路 ·国界河湖治理 ·全国性重大传染病防治 ·全国性大通道 ·全国性战略性自然资源使用和保护等	·社会治安 ·市政交通 ·农村公路 ·城乡社区事务等	·义务教育 ·高等教育 ·科技研发 ·公共文化 ·基本养老保险 ·基本医疗和公共卫生 ·城乡居民基本医疗保险 ·就业 ·粮食安全 ·跨省（区、市）重大基础设施项目建设和环保与治理等
支出责任	·中央财政负担 ·专项转移支付	·地方财政负担 ·一般性转移支付	·中央与地方按比例承担 ·中央对地方适当补助

资料来源：笔者根据《国务院关于推进中央与地方财政事权和支出责任划分改革的指导意见》整理。

二是在支出责任划分上，就中央与地方共同财政事权确定了支出分担方式，由统一标准、地方标准和比例分担三种办法组合而成。第一，义务教育、学生资助、基本养老保险、基本医疗保障、基本卫生计生、基本生活救助6大类共计9个事项执行统一的国家基础标准。第二，对学生资助、基本医疗保障、基本卫生计生3大类共计7个事项实行5档分担办法，中央分担比例为 10%—80%；义务教育公用经费保障等 6 项按比例分担、按项目分担或按标准定额补助的事项，暂按现行政策执行。第三，对基本公共就业服务等 5 个事项，按地方标准执行，中央分担比例视情况确定。

三　省以下政府间权责划分

当前，省以下政府间的权责划分尚处于探索阶段。遵循党的十八大以来的财政体制改革方向，在逐步完成央地之间主要事权划分之后，省以下政府间的事权划分改革已经被提上议事日程。2022 年 6 月，国务院办公厅发布《关于进一步推进省以下财政体制改革工作的指导意见》，提出健全省以下财政体制、增强基层公共服务保障能力的改革目标，确立了五大改革重点：一是清晰界定省以下财政事权和支出责任；二是理顺省以下政府间收入关系；三是完善省以下转移支付制度；四是建立健全省以下财政体制调整机制；五是规范省以下财政管理。

尽管相对于央地之前的权责划分，省以下政府间的权责划分还不甚明晰，但是国务院明确要求省级政府要参照央地权责划分方式，结合当地实际合理确定省以下政府间财政事权和支出责任。在事权划分上，强化省级政府在保持区域内经济社会稳定、促进经济协调发展、推进区域内基本公共服务均等化等方面的职责，将适宜由基层政府发挥信息、管理优势的基本公共服务职能，如居民生活、社会治安、城乡建设、公共设施管理等有关事权下移，强化基层政府的执行功能；在支出责任上，则要综合考虑省以下财政事权划分、财政体制及基层政府财力状况，合理确定省以下各级政府的支出比重，避免增加基层政府负担。

第四节　本章小结

中国的财政分权体制改革是一场自上而下的以财税体制改革为基础的改革。当前财政分权的体制架构，历经多次调整，依然没有脱离 1994 年分税制改革建立起来的基本框架。在改革进程上，分税制改革从税收领域逐步扩展到整个财政领域，并不断向行政领域延伸，率先推动了基本公共服务领域的变革，成为行政体制改革的突破口，与党的十八届三中全会作出的"财政是国家治理的基础和重要支柱"重要论断形成有效呼应。在此背景下，从财政分权的角度研究基本公共服务均等化的问题，能够及时服务于当前的改革决策、推进国家治理现代化。通过本章的分析，得出如下结论。

第一，公共服务的有效供给是中国式财政分权的重要内容而非逻辑起点。中国式财政分权显著区别于西方国家，其根本目标是服务于社会主义现代化建设，基本原则是"统一领导、分级管理"，以"中央决策、地方执行"的事权划分方式为前提。分税制作为中国式财政分权的重要里程碑，对于确保中央与地方两个积极性、规范和稳定中央与地方关系发挥了重要作用，为公共服务供给的纵向权责划分和协调合作提供了制度框架。分税制改革三十年来，中国的财政分权原则从"财权与事权相结合"逐步转向"财力与事权相匹配""事权和支出责任相适应"，反映出统一领导体制下的动态调整特征，兼顾了公共产品的外部性和各级政府能力变化，以及危机应对和跨域治理的挑战。[①]

第二，税收划分和转移支付是中国式财政分权的重点内容。分税制奠定了中国式财政分权体制的基础，即以税收划分和转移支付作为财政分权的主要表现形式。分税制改革的初衷是为解决中央财力虚空、扭转央地关系失衡，并不是一个完全意义上的分权或放权改革，而是一种财权层层上收、事责层层下移的过程。因而，中国式财政分权的概念与"财政联邦主义"下的财政分权概念显著不同，具有政治集权和财政分权的双重特征。在中国的制度背景下，探讨基本公共服务均等化的财政分权体制，需要重点关注税收分成、转移支付对基本公共服务均等化的影响。

第三，权责不对等是制约基本公共服务均等化的关键问题。当前支出责任过度下沉但财力不足的问题，深刻影响了地方政府尤其是省以下地方政府的公共服务履职效果。究其根源，在于分税制改革主要解决的是央地间的财权和收入划分问题，但对事权和支出责任的划分却不清晰。尽管目前已经确立了政府间权责划分的改革方案，但是由于牵涉面广，

---

① 李风华：《纵向分权与中国成就：一个多级所有的解释》，《政治学研究》2019 年第 4 期。

推进过程异常复杂艰难，最后效果还有待观察。目前最难的部分在于政府间共同事权和支出的划分部分，相对于央地之间的权责划分，省以下政府间的权责划分更是处于探索中。因此，进一步确认政府间事权和支出的合理结构，对于推进基本公共服务均等化至关重要。

第四，省级政府是研究基本公共服务均等化的重要突破口。公共服务的供给与政府间层级结构密切相关，在政府职能的层级划分中，地方政府尤其省以下的地市县政府是基本公共服务的主要承担者，省级政府则承担了重要的承上启下的角色。相对于地市县政府，省级政府在财政分权体制中的安排一直较为稳定，也深刻影响了地市县政府的职能履行。通过观察省级政府的相关行为，有助于进一步探明现行的财政分权方式对基本公共服务供给的影响机制。

第五章

基本公共服务均等化的推进状况

本章旨在对中国基本公共均等化的政策实践状况进行总体研判，一共分为四个部分：一是分析基本公共服务均等化的政策发展历程，二是从操作化角度明确基本公共服务均等化的政策评估标准与测量指标，三是在此基础上对基本公共服务均等化的实现程度展开全面评估；四是提出本章的研究结论。

第一节 基本公共服务均等化的政策变迁

公共服务均等化的政策思想一直是党和政府的工作宗旨。自中华人民共和国成立以来，受不同阶段的经济社会形势和国内主要矛盾变化的影响，中国的基本公共服务均等化政策经历了较为曲折的变迁过程，大体上可以分为"平均主义""效率优先""调整改革""公平导向""全面推进"五大阶段。分析这一政策变迁过程，可以厘清基本公共服务均等化的政策内涵及其制度框架，为进一步的政策评估和政策改进提供依据。

一 平均主义阶段（1949—1977年）

中华人民共和国成立之初，中国一穷二白、百废待兴，建立起高度集中的计划经济体制，公共服务也长期处于恢复发展状态。由于资源相对匮乏，中国的公共服务供给主要围绕解决人民群众实际生活困难展开，参照苏联的公共服务体系建立起一个相对简单、平均主义和国家包办的配给制公共服务体系。这一时期的公共服务体系以单位制和户籍制度为基础，呈现出典型的城乡二元结构特征：在城市实施"单位福利制"，在农村实施"集体福利制",持续影响到后来中国公共服务体系的改革与发展路径。① 尽管当时的公共服务供给总体短缺、水平不高,但相较于中华人民共和国成立前已经有了很大改善,总体上实现了公共服务的普遍可及。

二 效率优先阶段(1978—1993年)

随着1978年党的十一届三中全会确立了"以经济建设为中心"的大政方针,中国由计划经济体制逐步转向社会主义市场经济体制,深刻影响了公共服务供给的整体格局。自20世纪80年代以来,中国开始推动以二元化、社会化、市场化和地方化为导向的公共服务体系改革。② 其结果是公共服务的供给主体从一元转向多元、供给产品由全部公费转向部分付费,在一定程度上提高了公共服务供给的效率和质量。但是,由于改革开放初期尚未理顺政府和市场的关系,一时之间出现了过度市场化的趋势,基本医疗卫生、教育等公共服务领域也被推向市场,过分强调公共服务部门的"产业化"导致基本公共服务供给不足,③ 公众"看病难""上学难""养老难""住房难"等问题凸显;与此同时,"放开搞活"的基本方针在激发经济活力和市场活力的同时,也带来了严重的地方保护主义,使得地方政府的公共服务职能弱化、公共服务供给的普及性和均等化程度大大降低。④

三 调整改革阶段(1994—2004年)

面对公共服务的市场失灵,政府及时调整了政策思路,提出要加强政府公共服务职能。这一阶段发生了三项具有划时代意义的改革事件:一是1994年的分税制改革,这是中国有史以来最大规模的税制改革,重

---

① 郁建兴:《中国的公共服务体系:发展历程、社会政策与体制机制》,《学术月刊》2011年第3期。

② 郁建兴:《中国的公共服务体系:发展历程、社会政策与体制机制》,《学术月刊》2011年第3期。

③ 《经验之母:在曲折与探索中积累经验》,2008年12月31日,国家发改委网站,https://www.ndrc.gov.cn/fggz/tzgg/byggdt/200812/t20081231_1021832.html。

④ 范逢春:《建国以来基本公共服务均等化政策的回顾与反思:基于文本分析的视角》,《上海行政学院学报》2016年第1期。

新划定了中央和地方的财权和事权，厘清和建立了与社会主义市场经济体制相适应的央地关系格局与财政收支结构；二是1998年的全国财政工作会议，正式提出建立"公共财政基本框架"的目标，使国家财政从计划经济时期的"建设性财政"转向"公共服务型财政"，推动了政府的职能转向；三是2002年党的十六大报告提出，要"完善政府的经济调节、市场监管、社会管理和公共服务的职能"，公共服务被正式纳入中国政府的基本职能范围。尽管在计划经济时期政府也具备公共服务职能，但这种计划分配行为与市场经济条件下为优化资源配置而提出的公共服务职能具有本质区别。

四 公平导向阶段（2005—2011年）

2005年，《中共中央关于制定国民经济和社会发展第十一个五年规划的建议》首次明确提出了"公共服务均等化原则"，要求加大对对革命老区、民族地区、边疆地区和贫困地区等欠发达地区的支持力度，标志着公共服务供给开始向区域均衡发展的目标迈进。2006年，"十一五"规划进一步正式提出了"基本公共服务均等化"的概念，要求完善财政转移支付制度、理顺省级以下财政管理体制，突出了财政体制在推进基本公共服务均等化过程中的关键地位。此后，党的十六届六中全会、党的十七大均持续强调，要完善公共财政制度、建设服务型政府，以逐步缩小区域发展差距、实现基本公共服务均等化。这一时期，中国政府围绕公众亟须满足的重点民生服务，陆续开展基本医疗卫生、基本公共教育、基本社会服务、基本劳动就业、社会保险、基本住房保障、公共文化体育等各类单项政策试点，初步形成分领域的基本公共服务制度框架体系。[①]

五 全面推进阶段（2012年以来）

党的十八大以来，中国进入全面深化改革的新时代，实现社会公平正义和共同富裕成为社会体制改革的重要目标。在公共服务领域，政府

[①] 张启春、杨俊云：《基本公共服务均等化政策：演进历程和新发展阶段策略调整——基于公共价值理论的视角》，《华中师范大学学报》（人文社会科学版）2021年第3期。

完成了基本公共服务均等化的顶层制度设计，将政策远景逐步细化为具体规划、标准设计和配套方案，形成了较为系统的政策体系（见表5-1）。针对基本公共服务供给仍然存在发展不平衡不充分的问题，国家将补齐社会领域基本公共服务短板作为下一步工作的重点。与此同时，党的十九届三中全会提出，要"推进基本公共服务均等化、普惠化、便捷化，推进城乡区域基本公共服务制度统一"，"促进公共资源向基层延伸、向农村覆盖、向边远地区和生活困难群众倾斜，促进全社会受益机会和权利均等"。① 这一阶段，随着人民群众对公共服务的需要由增加供给到同步追求提高质量转变，政府着眼于满足人民群众对高质量公共服务的新需要，基本公共服务均等化政策从供给数量和供给质量两个维度得以全面落实。

表5-1　基本公共服务均等化全面推进阶段政策一览

	时间	文件名称	政策概要
远景类	2013年11月	《中共中央关于全面深化改革若干重大问题的决定》	提出"紧紧围绕更好保障和改善民生、促进社会公平正义深化社会体制改革，推进基本公共服务均等化"的政策目标
	2017年10月	《决胜全面建成小康社会夺取新时代中国特色社会主义伟大胜利》	提出到2035年"城乡区域发展差距和居民生活水平差距显著缩小，基本公共服务均等化基本实现"的政策目标
	2018年2月	《中共中央关于深化党和国家机构改革的决定》	提出"推进基本公共服务均等化、普惠化、便捷化，推进城乡区域基本公共服务制度统一，促进公共资源向基层延伸、向农村覆盖、向边远地区和生活困难群众倾斜，促进全社会受益机会和权利均等"的政策目标
	2022年10月	《高举中国特色社会主义伟大旗帜　为全面建设社会主义现代化国家而团结奋斗》	继续提出到2035年"基本公共服务实现均等化"的总体目标，未来五年达成"基本公共服务均等化水平明显提升"的主要任务

---

① 《中共中央关于深化党和国家机构改革的决定》，2018年3月4日，中国政府网，https：//www.gov.cn/zhengce/2018-03/04/content_5270704.htm？eqid=a40c5e1e00133e80000000056479cea6。

续表

	时间	文件名称	政策概要
规划类	2020年10月	《中共中央关于制定国民经济和社会发展第十四个五年规划和二〇三五年远景目标的建议》	进一步提出"十四五"时期"基本公共服务均等化水平明显提高"的政策目标，要求健全国家公共服务制度体系，加快补齐基本公共服务短板，努力提升公共服务质量和水平
	2012年7月	《国务院关于印发国家基本公共服务体系"十二五"规划的通知》	明确了基本公共服务的概念范围、指导思想、基本要求和主要目标等，是首个关于基本公共服务的总体性规划
	2017年1月	《国务院关于印发"十三五"推进基本公共服务均等化规划的通知》	明确了国家基本公共服务制度框架，建立了国家基本公共服务清单制，是"十三五"时期推进基本公共服务体系建设、促进基本公共服务均等化的综合性、基础性、指导性文件
	2022年1月	《关于印发〈"十四五"公共服务规划〉的通知》	明确了"十四五"时期公共服务体系建设发展的目标、任务、路径和举措，具体包括22项指标，其中约束性指标7项，预期性指标15项
标准类	2018年7月	《关于建立健全基本公共服务标准体系的指导意见》	从国家、行业、地方、基层服务机构4个层面构建了基本公共服务标准体系的总体框架；明确9个领域的国家基本公共服务的具体保障范围和质量要求；对划分基本公共服务支出责任、实施机制提出具体要求
	2021年4月	《关于印发〈国家基本公共服务标准（2021年版）〉的通知》	首个基本公共服务的国家标准体系，涵盖幼有所育、学有所教、劳有所得、病有所医、老有所养、住有所居、弱有所扶、优军服务保障、文体服务保障9个领域80个基本公共服务项目
	2023年8月	《国家发改委等部门关于印发〈国家基本公共服务标准（2023年版）〉的通知》	在保持总体结构与2021年版国家标准一致的基础上，对部分服务项目进行了"增""提""调"，明确了9大领域80个基本公共服务项目的对象、内容、标准、支出责任和牵头负责单位

续表

	时间	文件名称	政策概要
配套类	2018 年 2 月	《国务院办公厅关于印发基本公共服务领域中央与地方共同财政事权和支出责任划分改革方案的通知》	就基本公共服务领域中央与地方共同财政事权和支出责任划分改革制定具体方案，包括中央与地方共同财政事权清单及基础标准、支出责任划分等
	2018 年 9 月	《中共中央 国务院关于全面实施预算绩效管理的意见》	提出全面实施预算绩效管理是提升公共服务质量的关键举措，明确提出了全面预算绩效管理的总体要求、基本原则和具体要求
	2019 年 2 月	《关于印发〈加大力度推动社会领域公共服务补短板强弱项提质量 促进形成强大国内市场的行动方案〉的通知》	从公共服务短板、弱项和质量水平等三个方面，部署了 27 项具体任务，涵盖托育、教育、医疗、养老、家政等多个民生重点领域，同时发布了 18 个部门的重点任务分工方案

资料来源：笔者整理。

总体上看，中国的基本公共服务均等化政策在变迁过程中呈现出"从无到有、从有到优""由点及面、逐次推进"的规律；在价值理念上经历了从简单的、无条件的平均主义理念到正当的、人本化的公平分配理念的转变；在实施路径上体现了"自上而下、财政主导"的特点。如今，中国的基本公共服务均等化的政策设计已经趋于稳定和相对完善，地方政府仍然是实现基本公共服务均等化供给的主要承担者，公共财政主导是推进基本公共服务均等化的核心要素。但是，如何通过财政体制改革进一步推动地方政府实现基本公共服务均等化，仍然有待探索和实践。

第二节 基本公共服务均等化的测量指标

一 均等化的指标维度

设置科学合理的指标体系对基本公共服务均等化的水平进行有效测量，是推进基本公共服务均等化的前提和基础。构建基本公共服务均等化指标体系的前提，一是要明确"基本"的范围，二是要解决"均等"的操作化问题。对于前者，国家相关文件早已明确；对于后者，其一直是困扰政府和学界的难题。这不仅源于对"均等化"内涵的多重理解，也源自指标操作化和数据获取上的难度。2023年，"基本公共服务均等化实现程度监测评估"出现在国家发改委的"社会领域重大课题委托研究征集"列表中，表明当前中央决策部门迫切需要关于基本公共服务均等化实现程度评价的学术支持。

从政策内涵及其本质逻辑出发，有助于明确基本公共服务均等化的评估维度及其指标选择。均等化实现程度评价的核心是基本公共服务均等化的目标达成度，以为国家基本公共服务政策调适提供决策参考。① 基于国家当前的相关政策内涵和改革动向，强调机会均等和财政投入的供给侧结构性改革逻辑值得关注。目前学界主要从机会平等、起点均等、结果平等等角度对"均等化"进行理解，由此产生了不同的研究路径。如前文所述，机会平等强调制度对人人享有基本公共服务的权利及其相应的条件保障，侧重制度的公平性，由此引发对基本公共服务政策设计的研究；起点均等强调不同地区提供基本公共服务的财力投入相当，侧重政府的支出水平，由此可以选择财政支出的维度进行研究；结果平等强调人人实际享有的基本公共服务资源和水平基本相当，由此可以选择基本公共服务的产出数量作为评价维度。

理论上，机会均等的制度设计能够催生起点均等的政策工具，最后实现结果均等。根据《"十四五"公共服务规划》，基本公共服务均等化的核心是"机会均等"，目标是"实现全体公民都能公平可及地获得大致均等的基本公共服务"。由此可以得出，现阶段基本公共服务均等化的政策逻辑是，通过强化"机会均等"的制度设计来实现"结果大致均等"的服务供给产出。综观基本公共服务均等化的政策变迁，连接机会和结果的中间过程是"财政主导"。因此，现阶段的政策评估重点应是财政投入和资源产出两个维度。但是，在评估维度的操作化上，理论界仍然存在争议。

---

① 姜晓萍、康健：《实现程度：基本公共服务均等化评价的新视角与指标构建》，《中国行政管理》2020年第10期。

既有研究从投入维度、产出维度、投入—产出维度、主观感知维度以及投入—产出—感知综合维度等多种路径，对基本公共服务均等化进行指标选择和构建。一种观点认为，基本公共服务均等化等同于基本公共服务投入或支出的均等化，因此应以相应的人均财政支出作为衡量基本公共服务均等化的指标维度；另一种观点则认为，基本公共服务均等化并非简单的财力均等化。① 由于各地客观上存在公共服务供给成本、资源禀赋等存在差异，需要设计一套极其复杂的测算模型对支出标准进行测算，② 因此要产出维度能更加简单客观地反映均等化的实际情况；还有学者提出，从投入和产出双重维度来综合构建衡量基本公共服务均等化的指标，既包括基本公共服务的人均支出，如生均教育经费、社会保障人均支出、人均固定资产投资等，也包含基本公共服务的人均资源拥有量，如师生比、每千人拥有医疗机构床位数、人均拥有道路面积等，才能够对公共服务供给水平作出更为清晰的判断。但随着研究的逐步深入，一些学者发现，无论是投入还是产出，都无法取代公众的实际感知，为了最大限度地回应公众需求、优化基本公共服务供给结构和水平，应该纳入公众满意度、获得感等维度指标，对基本公共服务均等化予以测量。

从可操作化的角度看，第二种以基本公共服务资源人均拥有量作为测量维度的做法，最为简单科学，可以从已有的各类统计年鉴中获取相应数据，也便于从政府绩效视角提出基本公共服务均等化的可操作路径，为政府进一步的职能转型和公共财政体制构建提供改革建议；第一种以人均财政支出作为测量维度的做法也较为简单，但是并不严谨，不过考虑到当前各地公共服务的差距主要由地方间财力差距悬殊导致，因此人均财力也能在很大程度上反映各地的公共服务水平；第三种从投入—产出二维角度构建综合指标体系的做法，计算相对复杂，不过也具有可操作性和数据可得性。此种做法从表面上看能够得到更为全面客观的测量结果，能够对政府的基本公共服务供给水平加以综合评估，但公共服务投入是公共服务产出的必要条件而非充分条件。此种指标忽略了从投入到

---

① 苏明、刘军民：《如何推进环境基本公共服务均等化？》，《环境经济》2012年第5期。
② 曾红颖：《我国基本公共服务均等化标准体系及转移支付效果评价》，《经济研究》2012年第6期。

产出的复杂过程，无法探讨财政支出对公共服务均等化的影响。因此，更加合理的选择是分别从财力投入维度和资源产出维度进行指标测算。

至于从主观感知角度对基本公共服务均等化加以测量的做法，的确能够有效提升政府工作的有效性和针对性，大大拓展了助推基本公共服务均等化实现的政策路径。但是这一做法在数据获取上难度较大，少有研究能够基于大量的微观调查获取足够的观测数据，在国家层面尚难以推进，[①] 而小范围或小样本的实证调查又不具有代表性，难以为全局性改革提供学理依据。只依靠财政体制是难以彻底实现公共服务均等化的，而当前困扰公共服务供给侧的难题仍在于投入落后的问题：公共服务投入的增速远远落后于财政支出增速，公共服务投入占财政支出的比重相对发达国家甚至某些发展中国家都要低。[②] 其根源在背后的财权、事权与财力划分问题。因此，从人均公共服务支出维度和产出维度分别对基本公共服务均等化的状况进行观测评价，既在操作上简单可行，也有助于针对性解决基本公共服务均等化的财政体制问题，适合中国现阶段的国情和改革进程。这也构成了后文以财政支出维度作为基本公共服务均等化指标选择的前提。

二 均等化的指标面向

《"十四五"公共服务规划》对当前基本公共服务均等化状况作出的判断是，"区域间、城乡间、人群间的基本公共服务仍有差距"，并且此前的《国家基本公共服务体系"十二五"规划》就提出均等化"不是简单的平均化和无差异化"。这意味着基本公共服务均等化需要承认地区、城乡、人群间存在一定差别，在对基本公共服务均等化的实现程度进行评估时，存在地区差距、城乡差距和人群差距的不同面向，要得出全面

---

① 为客观、全面、科学地反映各地区经济社会发展和民生改善情况，国家统计局于2011年开始编制"地区发展与民生指数"（DLI），并对全国和各省、各区域2000—2013年的地区发展与民生指数进行测算。发布的报告显示，该指数的构建框架包括经济发展、民生改善、社会发展、生态建设、科技创新和公众评价六个维度，但是公众评价维度缺失，尚未开展。参见《2013年地区发展与民生指数（DLI）统计监测结果》，2014年12月31日，国家统计局网站，https://www.stats.gov.cn/sj/zxfb/202302/t20230203_1898663.html。

② 于宁：《对公共服务供给侧改革的思考》，《机构与行政》2016年第7期。

系统的评估结果，需要对上述三方面均作出有效评价。但在具体研究时，由于涉及研究目标的针对性、指标的可操作化、数据的可得性等多种因素，需要作出一定取舍。

从本质上讲，区域差距是发展权问题，城乡差距是发展阶段问题，人群差距是阶层问题。[①] 具体来说，区域差距与地区的资源禀赋、经济因素、人口因素等相关，涉及机会均等的权利问题；城乡差距是城市化过程中的阶段性必然产物，受经济社会发展客观规律影响；人群差距则涉及对弱势群体提供有针对性的保障，受到多种复杂的社会因素影响。尽管应对区域差距、城乡差距和人群差距，都需要依赖制度设计来解决发展资源不平等的分配问题。但是从政策的操作层面看，在中国"条块结合、以块为主"的公共服务属地治理结构下，解决区域差距问题是应对差距和人群差距的突破口。

上述几点构成了本书对均等化进行指标选择的前提假设，以此为出发点，基本公共服务均等化主要是指基本公共服务的区域均等化。这样做的好处是适于从"层级管理、权责对等"的财政分权体制角度展开研究，既有助于直接从宏观制度上解决基本公共服务供给的区域失衡问题，同时又为各地方政府解决本地基本公共服务供给的城乡差距和人群差距问题提供一个基础。

三 均等化的指标构建

基本公共服务均等化的度量并不存在统一的、权威性的指标，一是由于"均等化"的含义与理解具有多样性，二是由于数据的获取上存在难度，不同研究者采用了多种方式对公共服务均等化进行指标设计，在数据层级、评估范围、构建方法、测算方法上都存在差异。根据研究目的，本书着重关注省级层面和省以下层面的基本公共服务均等化推进状况。在国家基本公共服务范围划定的基础上，综合考虑学界主流做法和现有数据的可获取性，评估范围以基本民生需求类服务为重点，涵盖公共教育、医疗卫生、公共文化、社会服务、社会保障、住房保障、环境

---

① 曾红颖：《我国基本公共服务均等化标准体系及转移支付效果评价》，《经济研究》2012年第6期。

保护、基础设施等多个领域。① 根据胡鞍钢等的方法，进一步将以上领域划分为"基本生存服务""基本发展服务""基本环境服务"三个层次（见表5-2）。② 其中，基本生存服务和基本发展服务主要属于国家基本公共服务规划中的基本民生需求类。

表 5-2　　　　　　　基本公共服务均等化的观测范围

类型	领域
基本发展服务	公共教育
	公共卫生
	公共文化
基本生存服务	社会保障
	住房保障
基本环境服务	公共设施
	环境保护
	公共安全

资料来源：笔者整理。

对于基本公共服务均等化程度的测度，使用变异系数来计算区域差异情况。变异系数又称差异系数、离散系数，是一组数据的标准差与其平均数之比。在支出维度，具体表现为"各地基本公共服务支出标准差/所在地区基本公共服务支出平均值"；在产出维度，具体表现为"各地基本公共服务产出标准差/所在地区基本公共服务产出平均值"，数值越大，意味着公共服务均等化程度越小。尽管泰尔指数和基尼系数也常用于测算基本公共服务均等化水平，但是这些方法都有不同的适用性。其中，泰尔指数最早用于判断个人与地区间的收入差异，数值越大则差异越大。其优点在于它的可分解性，可分别考察子群内差距和子群间差距对总体差距的贡献率，更加适合区域间和区域内差异分析，但在计算上可能高

---

① 受制于数据可得性，地市层面的基本公共服务均等化评估不能覆盖所有六个领域的内容。
② 胡鞍钢、王洪川、周绍杰：《国家"十一五"时期公共服务发展评估》，《中国行政管理》2013年第4期。

估不平等的程度。① 基尼系数原本用于考察居民内部的收入分配差异，引入公共服务领域则可以反映某一公共服务在所有受益人之间分配的差异程度，② 但是更适用于分析人群间的分配差异。相比之下，变异系数的适用性最广、准确度较高。

为消除不同地区的人口规模对绝对量数据的影响，本书使用人口加权变异系数。假设样本区域内有 m 个次级地区数量；P_i 表示第 i 个次级地区的基本公共服务支出，$\overline{P}$ 表示样本地区内所有次级地区的基本公共服务平均支出；N 为样本区域总人口，N_i 为第 i 个次级地区总人口，则基本公共服务支出的人口加权变异系数表示为如下公式：

$$CV_p = \sqrt{\sum_i^m \frac{(P_i - \overline{P})^2 N_i}{N}} \Big/ \overline{P}$$

根据这个公式，可以对全国不同政府层级在不同领域、不同阶段的基本公共服务均等化程度展开评估和比较，具体包括省级层面不同领域的基本公共服务均等化状况，以及省以下地市县层级在不同领域的基本公共服务均等化状况，以此呈现中国式财政分权体制下，基本公共服务均等化的全方位动态变化图景。

第三节 基本公共服务均等化的动态评估

一 全国基本公共服务支出的总体情况

基本公共服务的支出水平，直接影响其均等化的实现程度，故应首先了解全国基本公共服务支出的总体水平与变化趋势。由于国家财政数据统计口径不断变化，尤其是 2007 年以来的数据与之前的数据不可比，因此只能以 2007 年为节点对数据进行分段处理。但是如前文所述，分税制是当前中国式财政分权体制框架形成的起点，中国由此着手建立公共财政体系并强化政府的公共服务职能，为基本公共服务均等化奠定了基

---

① 刘续棵：《对测量不平等的泰尔指数和基尼系数比较》，《经济研究导刊》2014 年第 7 期。

② 武力超、林子辰、关悦：《我国地区公共服务均等化的测度及影响因素研究》，《数量经济技术经济研究》2014 年第 8 期。

础。从 2005 年开始，基本公共服务均等化政策正式实施并进入全面推进阶段。因此，即便受到数据限制，也可以就基本公共服务均等化政策正式实施前后的两大阶段进行比较分析：2007 年之前的数据重点对应基本公共服务均等化政策变迁的"调整改革阶段"（1994—2004 年），2007 以来的数据对应相关政策的"公平导向阶段"和"全面推进阶段"（2005 年以来）。

（一）调整改革阶段的支出状况

根据《中国统计年鉴》和《中国财政年鉴》，可获数据跨度为 1998—2006 年。本书主要选择公共教育支出、公共卫生支出、公共文化支出作为"基本发展服务"水平的测量指标，选择社会保障支出作为"基本生存服务"水平的测量指标，选择基本建设支出作为"基本环境服务"水平的测量指标。考虑到通货膨胀和人口规模的影响，使用 1994 年为基期的居民消费价格指数计算各类服务的人均实际支出。如图 5-1 所示，1998—2006 年，全国基本公共服务的各项支出水平显著上升，其中公共教育支出和公共设施支出的占比一直很高，社会保障支出在经历 20 世纪 90 年代的探索改革之后，自 2000 年才开始大幅提升。总体上看，这一时期基本公共服务的支出重点在于基本发展服务支出，其次是基本环

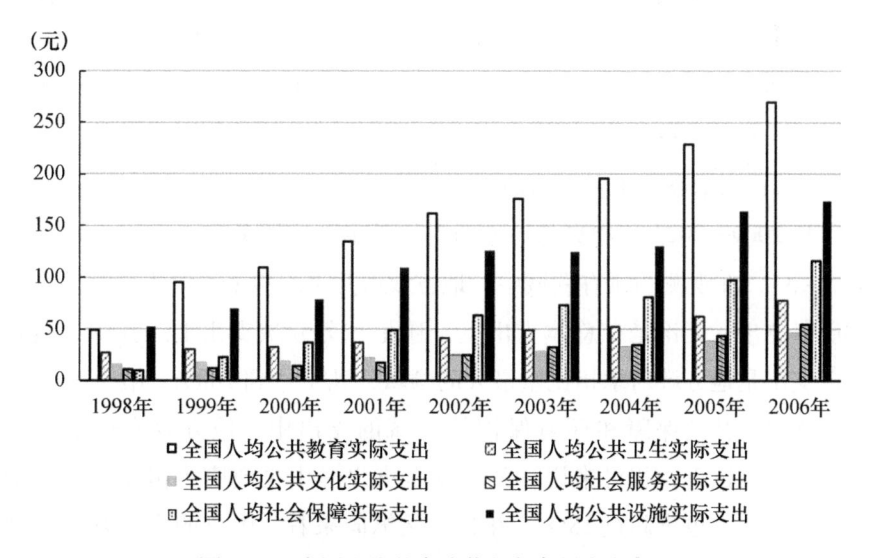

图 5-1　全国人均基本公共服务实际支出变化

资料来源：笔者根据相关数据计算整理。

境服务支出,基本生存服务支出则随着国有企业改革和"单位制"解体不断扩大。这表明,基本公共服务的支出结构在逐步多元化,政府的兜底功能开始得到增强。

(二) 正式推进阶段的支出状况

这一时期的数据均来自 2009—2021 年的《中国统计年鉴》。由于国务院于 2006 年开展了政府收支分类改革,以便能更好反映政府收支活动、适应公共财政管理的要求,导致 2007 年的财政数据与往年不可比,特别是财政支出项目口径发生很大变化。其中,原"抚恤和社会福利救济费"并入现"社会保障和就业支出"统计口径,原"基本建设支出"被分解到不同功能领域的支出中,并在 2009 年开始汇报"住房保障支出"项。因此,这一阶段的基本公共服务支出结构更加清晰,可获取数据更为完整。以下选择公共教育支出、公共卫生支出、公共文化支出作为"基本发展服务"水平的测量指标,选择社会保障支出、住房保障支出表征"基本生存服务"水平,选择城乡社区支出、环境保护支出和公共安全支出表征"基本环境服务"水平,并以 2007 年为基期的居民消费价格指数计算各类服务的实际人均支出。如图 5-2 所示,2009—2021 年,全国基本公共服务各项支出的人均水平大幅提升,其中,公共教育支出、社会保障支出、城乡社区支出是占比最大的三项支出。与 1998—2005 年相比,这一时期的基本公共服务结构更加均衡,政府加强了对基本生存服务和基层社区建设的投入。

(三) 基本公共服务支出的央地结构

从 2009—2021 年中央与地方的人均基本公共服务支出结构来看(见表 5-3),在观测的所有领域中,地方政府几乎承担了绝对比重的基本公共服务支出,无论是在总体支出上,还是在分领域支出上。其中,城乡社区支出是地方政府承担比重最大的领域,几乎达到 100%;在教育、卫生、文化、社会保障和环境保护等领域的支出中,地方政府也承担了 90% 以上的比重;相对来说,公共安全支出是中央政府承担比重最大的领域,但比重也未超过 18%。并且,从纵向来看,中央的人均基本公共服务实际支出在总体上和分领域上均呈现逐年下降的趋势,地方承担了越来越多的实际支出。

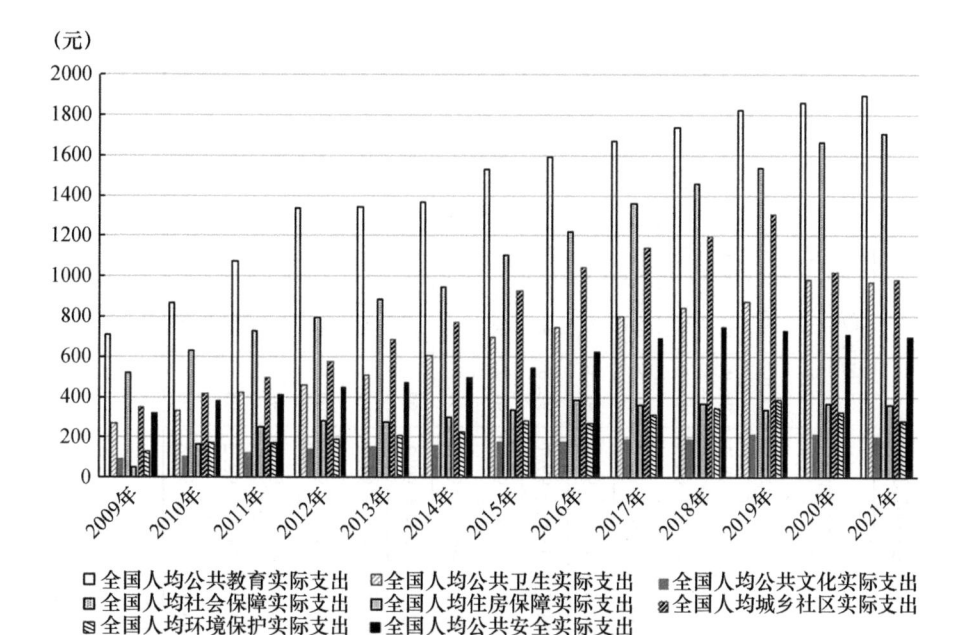

图 5-2　全国人均基本公共服务实际支出变化

资料来源：笔者根据相关数据计算整理。

二　省际层面基本公共服务投入的均等化趋势

（一）调整改革阶段的均等化状况

基于这一时期全国 31 个省份（不含港澳台地区）的基本公共服务支出数据，计算各年份变异系数，可以分析中国基本公共服务水平的省际差异情况。如图 5-3 所示，从全国范围来看，历年来各省之间的支出变异系数呈现出明显的横向"S"形波动规律，但均维持在 0.65 以上，表明各省基本公共服务支出水平存在较强变异性，[1] 这一时期基本公共服务的省际均等化程度较低。尤其是在 1998 年，各省基本公共支出的非均等化程度最高，到 2002 年出现显著下降的拐点，之后又经历了显著上升，到 2004 年再次出现显著下降。

---

[1] 一般而言，变异系数小于 0.1 为弱变异性，0.1—1 为中等变异性，变异系数大于 1 为强变异性。

表 5-3　全国人均基本公共服务实际支出的央地占比情况

（单位：%）

年份	中央支出占比								地方支出占比							
	总体	公共教育	公共卫生	公共文化	社会保障	住房保障	城乡社区	环境保护	公共安全	总体	公共教育	公共卫生	公共文化	社会保障	住房保障	城乡社区	环境保护	公共安全
2009年	6.0	5.4	1.6	11.1	6.0	3.6	0.1	2.0	17.8	94.0	94.6	98.4	88.9	94.0	96.4	99.9	98.0	82.2
2010年	6.2	5.7	1.5	9.7	4.9	16.3	0.2	2.8	15.9	93.8	94.3	98.5	90.3	95.1	83.7	99.8	97.2	84.1
2011年	5.7	6.1	1.1	10.0	4.5	8.6	0.2	2.8	16.4	94.3	93.9	98.9	90.0	95.5	91.4	99.8	97.2	83.6
2012年	5.4	5.2	1.0	8.5	4.7	9.2	0.2	2.1	16.6	94.6	94.8	99.0	91.5	95.3	90.8	99.8	97.9	83.4
2013年	5.2	5.0	0.9	8.0	4.4	9.0	0.2	2.9	16.7	94.8	95.0	99.1	92.0	95.6	91.0	99.8	97.1	83.3
2014年	5.5	5.4	0.9	8.3	4.4	8.0	0.1	9.0	17.7	94.5	94.6	99.1	91.7	95.6	92.0	99.9	91.0	82.3
2015年	5.0	5.2	0.7	8.8	3.8	6.9	0.1	8.3	16.9	95.0	94.8	99.3	91.2	96.2	93.1	99.9	91.7	83.1
2016年	4.8	5.2	0.7	7.8	4.1	6.5	0.1	6.2	15.8	95.2	94.8	99.3	92.2	95.9	93.5	99.9	93.8	84.2
2017年	4.7	5.1	0.7	8.0	4.1	6.4	0.1	6.2	14.8	95.3	94.9	99.3	92.0	95.9	93.6	99.9	93.8	85.2
2018年	5.1	5.4	1.3	7.9	4.4	7.4	0.4	6.8	14.8	94.9	94.6	98.7	92.1	95.6	92.6	99.6	93.2	85.2
2019年	4.8	5.3	1.5	7.6	4.2	8.8	0.4	5.7	13.2	95.2	94.7	98.5	92.4	95.8	91.2	99.6	94.3	86.8
2020年	4.5	4.6	1.8	5.9	3.4	8.5	0.4	5.4	13.2	95.5	95.4	98.2	94.1	96.6	91.5	99.6	94.6	86.8
2021年	4.2	4.5	1.2	5.3	2.6	8.9	0.4	5.0	13.7	95.8	95.5	98.8	94.7	97.4	91.1	99.6	95.0	86.3

资料来源：笔者根据相关数据计算整理。

表 5-4　　　　　　　调整改革阶段的评估指标与数据说明

指标		年份	数据来源和说明
基本发展服务	公共教育支出	1998—2006	《中国统计年鉴》(1999—2007) 中的"教育事业费"
	公共卫生支出	1996—2006	《中国财政年鉴》(1997—1998);《中国统计年鉴》(1999—2007) 的"卫生经费"
	公共文化支出	1998—2006	《中国统计年鉴》(1999—2007) 中的"文体广播事业费"
	文教卫生支出	1994—1997	《中国财政年鉴》(1997—1998) 的"文教事业费";《中国财政年鉴》(1995—1996) 的"文教卫生事业费""卫生经费"(用于加总计算后,以扩展基本发展服务类支出的观测时段)
	社会服务支出	1994—2006	《中国财政年鉴》(1995—1998);《中国统计年鉴》(1999—2007) 中的"抚恤和社会福利救济费"
基本生存服务	社会保障支出	1998—2006	《中国统计年鉴》(1999—2007) 中的"社会保障补助支出"
基本环境服务	公共设施支出	1994—2006	《中国统计年鉴》(1999—2007) 中的"基本建设支出"

资料来源:笔者整理。

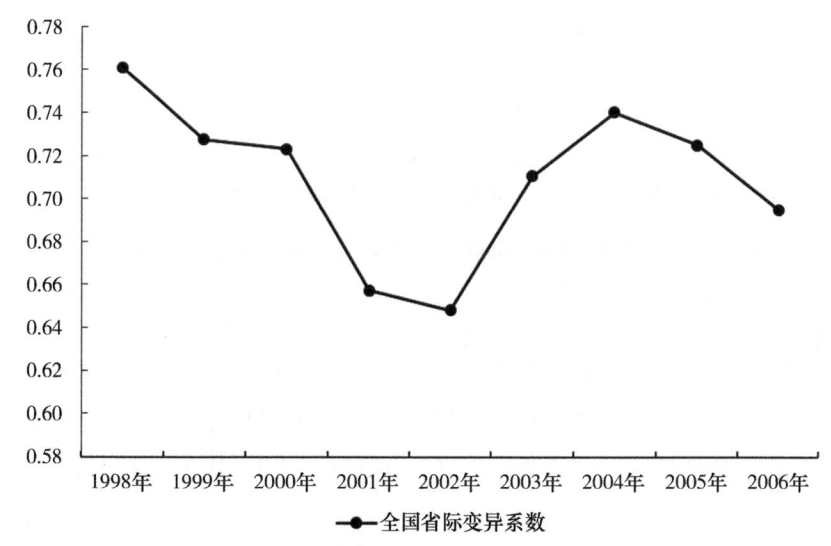

图 5-3　调整改革阶段全国基本公共服务支出均等化趋势

资料来源:笔者根据相关数据计算整理。

进一步根据国家的经济地带划分标准将所有省份划分为四大区域：一是东部地区，包括北京、天津、河北、上海、江苏、浙江、福建、山东、广东和海南10个省份；二是中部地区，包括山西、安徽、江西、河南、湖北和湖南6个省份；三是西部地区，包括内蒙古、广西、重庆、四川、贵州、云南、西藏、陕西、甘肃、青海、宁夏和新疆12个省份；四是东北地区，包括辽宁、吉林和黑龙江3个省份。[①] 不同区域的基本公共服务支出变异系数结果如图5-4所示，数值维持在0.2—0.3，且变化幅度并不大，说明全国基本公共服务支出在区域间存在中等变异性，区域均等化程度一般。

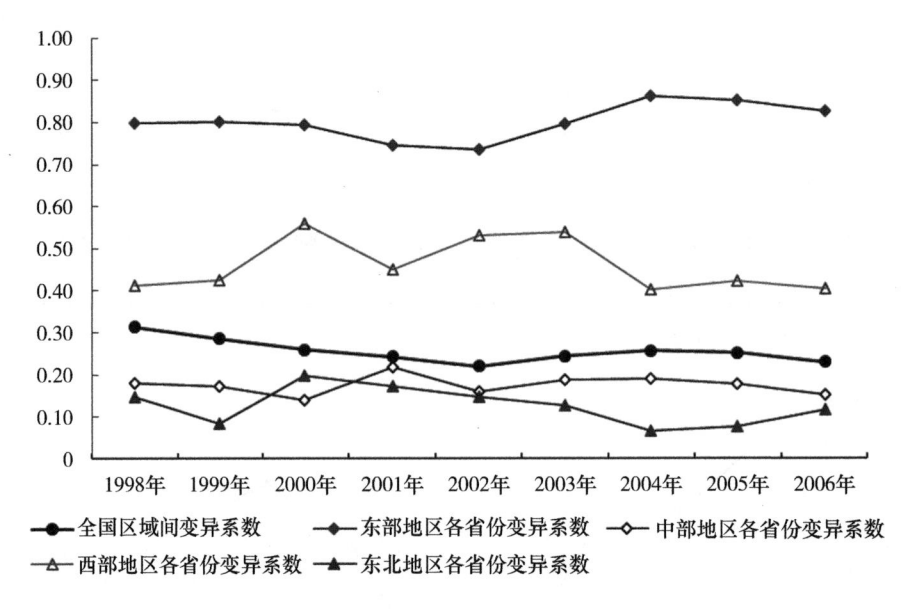

图5-4　调整改革阶段不同区域的基本公共服务支出均等化趋势

资料来源：笔者根据相关数据计算整理。

对不同区域内部变异系数进行比较，东部地区内部变异系数显著高于其他地区，一直处于0.7—0.9的高位，特别是在2004年达到近0.9的峰值；其次是西部地区，内部变异系数一直维持在0.4—0.6；中部和东北地

---

① 《经济地带是如何划分的》，2021年2月18日，国家统计局网站，https://www.stats.gov.cn/zt_18555/zthd/lhfw/2021/rdwt/202302/t20230214_1903926.html。

区的内部变异系数相对较低,基本在 0.2 甚至 0.1 以下的水平。表明这一时期,全国区域间变异系数主要是由东部和西部地区拉高的,全国基本公共服务的非均等化主要表现为东部和西部地区的基本公共服务非均等化。

继续对不同类型服务支出的均等化情况进行观测,各省份的基本发展类服务支出存在区域间的中等变异性(见图 5-5),变异系数为 0.2—0.3,表明全国基本公共服务在教育、卫生和文化领域支出的区域间均等化程度一般。其中,东部地区的内部变异系数(0.4—0.6)显著高于其他区域,均等化程度较低;西部地区的内部变异系数也相对较高,尤其是 2000 年达到近 0.6 的峰值;东北地区的内部变异系数则极低(0.1 以下),具有较高的均等化水平。

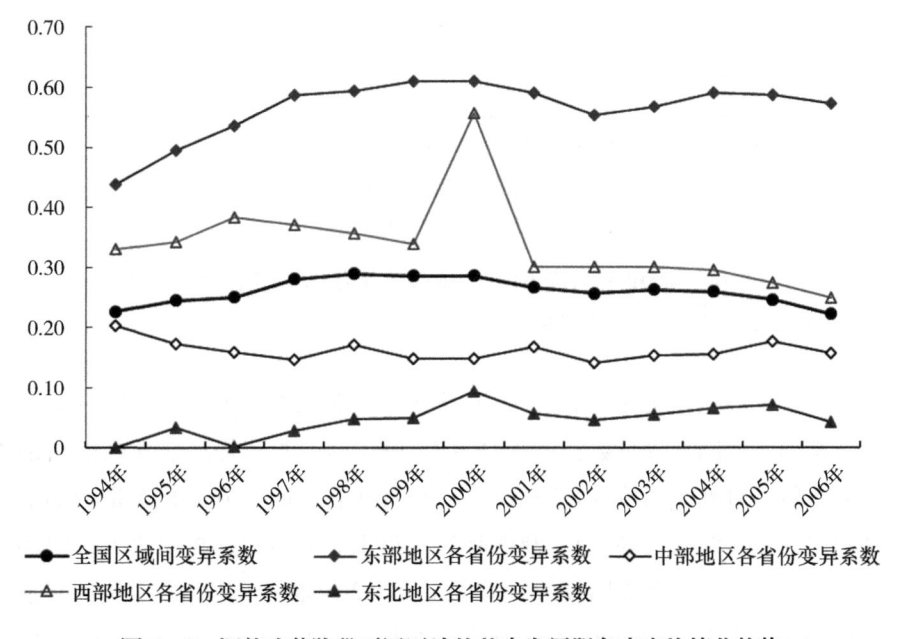

图 5-5　调整改革阶段不同区域的基本发展服务支出均等化趋势

资料来源:笔者根据相关数据计算整理。

在基本生存服务支出上,主要观测社会保障支出。如图 5-6 所示,此类支出的区域间差异变化平稳,变异系数却达到 0.4—0.7,表明均等化程度不高。其中,东部地区内部变异系数显著高于其他地区,达到 0.7—1.2,在出现显著下降后又开始逐步上升;中部地区的内部变异系数则常年维持在 0.2 左右，均等化趋势不明显；东北地区内部的变异系数尽管出现明显波动，但总体水平仍然低于其他区域。上述结果表明，生存类服务支出存在较高的区域间和区域内的非均等化特征，尤其是东部地区最不容乐观。

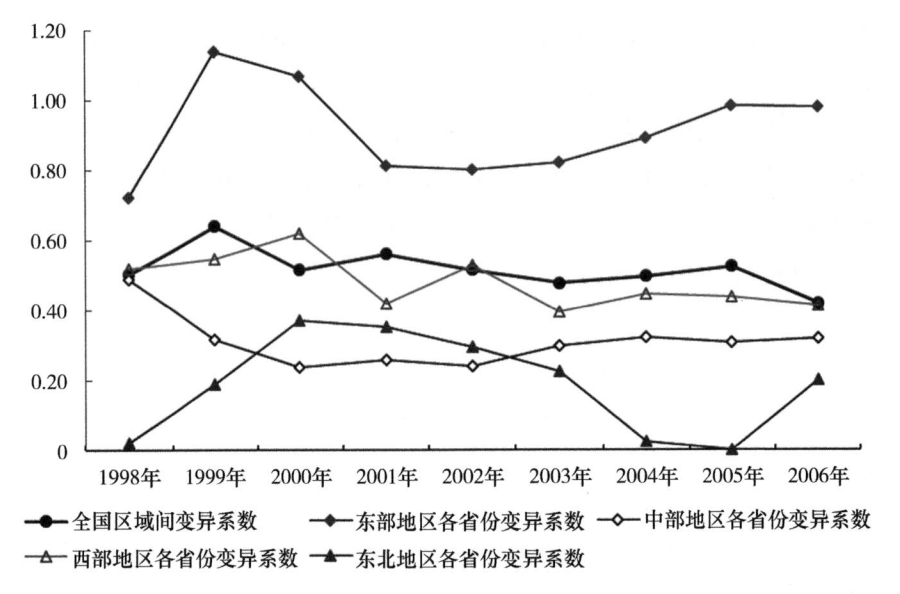

图 5-6　调整改革阶段不同区域的基本生存服务支出均等化趋势

资料来源：笔者根据相关数据计算整理。

在基本环境服务上，以基本建设支出作为表征指标。如图 5-7 所示，全国区域间变异系数整体维持在 0.3—0.5。尤其是东部地区的内部变异系数一直处于高位（1.2—1.7），而且还在不断上升；其次是西部地区的内部变异系数较高，在 2003 年达到近 1.2 的峰值；相比之下，中部和东北地区的变异系数则较低，但也超过 0.2 的水平。因此，全国的基本环境服务支出在区域间和区域内均存在较大差异，非均等化特征明显，且没有出现明显的均等化发展趋势。

总体上看，1994—2006 年，全国基本公共服务支出的均等化程度较低。在不同领域上，基本生存和基本环境服务支出的均等化程度最低；分区域看，东部和西部地区无论是在总体支出上，还是在分类支出上，都存在很高的非均等化态势。这一结果符合中国经济发展现状，侧面印证了基本公共服务均等化状况深受经济发展和政策偏向的影响。相应的

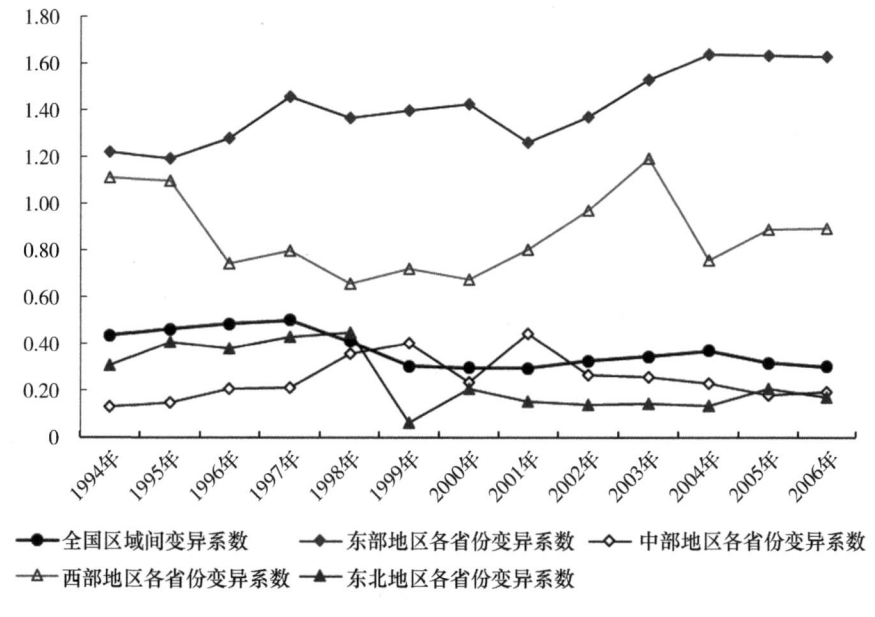

图 5-7　调整改革阶段不同区域的基本环境服务支出均等化趋势

资料来源：笔者根据相关数据计算整理。

证据是，西部地区各项支出的内部变异系数在 2000 年出现明显拐点——总体支出和基本发展以及基本生存服务支出的变异系数显著上升，而基本环境服务支出变异系数显著下降，说明"西部大开发"政策可能显著推动了西部地区各省份的基本建设投入，而非基本民生支出。而在 2003 年"东北振兴战略"提出后，东北各省份的基本公共服务总体支出，尤其是基本生存服务支出的内部变异系数也显著下降。对于东部地区而言，其基本公共服务高度非均等化的特征则集中反映了这一时期中国经济社会发展的不平衡状态。

（二）正式推进阶段的均等化状况

这一时期各省份基本公共服务支出数据跨度为 2007—2021 年，所有数据均来自《中国统计年鉴》（见表 5-5）。由于"住房保障支出"数据自 2010 年开始报告，故使用 2010—2021 年的数据进行测算。数据结果如图 5-8 所示，省际变异系数呈现显著下降趋势，从 2010 年的 0.4 下降至 2021 年的 0.3，2016 年是一个明显拐点。表明这一时期，尤其是从 2016 年开始，基本公共服务支出的省际均等化水平呈现出显著提升的发展态势。

表 5-5　　正式推进阶段的评估指标与数据说明

指标		年份	《中国统计年鉴》中的统计口径
基本发展服务	公共教育支出	2007—2021	"教育支出"
	公共卫生支出	2007—2021	"卫生健康支出"
	公共文化支出	2007—2021	"文化旅游体育与传媒支出"
基本生存服务	社会保障支出	2007—2021	"社会保障和就业支出"
	住房保障支出	2010—2021	"住房保障支出"
基本环境服务	公共设施支出	2007—2021	"城乡社区支出"
	环境保护支出	2007—2021	"节能环保支出"
	公共安全支出	2007—2021	"公共安全支出"

资料来源：笔者整理。

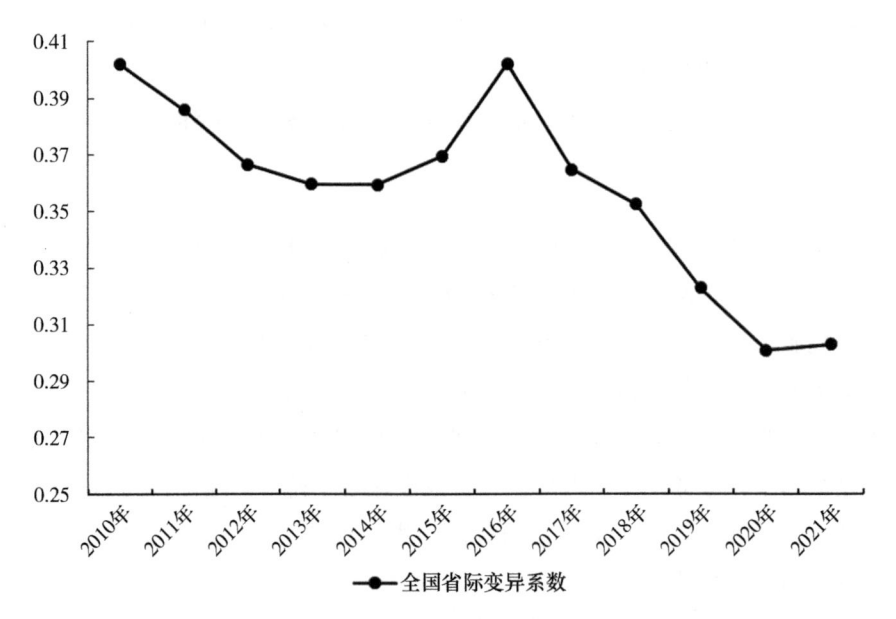

图 5-8　正式推进阶段不同区域的基本公共服务支出均等化趋势

资料来源：笔者根据相关数据计算整理。

对各省份基本公共服务支出的区域间变异系数进行计算，数值从 2010 年的 0.15 进一步降至 0.1，区域间的基本公共服务支出水平呈现弱变异性，表明区域间均等化目标基本实现（见图 5-9）。进一步发现，不同区域内部各省份之间的基本公共服务支出差异也在显著下降，尤其是东部和西部地区内部的均等化程度进一步提高；中部和东北地区内部的变异系数甚至降至 0.1 以下，区域内均等化目标实现。

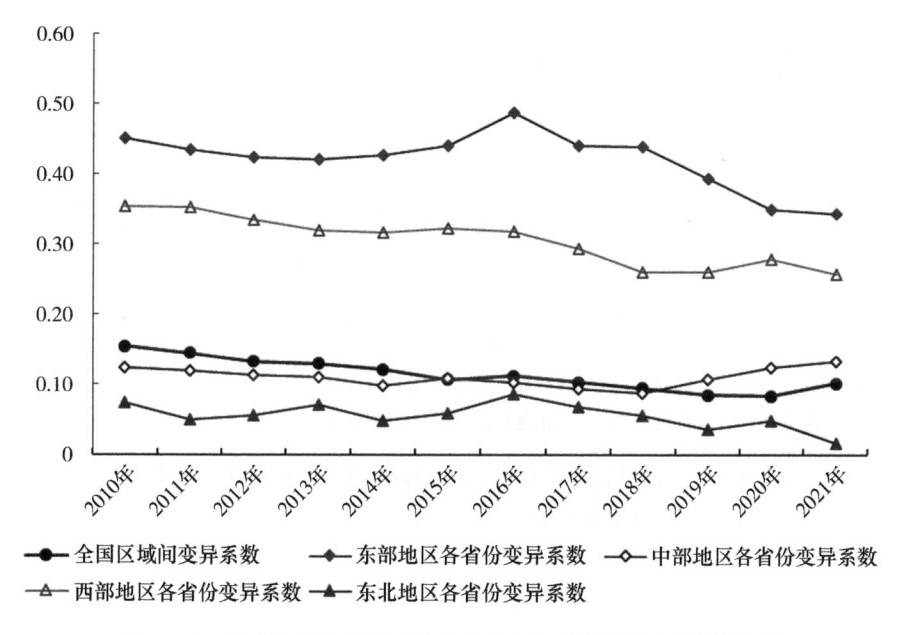

图 5-9　正式推进阶段不同区域的基本公共服务支出均等化趋势

资料来源：笔者根据相关数据计算整理。

在包括公共教育、公共卫生和公共文化在内的基本发展服务支出上，如图 5-10 所示，各省的区域间变异系数结果自 2007 年以来显著下降至 0.1 以下，基本服务支出基本实现区域间均等化。同时，不同区域内的变异系数也显著下降，尤其是东部和西部地区。但是与中部地区内变异系数保持较低稳定态势不同，东北地区的内部变异系数呈现明显波动。

基本生存服务支出包括社会保障支出和住房保障支出，全国区域间变异系数从 2010 年的 0.24 降至 2021 年的 0.14（见图 5-11），均等化效果明显。不同区域内的变异系数也出现不同程度的下降，其中，东部和西部地区内部变异水平显著下降；中部地区内部变异系数在 0.1 上下保持稳定，没有出现明显波动，均等化状态较为稳定；东北地区内部变异系数基本在 0.1 以下，内部均等化程度较高。

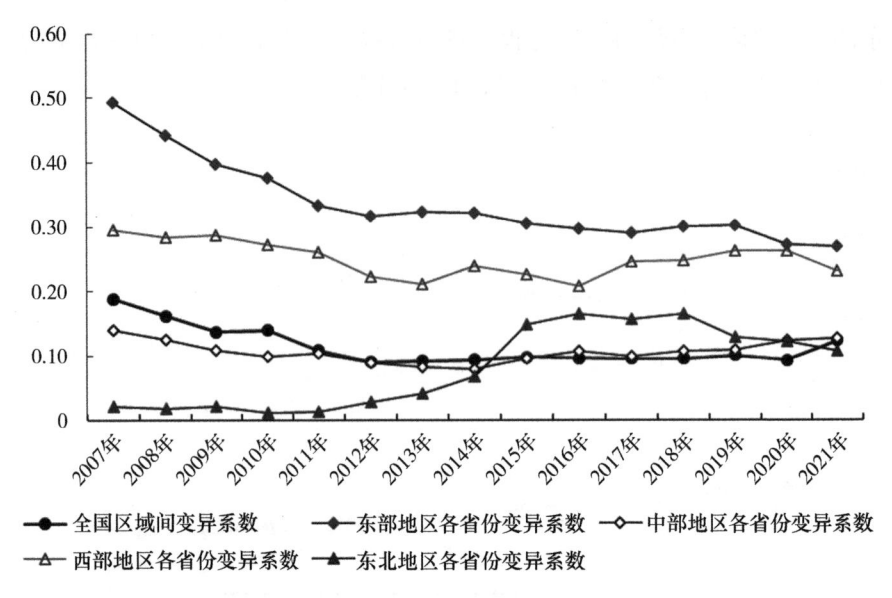

图 5-10　正式推进阶段不同区域的基本发展服务支出均等化趋势

资料来源：笔者根据相关数据计算整理。

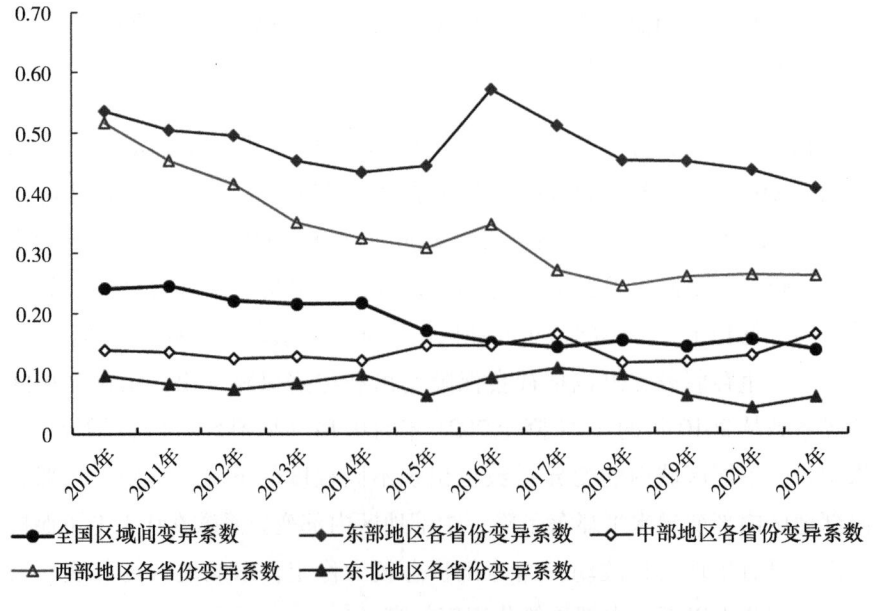

图 5-11　正式推进阶段不同区域的基本生存服务支出均等化趋势

资料来源：笔者根据相关数据计算整理。

基本环境支出包括城乡社区支出、环境保护支出和公共安全支出，全国区域间变异系数显著下降。如图5-12所示，该领域的区域变异系数从2007年的近0.3水平降至2021年的0.17，均等化成效显著。在不同区域中，同样是东部和西部地区表现突出。这两个区域的内部变异系数出现大幅度下降，尽管波动较大，但是均等化趋势良好。对于中部地区，内部变异系数较为稳定。东北地区的内部变异系数则在波动中持续下降，均等化水平显著提升。

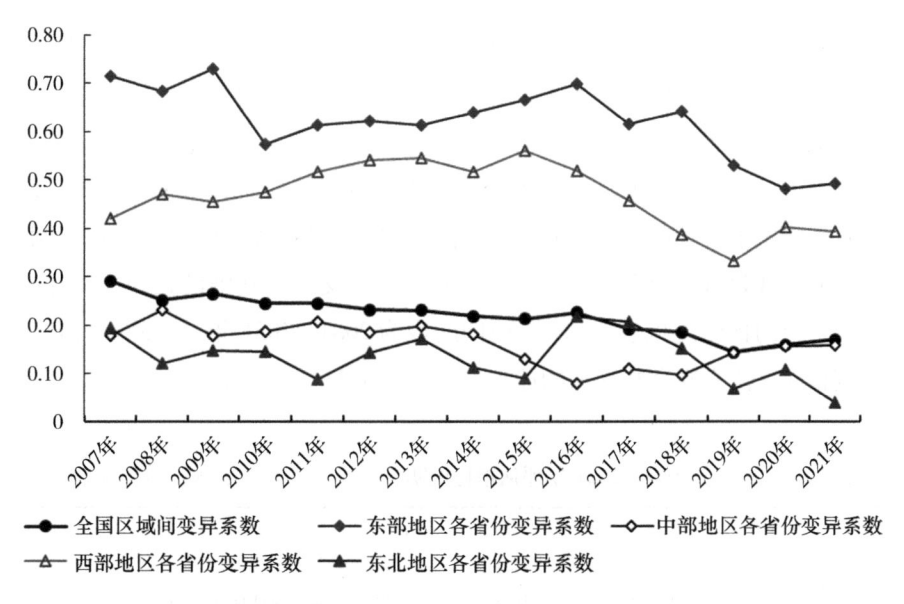

图5-12 正式推进阶段不同区域的基本环境服务支出均等化趋势

资料来源：笔者根据相关数据计算整理。

综上所述，2007—2021年，全国基本公共服务支出的均等化水平显著上升，这可能得益于基本公共服务政策的全面展开。尽管本阶段的数据与前一阶段数据不可比，但是在前一阶段的2005—2006年，各省份基本公共服务支出，无论是区域间还是区域内的均等化水平，都开始出现下降的趋势。由此可见，随着基本公共服务均等化政策的逐步推进，基本公共服务支出的均等化目标正在逐步实现，而这归功于东部和西部地区的支出均等化程度的显著提升。进一步的证据是，本阶段的基本公共服务支出的均等化进程主要出现在2016—2021年，而这一时期正是国家完成基本公共服均等化的顶层制度设计阶段。尤其是党的十九大以来，均等化政策的服务清单、标准设计和配套方案都相继出台，实现了政策体系的整体建构，对各地的财政支出行为形成更加有力的引导和约束。

三 地市层面基本公共服务产出的均等化趋势

基本公共服务供给的主要承担者是地方政府，尤其是地方政府中的省以下层级政府。相对于省级政府的中观调控职能，各地市级和县级政府直接承担了公共服务供给的具体落实工作。因此，对于基本公共服均等化的评估，更为合适的选择是从地市县层面入手。但是基于数据的可获得性，目前只能对地市层面的基本公共服务产出维度的均等化状况加以评估，相关数据可从《中国城市统计年鉴》获取。[①] 由于北京、上海、重庆、天津为直辖市，西藏和青海均只有1个地级市具备完整的统计数据，因此对以上6个省份予以剔除，只测算了25个省份的变异系数。同时受数据限制，只选取公共教育、公共卫生、公共文化、公共交通、基础设施和环境保护六个领域的指标（见表5-6），时间跨度为2004—2021年。剔除因行政区划调整而无法实现完整观测的地市，最后共计280个观测对象。

表5-6　　　　2004—2021年评估指标说明　　　　（单位：人，册，辆，%）

领域		指标	变量
基本发展服务	公共教育	师生比	普通中学师生比
	公共卫生	医生数	每万人拥有执业医师数量
	公共文化	公共图书藏量	每万人拥有公共图书数量
基本环境服务	公共交通	公共交通车数量	每万人拥有公共汽电车数量
	公共设施	城市道路密度	年末实有城市道路密度
	环境保护	绿化率	建成区绿地覆盖率

资料来源：笔者整理。

由于各个指标数据在不同年份存在一定缺失，难以对各项指标的变异系数进行横向比较，本书直接采用主成分分析法（Principal Component

---

[①] 《中国城市统计年鉴》的财政支出数据只汇报了各地市的年度预算总支出，以及教育和科技支出两个分项。

Analysis，PCA）对各项指标进行综合指数合成，以对各个地级市的公共服务整体水平进行测算。在进行主成分分析之前，首先采用移动平均法①对缺失值进行插值填补，这里采用 5 期年份平均。由于统计数据十分庞大，因此对部分指标在少数年份存在的缺失值替换，不会对分析结果造成明显偏差。然后对所有数据进行 Bartlett 球形度检验（P 值为 0）和 KMO 检验（KMO 值为 0.742），结果表明数据适合采用主成分分析。最后，主成分分析一共提取了两个维度的因子，因子累计方差贡献率达到 78%，表明分析较为有效。其中，绿地覆盖率、每万人拥有公共汽电车数、城市道路密度对因子 1 的贡献最大，而师生比和每万人拥有医师数对因子 2 的贡献最大（见表 5 - 7）。这一结果表明，原有的评估指标分类是合理的，因子 1 表征了基本环境服务的综合指标，因子 2 表征了基本发展服务的综合指标。

表 5 - 7 基本公共服务产出均等化指标的因子载荷

变量	因子 1	因子 2
普通中学师生比	0.182	0.933
每万人拥有执业医师数量	0.771	0.335
每万人拥有公共图书藏量	0.711	0.112
建成区绿地覆盖率	0.902	-0.247
每万人拥有公共汽电车数量	0.894	-0.128
年末实有城市道路密度	0.897	-0.190

资料来源：笔者整理。

进一步根据主成分分析得出的因子贡献率，计算各地市的基本公共服务综合得分。从因子累计贡献率来看，因子 1 的贡献率接近 60%，而因子 2 的贡献率仅为 18%。这表明，此处的基本公共服务综合得分中，基本环境服务得分的占比最大，而基本发展服务得分的占比较小。根据各样本数据的因子得分情况，广东省各地市在基本环境服务得分维度集中度最高，说明广东省各地市在基本公共服务供给中比全国其他地市更

---

① 移动平均法是根据时间序列资料逐渐推移，依次计算包含一定项数的时序平均数，以反映长期趋势的方法。当时间序列的数值由于受周期变动和不规则变动的影响起伏较大，不易显示出发展趋势时，可用移动平均法消除这些因素的影响，分析、预测序列的长期趋势。

加重视基本环境服务。

根据各地市的基本公共服务得分，可以计算出地市之间的变异系数。图 5-13 显示了 2004—2021 年，全国范围内各地市的基本公共服务产出水平差异程度呈显著下降趋势，其中 2008 年是一个拐点。这表明，在这一时期，全国基本公共服务产出的地市均等化程度在不断提升。进一步对各省份内部的差异系数进行计算，可以发现，山西省是造成 2008 年全国地市差异系数大幅度上升的主要原因（由于篇幅限制，各省份内部变异系数见附录）。查阅相关资料发现，这可能与两件大事有关：一是山西省在 2008 年国际金融危机中受到严重冲击，全省煤炭严重滞销、经济震荡、各项经济指标全线下滑，该年山西省的 GDP 增速降为全国倒数第一；二是由于当时山西省矿难频发，特别是 2008 年的"9·8"尾矿事故影响严重，引起国务院高度重视。2007—2009 年，山西省共安排煤炭可持续发展基金 113.4 亿元，集中用于支持重点地区的环境治理。①

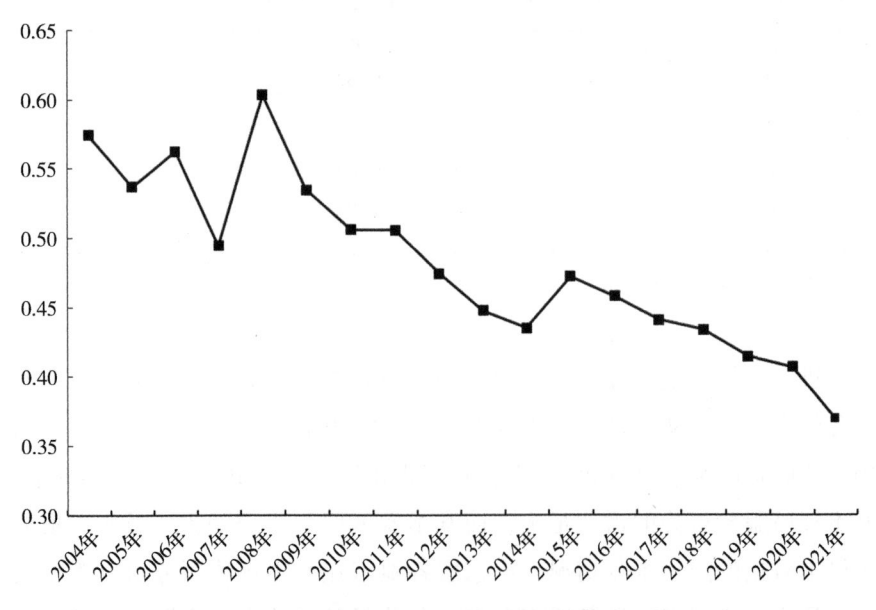

图 5-13 全国基本公共服务产出均等化趋势

资料来源：笔者自制。

---

① 《回眸十一五展望十二五：山西煤炭产业"大变脸"》，2010 年 11 月 30 日，中国政府网，https://www.gov.cn/jrzg/2010-11/30/content_1756250.htm。

具体从各区域内部的变异系数来看（见图 5-14），东部地区内部各地市的均等化程度明显提升，变异系数从 2005 年接近 1 的水平值下降至 2021 年不到 0.6 的水平值。除了 2008 年中部地区变异系数异常外，中部地区的其他年份，以及西部和东北地区内部的地市变异系数均较为平稳。因此，2004—2021 年，全国基本公共服务产出均等化的提升，主要得益于东部地区各地市基本公共服务均等化水平的显著提升。

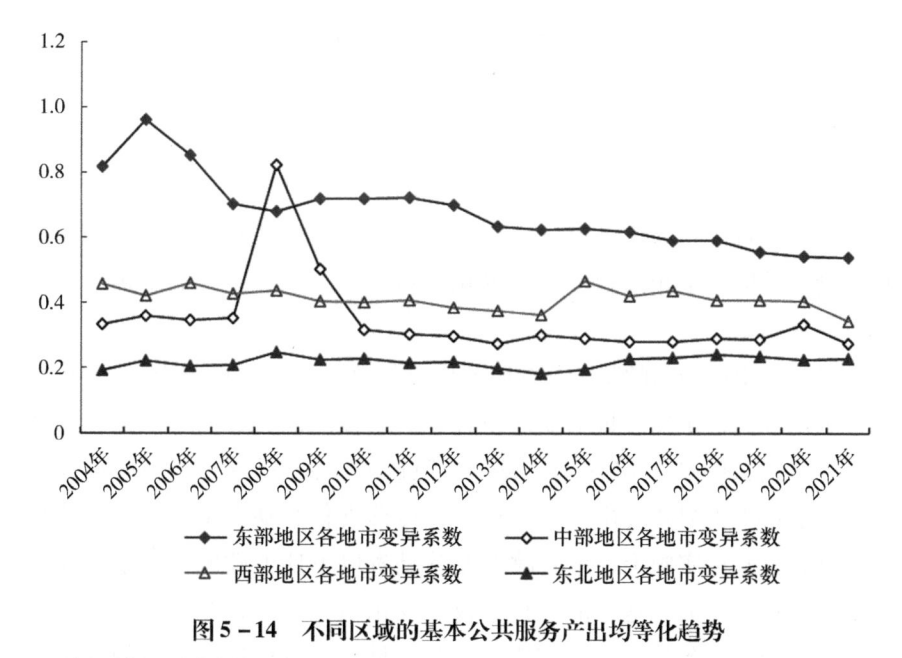

图 5-14　不同区域的基本公共服务产出均等化趋势

资料来源：笔者自制。

综上，2004—2021 年，全国地市层面的基本公共服务产出均等化状况得到显著改善，主要是东部地区内部各地市的基本公共服务产出差异明显减小。从区域比较来看，东部地区的均等化水平仍然表现最弱，其次是西部地区，再次是中部地区。但造成这一结果的原因，可能并非因为东部地区在基本公共服务方面投入不足，而恰恰是由于东部地区总体投入高，但是各地市投入不均衡造成的。值得注意的是，以上数据分析结果只展示了基本发展服务和基本生存服务的相关情况，关于基本生存服务的产出水平还有待研究。在这一评估结果中，基本环境服务的相关指标对最终结果贡献最大，因此可以说这一时期基本公共服务均等化产出水平的提升，更多得益于各地市在基本环境服务上所做的努力，比如广东省政府在基本环境相关因子维度上得分的突出表现。尽管受到数据限制，这里所得出的分析结论不够全面，但是仍然可以有效反映全国基本公共服务在产出维度上所呈现的均等化发展态势。未来要进一步提升全国基本公共服务产出维度的均等化程度，需要同时提升区域内和区域之间的均等化程度。

第四节　本章小结

中国的基本公共服务均等化政策，是以公共财政体制构建为先导的。随着分税制改革和公共财政体制的逐步确立，政府进一步强化了公共服务职能的履行，当前已经形成了相对完善的基本公共服务政策体系和运作机制，并取得了相当程度的均等化政策成效。通过本章的分析，得出如下具体结论。

第一，中国当前的基本公共服务均等化政策是以"机会均等"、相对均等为前提的，主要表现为制度设计、财政投入的大致均等。在政策理念上，从过去的"平均主义"观转为现在的"公平导向"；在政策标准上，主要体现为财政支出的最低标准、转移支付和动态调整相结合的机制设计；在政策实施上，地方政府尤其是省以下地方政府承担了主要执行功能。尽管中央和地方的财权事权和支出责任正在逐步明晰，地方政府的基本公共服务供给压力有望通过分领域、分阶段逐步上移的方式得到缓解，但是仍然有待具体落实和进一步观察。至少截至2021年，在基本公共服务的主要支出领域，中央的实际支出比重在逐步下降。

第二，中国基本公共服务均等化的测量指标，尚不存在权威性的统一测量标准。学界普遍从投入维度、产出维度、投入—产出维度、主观感知维度以及投入—产出—感知综合维度等多种路径对均等化进行测评，主要原因在于受到数据可获取性的影响。各种测量方式都具有各自的优点和缺陷，需要根据具体的研究目标进行设定。从财政体制的研究视角看，不宜采用综合维度的合成指标，需要将基本公共服务的投入端、产出端、感知端加以适度分离。未来要获得更为全面、科学的政策评估结论，需要进一步推行相关数据的开放程度，并推动建立基本公共服务均等化的评估数据库。

　　第三，中国当前的基本公共服务均等化程度虽已经得到有效提升，但还有待继续推进。无论是从支出维度上看，还是从产出维度上看，当前中国的基本公共服务均表现出显著的均等化趋势，提升基本公共服务均等化水平的关键在于降低东部和西部地区的非均等化程度，同时要着力提升中部和东北地区的基本公共服务水平、持续加大各地对基本民生服务的努力。尽管人均财力的均等化指标并不严谨，忽略了各地供给成本等因素，但是本章的分析结果显示，支出均等化的变化趋势与产出均等化的变化趋势基本保持一致，表明当前阶段的人均财力均等化与基本公共服务产出均等化存在正相关。至于财政投入与公共服务产出的因果机制，仍然需要进一步验证和分析。由于地方政府承担了基本公共服务大多数领域的绝对比重的支出，因此从财政分权的角度研究基本公共服务均等化的体制机制问题，是推动当前基本公共服务均等化进一步提升的重要突破口。

第六章

中国式财政分权对基本公共服务均等化影响的计量分析

中国的基本公共服务均等化进程，与中国式财政分权体制改革相伴而生。随着央地之间财权事权划分框架的确立，地方政府的基本公共服务职能得以强化，并由此产生了地方之间的基本公共服务供给差距。那么，中国式财政分权是如何影响基本公共服务均等化的，影响中国基本公共服务均等化的重要因素还有哪些，影响机制如何。本章以第三章建构的概念模型为基础，建立计量经济模型，就中国式财政分权对基本公共服务均等化的影响机制进行实证检验。

第一节 模型、指标和数据

一 模型设定

根据前文的分析框架，中国式财政分权体制通过税收分成和转移支付两大机制作用于基本公共服务均等化的实现。其中，基本公共服务偏向在税收分成和转移支付作用于均等化的过程中发挥中介作用，因此需要构建两个计量回归模型：税收分成、转移支付与基本公共服务均等化的计量模型；税收分成、转移支付、基本公共服务偏向与基本公共服务均等化的计量模型。

（一）税收分成、转移支付与基本公共服务均等化

以 $pubcv$ 表示地区基本公共服务差异程度（非均等化程度），$fdtax$ 表示地区税收分成程度，$ptransf$ 表示地区的人均中央转移支付规模，加入税

收分成和人均转移支付的交乘项 $fdtax \times ptransf$ 来观察转移支付对税收分成影响效应的替代作用,其他控制变量包括地区对外商直接投资的竞争程度 $compet$、地区治理的碎片化程度 $fragt$、地区人口密度 $density$、地区人均国内生产总值 $pgdp$、对外开放度 $open$、城镇化程度 $urbant$ 和城乡差距 gap,ε 表示随机误差项,β 是各解释变量的系数,下标 i 和 t 分别表示第 i 个地区第 t 年的观测值,建立如下计量模型:

$$pubcv_{i,t} = \beta_1 fdtax_{i,t} + \beta_2 ptransf_{i,t} + \beta_3 fdtax_{i,t} \times ptransf_{i,t}$$
$$+ \beta_4 compet_{i,t} + \beta_5 fragt_{i,t} + \beta_6 density_{i,t} + \beta_7 pgdp_{i,t}$$
$$+ \beta_8 open_{i,t} + \beta_9 urbant_{i,t} + \beta_{10} gap_{i,t} + \varepsilon_{i,t}$$

(二) 基本公共服务偏向与基本公共服务均等化

为验证基本公共服务偏向 $pbias$ 在地区税收分成程度 $fdtax$ 和人均中央转移支付规模 $ptransf$ 对地区基本公共服务差异程度 $pubcv$ 的影响中的中介关系,在逐步回归的基础上使用 Bootstrap 检验法进行中介效应检验。Bootstrap 检验法是一种非参数统计方法,通过对原始数据进行有放回的重复抽样来估计统计量的分布,能较好地克服正态性问题,适用于各种类型的数据,并且检验效力要优于逐步回归检验和 Sobel 系列检验,是目前被推荐使用的中介效应检验方法。以 $pbias$ 表示地区基本公共服务偏向,构建地区基本公共服务偏向对基本公共服务均等化影响的计量模型:

$$pubcv_{i,t} = \beta_1 pbias_{i,t} + \beta_2 fdtax_{i,t} + \beta_3 ptransf_{i,t}$$
$$+ \beta_4 fdtax_{i,t} \times ptransf_{i,t} + \varepsilon_{i,t}$$

二 指标选择

(一) 基本公共服务均等化

如前文所述,基本公共服务均等化的测量尚不存在统一指标,目前学界主要使用投入维度、产出维度或是投入—产出综合维度的测量方式。但必须明确的是,在公共服务投入与产出之间还存在复杂的因果机制,财政投入的增加是公共服务产出均等化的必要条件,并不必然带来公共服务产出的均等化,使用产出维度的均等化指标更能衡量基本公共服务均等化的实际程度,并揭示财政支出对公共服务供给结果的影响机制。这里直接使用前文中地市级层面公共服务产出均等化差异系数作为均等化的替代指标，具体反映各省份内部地市间在公共教育、公共文化、公共医疗、公共环境和公共交通等方面的差异程度。差异系数越高，表明该省份内部的均等化水平越低。因此，如果证明相关变量对该指标的影响方向为负，则说明这些变量促进了基本公共服务均等化的实现。

(二) 中国式财政分权

财政分权度的衡量历来是一个难点，关于中国财政分权的度量更是形式多样，存在诸多争议。收入分权和支出分权是国内使用最多的两类指标，以地方财政收支占国家财政收支的比重来计算，分子和分母既可以是总量，也可以是人均标准化的结果，由此派生出不胜枚举的变形计算方式。但是，收入分权与支出分权在使用上需要根据具体研究目的进行选择。由于收入分权是导致支出分权的必要条件而非充分条件，因此在进行地区分权水平比较研究时，选择收入指标较好；由于财政分权对其他对象的影响是经由财政支出予以实施的，在研究财政分权对政府规模等的影响时，选择支出指标为宜。① 更为重要的是，中国式财政分权的指标设计应该抓住其最核心的特征，即税收分成，这是地方自主收入的绝大部分来源。至于支出分权方面一直较为模糊，直到最近中央才开始推进这一领域的改革。基于上述考虑，本书选取税收分成来表征中国的财政分权。

在收入分权的计算方法上，绝大多数学者都以各省单独的财政收入占全国收入的比重来测量不同省份的财政分权程度，但是此种计算方式并不能真正测度财政分权。因为其分母都统一使用全国收入，不同省份的收入占比反映的其实是各地的财力差距。② 按照奥茨提出的"中央收支占全国总收支比重"的中央财政分权计算逻辑，③ 合理的计算方式应该是，地方级财政收入除以分地区的地方级与中央级加总收入。然而由于数据不可得，这一计算方法面临很大困难。本书借鉴吕冰洋等的

---

① 樊勇：《财政分权度的衡量方法研究——兼议中国财政分权水平》，《当代财经》2006年第10期。
② 张光：《测量中国的财政分权》，《经济社会体制比较》2011年第6期。
③ Wallace E. Oates, "Searching for Leviathan: An empirical study", *The American economic review*, Vol. 75, No. 4, Semptember 1985, pp. 748–757.

方法，① 根据《中国税务年鉴》和《中国统计年鉴》的数据，成功得到了符合计算逻辑的地方税收分成比重（$fdtax$），具体计算方式为（地方总收入−中央本级收入）/地方总收入。

关于转移支付（$ptransf$），本书直接使用"各省实际人均中央转移支付数额"进行表征，具体计算方法为（中央补助−地方上解支出）/省年末常住人口。数据以2004年居民消费品价格指数为基期进行折算，取对数处理，标记为$lnptransf$。应当指出，更好的指标应该是中央补助扣除中央税收返还之后的部分。转移支付理论上属于中央自有收入，具有均衡地区差距的重要功能，但是税收返还部分实际上属于地方自有收入，并不具有均等化功能。遗憾的是，税收返还的数据难以获取。不过，这一替代性做法仍然有潜在好处：如果我们发现不算严格的转移支付规模对公共服务偏向和均等化也存在优化效应，那么有关转移支付影响效应的结论将更具说服力。此外，之所以没有使用转移支付占财政支出比重的"财政依赖度"指标，是因为这一指标其实是收入分权的另一替代性指标。本书关注的是转移支付规模对于基本公共服务供给和税收分成效应的影响。

（三）其他变量

第一，公共服务偏向（$pbias$），表示地方政府在财政支出中的基本公共服务支出偏向或是投入力度，构成税收分成、转移支付影响基本公共服务均等化的中介变量。由于基本公共服务的主要领域包括教育、卫生、文化、交通和环境，这里与基本公共服务均等化的指标测算维度保持一致，以一省一般预算支出中的教育支出、卫生支出、文化支出、交通支出和环境支出加总后除以该省当年的一般预算支出总额，作为该省的公共服务偏向测度。

第二，经济竞争程度（$compet$），表示地方政府围绕经济竞争的程度。由于政府竞争是财政分权制约政府规模的关键机制，地方政府展开标尺竞争的重要策略是地方经济"招商引资"，尤其是竞相吸引外商投资。张

---

① 吕冰洋、马光荣、胡深：《蛋糕怎么分：度量中国财政分权的核心指标》，《财贸经济》2021年第8期。

军等直接以地方政府实际利用的 FDI 数额作为代理变量,① 但是 FDI 受外界因素影响较大,因此一省 FDI 数额的下降可能是国家宏观经济影响的结果,但并不意味着该省在全国的竞争力有所下降,故使用各省份实际利用的 FDI 数额占当年全国实际利用 FDI 的数额比重作为衡量政府竞争度的代理变量,同时也免去了将 FDI 的美元单位换算为人民币并进行物价调整的过程。②

第三,碎片化程度($fragt$)。碎片化一般是指政府部门内部各类行政业务之间、一级政府各部门之间、各级地方政府之间以及各行政层级之间分割的状况。③ 本书主要指各地方政府在基本公共服务供给中存在的地域分割状况,这里以一省的地级市数量来表征一省的碎片化程度。

第四,人口密度($lndensity$)。由于政府在提供公共产品时存在规模经济效应,一省的财政支出可能随着人口数量、人口密度的变化而表现出一定的"拥挤性"或规模经济。参考庄玉乙、张光的做法,④ 本书使用"一省年末总人口/一省区域面积"的计算方法对人口密度($density$)进行测算。考虑到该项指标的数值相较于均等化指标数值偏大,这里取对数处理,标记为 $lndensity$。

第五,人均实际 GDP($lnpgdp$)。人均 GDP 是体现地方经济发展水平的重要指标。为使人均 GDP 更具可比性,这里以 2007 年的居民消费价格为基期,对各年份各省的地区生产总值进行折算,得到人均实际 GDP 的数值,并取对数处理,标记为 $lnpgdp$。

第六,对外开放程度($open$)。对外开放程度首先表现在经济领域,一个地区的对外贸易规模能够体现该地区的对外开放程度。对外贸易是不同国家间货物、服务和资本的跨境交换,其意义在于促进资源配置的优化与效率提升,不仅能够表征地方经济的发展程度,更能反映地方文

---

① 张军等:《中国为什么拥有了良好的基础设施?》,《经济研究》2007 年第 3 期。
② 郑磊:《财政分权、政府竞争与公共支出结构——政府教育支出比重的影响因素分析》,《经济科学》2008 年第 1 期。
③ 周伟:《地方政府间跨域治理碎片化:问题、根源与解决路径》,《行政论坛》2018 年第 1 期。
④ 庄玉乙、张光:《"利维坦"假说、财政分权与政府规模扩张:基于 1997—2009 年的省级面板数据分析》,《公共行政评论》2012 年第 4 期。

化的开放程度。这里使用各省份进出口贸易额占当年全国进出口贸易额的比重来测度一省的对外开放度。

第七，城镇化率（$urbant$）。城镇化率是一个反映人口在城镇居住比例的概念，表明在一个特定地区内，有多少常住人口居住在城镇，是表征城镇化水平的重要指标。这里使用各省份非农人口占当年年末常住人口的比重来测度城镇化率。

第八，城乡收入差距（gap）。城乡差距首先表现在收入差距，这里用城镇居民人均可支配收入与农村居民人均纯收入之比进行衡量。表6-1对各指标变量进行了说明。

表6-1　　　　　　　　　　变量与指标说明

	变量名称	缩写	指标选择	预期方向
被解释变量	基本公共服务差异度	$pubcv$	省内基本公共服务产出差异系数，基于主成分分析的合成指标	
核心解释变量	税收分成	$fdtax$	省本级税收收入/省中央与地方税收总收入	-
	转移支付	$lnptransf$	省实际中央补助（含税收返还）减去上解收入后人均化处理，以2007年价格折算，取对数	-
中介变量	基本公共服务偏向	$pbias$	省基本公共服务支出（教育、卫生、文化、交通、环境）/省一般预算支出	+
其他控制变量	政府竞争度	$compet$	外商投资实际利用率，即各地区实际利用外商直接投资额/全国实际利用外商直接投资额	+
	碎片化程度	$fragt$	省内地级市数量	-
	人口密度	$lndensity$	省年末常住人口数量/省域面积，取对数	
	经济发展水平	$lnpgdp$	省人均实际GDP，以2007年价格折算，取对数	+
	对外开放度	$open$	省进出口贸易额/全国进出口贸易额	+
	城镇化率	$urbant$	省每年非农人口/省年末总人口	+
	城乡收入差距	gap	省城镇居民可支配收入/农村居民人均纯收入	-

资料来源：笔者整理。

三 数据说明

本书基于 2007—2021 年 25 个省份的面板数据展开实证检验。之所以选择省级政府作为分析单位，是因为省级政府是中央向地方进行财政分权的直接层级，且省级行政区划相对其他层级的地方政府更为稳定，其统计数据的可及性也较高。其中，各省份内部基本公共服务均等化数据来自《中国城市统计年鉴》（2008—2022 年），剔除直辖市和数据大量缺失的地市，最后保留 25 个省份共计 280 个观测对象；税收分成的数据来自《中国税务年鉴》（2008—2022 年），中央转移支付数据来自财政部网站的中央决算数据（2007—2021 年），其他省级层面数据来自《中国统计年鉴》（2008—2022 年）和《中国财政年鉴》（2008—2022 年）。由于中央在 2006 年推行政府收支分类改革，从 2007 年起按照政府收支分类科目编制预决算，导致前后数据不可比，因此将整体观测时间确定为 2007 年起。以上数据进行整理校对后基本完整，极个别缺失值通过移动平均插值法进行填补，此种方法是在低缺失率下首选的插补方法。各变量的描述性统计分析结果如表 6-2 所示。

表 6-2　　　　　　　　　变量描述性统计分析

变量名	观测数（N）	均值（Mean）	标准差（Std. Dev.）	最小值（Min）	中位数（Median）	最大值（Max）
$pubcv$	375	0.289	0.175	0.022	0.243	1.170
$fdtax$	375	0.494	0.061	0.360	0.490	0.660
$lnptransf$	375	7.905	0.649	6.161	7.997	9.081
$pbias$	375	5.801	2.405	1.589	5.367	13.050
$compet$	375	5.676	6.157	0.032	3.339	29.537
$fragt$	375	11.339	4.461	2.000	11.000	21.000
$lndensity$	375	5.324	0.983	2.532	5.567	6.676
$lnpgdp$	375	10.255	0.454	8.87	10.253	11.400
$open$	375	3.000	5.582	0.038	0.808	29.142
$urbant$	375	53.685	9.905	28.249	54.008	74.629
gap	375	2.685	0.426	1.881	2.616	4.211

资料来源：笔者整理。

第二节 税收分成、转移支付与基本公共服务均等化

一 税收分成、转移支付对基本公共服务偏向的影响效应分析

首先对各变量进行多重共线性检验，VIF值均小于6.5，表明各变量之间不存在多重共线性。其次在逐步混合回归的基础上，对面板数据进行异方差检验、组内自相关检验、截面相关检验以及随机效应检验，发现税收分成、转移支付与基本公共服务偏向的面板回归模型存在异方差、组内自相关和截面相关；在使用聚类稳健标准误消除异方差后，通过过度识别检验，认为固定效应模型优于随机效应模型。最后使用Driscoll-Kraay标准误对面板数据的组间异方差、组内自相关和截面相关进行修正，结果如表6-3所示。

第一，模型（1）和模型（2）分别加入税收分成和转移支付变量，结果表明税收分成和转移支付均对基本公共服务差异度存在显著抑制效应，假设H1、假设H5得到验证。但是将上述两个变量一起放入回归模型（3）时，税收分成的均等化效应变得不显著，考虑转移支付对税收分成的均等化效应存在调节作用。进一步将中心化后的税收分成和转移支付变量的交互项放入模型（4），发现交互项系数显著为正。由于转移支付的原有回归系数显著为负，这说明就整体而言，转移支付削弱了税收分成对基本公共服务均等化的正向影响，并且当转移支付规模较小时，税收分成所发挥的均等化促进作用比较明显，但是随着转移支付规模的提高，税收分成的均等化作用就逐步降低，因此转移支付和税收分成两者在基本公共服务均等化的影响效应上存在明显的替代关系，假设H8得到验证。

第二，进一步投入经济竞争变量，发现FDI竞争度的回归系数为正但不显著，假设H9未得到验证。这说明围绕外商投资展开的政府间经济竞争会抑制基本公共服务的均衡配置，但影响不大。这恰好印证了在政治约束下，是财政激励而非晋升激励主导了地方政府行为。如前文所述，随着国家治理目标的转换，近年来中央开始加强基本公共服务方面的政绩考核，当前的地方政府竞争格局已经转向"为福利而竞争"，即便存在

基于经济增长业绩的晋升竞争,更可能是"资格赛"而非"锦标赛",①因此这种经济竞争不会对基本公共服务均等化造成显著影响。同时,在国家日益强调产业结构升级的背景下,地方政府对外商投资的选择更加慎重,但是针对高新技术产业的外资引入实际上十分困难,有时候甚至受制于国际政治因素,使地方政府的能动性降低。这也是导致 FDI 竞争度无法显著影响基本公共服务均等化的重要原因。

第三,由于 FDI 竞争度的回归系数不显著,故删去该变量后继续投入规模经济类变量,发现人口密度、碎片化程度的回归系数都不显著,假设 H10、假设 H11 均未得到验证。从人口密度的回归结果来看,其对基本公共服务差异度呈现出正向但不显著的影响效应。说明在当前阶段,基本公共服务的规模经济效应还不显著,基本公共服务的配置对人口因素有所考量但还不够充分,未来的基本公共服务资源要进一步按照常住人口的分布格局来进行优化配置,特别是对于人口较少的地区考虑进行公共服务集中供给。碎片化程度对基本公共服务差异度的影响效应为负但不显著,说明各地区的碎片化程度并未影响省级政府的治理效率,同时还有助于强化省以下的良性竞争效应。虽然近年来地市级区划的调整频率有所提高,但仍然存在减少省以下政府层级、适度推进"省直管"治理模式的空间。

第四,删去回归结果不显著的变量后,继续投入经济发展类变量,发现人均实际 GDP 的回归系数显著为负,表明其对基本公共服务差异度具有明显的抑制作用。换言之,一个地区经济水平的提高,的确有助于促进该地区的基本公共服务均等化程度,假设 H12 得到验证,故未来需要进一步推动经济的高质量增长。对外开放度的回归系数显著为正,表明对外开放度的提升显著增强了省内的基本公共服务差异度,假设 H13 得到验证。由于对外开放在促进经济发展的同时,可能会导致地方政府的生产性服务偏向,同时也会加速各种资源要素的空间集聚,特别是资本要素、生产技术、人力资源等生产性要素,而这些资源要素的虹吸效应使得"富者越富、贫者越贫",影响了地方基本公共服务供给的均衡配置,因此需要地方政府加强对辖区间的协调。

---

① 杨其静、聂辉华:《保护市场的联邦主义及其批判》,《经济研究》2008 年第 3 期。

表6-3 税收分成、转移支付对基本公共服务均等化的影响效应

	(1) pubcv	(2) pubcv	(3) pubcv	(4) pubcv	(5) pubcv	(6) pubcv	(7) pubcv	(8) pubcv	(9) pubcv	(10) pubcv	(11) pubcv
fdtax	-0.329** (0.150)		-0.162 (0.130)	-0.189 (0.119)	-0.191 (0.115)	-0.210 (0.125)	-0.170 (0.116)	-0.133 (0.127)	-0.061 (0.107)	-0.071 (0.120)	-0.045 (0.111)
lnptransf		-0.043*** (0.009)	-0.031** (0.008)	-0.006 (0.010)	-0.006 (0.010)	-0.005 (0.009)	-0.003 (0.009)	0.090*** (0.026)	0.083*** (0.022)	0.088*** (0.025)	0.093** (0.026)
fdtax × ptransf				0.872*** (0.108)	0.868*** (0.116)	0.873*** (0.108)	0.823*** (0.097)	0.838*** (0.089)	0.651*** (0.093)	0.683*** (0.083)	0.604*** (0.113)
compet					0.002 (0.013)						
lndensity						0.001 (0.001)					
fragt							-0.137 (0.093)				
lnpgdp								-0.125*** (0.021)	-0.133*** (0.020)	-0.075** (0.034)	-0.083** (0.031)
open									0.026*** (0.005)	0.025*** (0.005)	0.026*** (0.005)

续表

	(1) pubcv	(2) pubcv	(3) pubcv	(4) pubcv	(5) pubcv	(6) pubcv	(7) pubcv	(8) pubcv	(9) pubcv	(10) pubcv	(11) pubcv
urbant										-0.003 (0.002)	
gap											0.106 (0.061)
常数项	0.451*** (0.075)	0.633*** (0.068)	0.614*** (0.060)	0.428*** (0.057)	0.409** (0.148)	0.426*** (0.055)	1.128** (0.503)	0.928*** (0.082)	0.947*** (0.084)	0.500* (0.270)	0.064 (0.499)
N	375	375	375	375	375	375	375	375	375	375	375
Within-R^2	0.034	0.041	0.046	0.111	0.111	0.112	0.115	0.150	0.179	0.184	0.190

注：*$p<0.1$，**$p<0.05$，***$p<0.001$，分别表示在 0.1、0.05、0.001 的水平上显著；小括号内为标准误。
资料来源：笔者整理。

第五，继续投入城乡发展类变量，发现城镇化水平、城乡收入差距的回归系数并不显著，假设 H14、假设 H15 均未得到验证。其中，城镇化水平对基本公共服务差异度具有负向但不显著的影响，说明当前的城镇化战略确实有助于推动基本公共服务均等化的实现，但是仍然需要进一步加强城乡融合发展和乡村振兴工作。城乡收入差距正向影响了基本公共服务差异度，但是结果不够显著，进一步表明需要通过城乡融合发展来减少城乡差距，以提升基本公共服务均等化的实现程度。

二 地区异质性分析

进一步对东部、中部、西部和东北地区进行比较分析，考察不同地区税收分成、转移支付对基本公共服务均等化的影响效应，同样以东部地区为基组，引入地区虚拟变量与各变量（中心化后）的交互项，结果显示（见表 6-4）：关于税收分成对基本公共服务差异度的抑制效应，东部地区和中部以及东北地区不存在明显差异，在西部地区的作用最弱；转移支付对基本公共服务差异度的抑制效应，其他地区与东部地区相比不存在显著差异；转移支付对税收分成和基本公共服务差异度影响关系的替代效应，在中部地区最为明显，其次是东北地区，西部地区与东部地区没有明显差异；关于人均实际 GDP 和对外开放度对公共服务均等化的影响，其他地区与东部地区均不存在显著区别。总的来说，不同地区基本公共服务均等化的影响机制存在一定差异：东部地区、中部地区和东北地区的税收激励效应相对较强，西部地区的基本公共服务均等化更依赖于转移支付，税收分成的影响效应相对较弱；而在中部和东北地区，转移支付对税收分成的替代作用则相对显著。

表 6-4 税收分成、转移支付对基本公共服务均等化影响效应的地区比较

	pubcv	
fdtax	0.381*	(0.198)
fdtax × 中部地区	0.059	(0.406)
fdtax × 西部地区	-1.195*	(0.564)
fdtax × 东北地区	-0.337	(0.331)

续表

	pubcv	
ln*ptransf*	0.032	(0.042)
ln*ptransf* × 中部地区	0.026	(0.055)
ln*ptransf* × 西部地区	0.035	(0.059)
ln*ptransf* × 东北地区	0.074	(0.081)
fdtax × *ptransf*	-0.520	(0.407)
fdtax × *ptransf* × 中部地区	1.417**	(0.346)
fdtax × *ptransf* × 西部地区	0.393	(0.955)
fdtax × *ptransf* × 东北地区	1.404**	(0.482)
ln*rpgdp*	-0.092*	(0.051)
pgdp × 中部地区	-0.001	(0.051)
pgdp × 西部地区	0.016	(0.083)
pgdp × 东北地区	-0.080	(0.084)
open	0.044	(0.054)
open × 中部地区	-0.010	(0.052)
open × 西部地区	-0.039	(0.053)
open × 东北地区	-0.032	(0.050)
常数项	0.814***	(0.126)
N	375	
Within-R^2	0.254	

注：$*p<0.1$，$**p<0.05$，$***p<0.001$，分别表示在0.1、0.05、0.001的水平上显著；小括号内为标准误。

资料来源：笔者整理。

上述研究结果得出的进一步结论是，不同地区的地方政府存在不同的政府偏好。根据代志新、程鹏、高宏宇的研究，在多重政治任务下，地方政府存在"蒂布特""利维坦""GDP"三种政府偏好。① 其中，"蒂布特"政府关注公共服务和辖区居民福利，会为了争夺税基展开税收竞争，分成激励越强税收竞争越激烈，但如果存在转移支付则会弱化税收

---

① 代志新、程鹏、高宏宇：《税收竞争、分成激励与政府偏好——兼论均等化转移支付的作用》，《经济理论与经济管理》2023年第2期。

竞争；"利维坦"政府追求税收收入最大化，更加偏好增加基建投资吸引资本流入而非税收竞争方式；"GDP"政府以 GDP 最大化为偏好，会采取较低税率的税收政策以减少税收对经济发展的阻力。据此，由于东北地区和中部地区的基本公共服务均等化水平相对较高且税收激励效应明显，但转移支付的替代效应也明显，更加贴近"蒂布特"政府；东部地区各地方政府的行为偏好则属于"利维坦"政府，因为东部地区各省份的财政激励效应明显，同时存在生产性服务偏好导致其基本公共服务均等化水平最低。西部地区地方政府由于经济欠发达更加偏好发展经济，导致基本公共服务非均等化程度较高，并且更加依赖转移支付，则更像是"GDP"政府。因此在财政体制机制设计上，需要根据不同地区政府的行为偏好，在税收分成与转移支付之间做出适度选择和平衡。

第三节　基本公共服务偏向与基本公共服务均等化

一　税收分成、转移支付对基本公共服务偏向的影响效应分析

同样对各变量进行多重共线性检验，VIF 值均小于 6.5，不存在多重共线性问题。之后对面板数据进行逐步混合回归，并进行一系列检验，发现税收分成、转移支付与基本公共服务均等化的回归模型存在组间异方差、组内自相关和截面相关，固定效应模型优于随机效应模型。最后使用 Driscoll-Kraay 标准误对回归模型进行修正，回归结果如表 6-5 所示。模型（1）证明税收分成程度对基本公共服务偏向呈显著正向影响，即随着中央对地方税收分成程度的提升，各省基本公共服务偏向将显著扩大。在加入其他解释变量后，税收分成对基本公共服务偏向的正向影响效应依然稳健，假设 H2 得到验证。分权下的地方政府为争夺税基展开的竞争，会增加公共产品与公共服务的支出水平。模型（2）表明，中央转移支付规模显著扩大了各省的基本公共服务偏向，在加入其他解释变量后，转移支付规模对基本公共服务偏向的正向影响效应始终保持稳健，假设 H6 得到验证。由于转移支付数据未能剔除税收返还的部分，可以预期，严格意义上的转移支付更加能够强化地方政府基本公共服务职能。如果继续扩大一般性转移支付的规模，地方的基本公共服

偏向将得到进一步扩大。

表6-5 税收分成、转移支付对基本公共服务偏向的影响效应

	(1) pbias	(2) pbias	(3) pbias
fdtax	15.788** (4.318)		7.820** (2.642)
lnptransf		2.086*** (0.475)	1.483** (0.513)
常数项	-1.995 (2.276)	-10.686** (3.740)	-9.787** (3.468)
N	375	375	375
Within-R^2	0.396	0.482	0.539

注：*$p<0.1$，**$p<0.05$，***$p<0.001$，分别表示在0.1、0.05、0.001的水平上显著；小括号内为标准误。

资料来源：笔者整理。

由于不同地区的省份面临的实际情况各不相同，税收分成、转移支付对地方政府基本公共服务偏向的影响效应也可能因受制于地区差异而有所不同。根据第五章基本公共服务支出均等化变动情况的分析结果，东部地区的支出均等化程度最低，西部地区次之，中部和东北地区的支出均等化程度最高。那么，不同地区之间税收分成和转移支付对基本公共服务偏向的影响是否存在差异呢？本章构建并引入了地区虚拟变量，以东部地区为基组，进一步展开分地区的异质性比较。将税收分成、转移支付（去中心化后）与地区虚拟变量的交互项引入模型，结果如表6-6所示。在税收分成、转移支付对基本公共服务偏向的影响效应上，东部地区与其他地区之间总体上并不存在显著差异，只是西部地区的转移支付对公共服务偏向的正向影响要显著弱于东部地区。进一步证明了前文的研究结论，即西部地区的地方政府更贴近"GDP"政府。

表6-6　　　税收分成、转移支付对基本公共服务偏向
影响效应的地区比较

	pbias	
fdtax	9.149**	(2.767)
fdtax × 中部地区	-0.257	(1.745)
fdtax × 西部地区	-2.492	(2.253)
fdtax × 东北地区	-0.061	(3.135)
ln*ptransf*	1.926**	(0.503)
ln*ptransf* × 中部地区	-0.427	(0.356)
ln*ptransf* × 西部地区	-1.071**	(0.359)
ln*ptransf* × 东北地区	-0.230	(0.392)
常数项	-10.013**	(3.229)
N	375	
Within-R^2	0.565	

注：$*p<0.1$，$**p<0.05$，$***p<0.001$，分别表示在 0.1、0.05、0.001 的水平上显著；小括号内为标准误。

资料来源：笔者整理。

二　基本公共服务偏向对税收分成、转移支付的中介作用检验

仍然在普通最小二乘法逐步回归的基础上，进一步使用 Driscoll-Kraay 标准误和固定效应回归模型，结果如表6-7所示。模型（1）验证了基本公共服务偏向与基本公共服务差异度呈显著负向影响关系，说明一省的基本公共服务偏向越大，该省的基本公共服务均等化程度越高，假设 H3 得到验证。根据温忠麟、叶宝娟的中介效应检验流程，[①] 进一步验证基本公共服务偏向在税收分成与均等化之间是否具有中介效应：模型（2）展示了税收分成对基本公共服务差异度呈显著负向影响；模型（3）证明税收分成对基本公共服务偏向存在显著正向影响；模型（4）同时引入税收分成和基本公共服务偏向，发现基本公共服务偏向的系数变得不显著。使用 Bootstrap 检验法继续检验，抽样次数设定为1000，结果 bs_1

---

① 温忠麟、叶宝娟：《中介效应分析：方法和模型发展》，《心理科学进展》2014 年第 5 期。

（间接/中介效应）的置信区间（-0.1937541, 0.1447492）含有 0，认为中介效应不成立，因此假设 H4 未能得到验证，说明税收分成对基本公共服务均等化具有直接促进作用。

表 6-7　税收分成、基本公共服务偏向对基本公共服务均等化的影响效应

	(1) pubcv	(2) pubcv	(3) pbias	(4) pubcv
fdtax		-0.329** (0.150)	15.788** (4.318)	-0.304* (0.171)
pbias	-0.009** (0.004)			-0.002 (0.005)
常数项	0.342** (0.034)	0.451*** (0.075)	-1.995 (2.276)	0.448*** (0.073)
N	375	375	375	375
Within-R^2	0.017	0.034	0.396	0.034

注：$*p<0.1$、$**p<0.05$、$***p<0.001$，分别表示在 0.1、0.05、0.001 的水平上显著；小括号内为标准误。

资料来源：笔者整理。

继续采取分步回归的方法对转移支付的中介机制进行检验，使用固定效应和 Driscoll-Kraay 标准误进行修正，结果如表 6-8 所示。检验模型（2）展示了转移支付对基本公共服务差异度的显著负向影响效应；模型（3）证明转移支付对基本公共服务偏向具有显著正向影响；模型（4）同时引入上述两个变量，发现基本公共服务偏向的系数变得不显著。进一步使用 Bootstrap 检验法进行检验，抽样次数为 1000，结果 bs_1（间接/中介效应）的置信区间（-0.0224293, 0.0294416）含 0，认为中介效应不成立，假设 H7 也未能得到验证。因此，基本公共服务偏向虽然能够显著提升基本公共服务均等化程度，但是不构成转移支付和基本公共服务均等化之间的中介机制，转移支付对基本公共服务均等化具有直接影响效应。

表6-8 转移支付、基本公共服务偏向对基本公共服务均等化的影响效应

	(1) pubcv	(2) pubcv	(3) pbias	(4) pubcv
lnptransf		-0.009* (0.005)	2.086*** (0.475)	-0.047** (0.017)
pbias	-0.009** (0.004)			0.002 (0.006)
常数项	0.342** (0.034)	0.342*** (0.034)	-10.686** (3.740)	0.651*** (0.104)
N	375	375	375	375
Within-R^2	0.017	0.017	0.482	0.042

注：*$p<0.1$，**$p<0.05$，***$p<0.001$，分别表示在0.1、0.05、0.001的水平上显著；小括号内为标准误。

资料来源：笔者整理。

综上，税收分成和转移支付能够直接强化地方的基本公共服务偏向，并直接提升地方的基本公共服务均等化水平，证明了"蒂布特模型"和"利维坦模型"中的政府竞争机制在中国的适用性。而基本公共服务偏向在税收分成和转移支付与基本公共服务均等化的关系中并未产生中介作用，恰恰说明税收分成的增加，确实能够直接激励地方政府投入更多精力来平衡地方内部的基本公共服务差距，以争取更多居民认同与流动性税基。但值得注意的是，中国式财政分权并不以西方式联邦主义为前提，而是以"统一领导、分级管理"为前提的多级共享式分权，① 其成功之处在于，即便打破了联邦制下的绝对分权假设，依然能够有效发挥对公共服务供给的优化作用。这表明，中国式财政分权不仅合理把握了"蒂布特模型"等西方理论的应用边界，而且充分发挥了单一制下中央与地方的两个积极性这一中国制度优势。

---

① 李风华：《纵向分权与中国成就：一个多级所有的解释》，《政治学研究》2019年第4期。

第四节 本章小结

本章基于2007—2021年的省际面板数据，分析了中国式财政分权对地方政府基本公共服务均等化的影响效应，主要的研究假设均得到验证（见表6-9），形成如下结论。

第一，提高地方税收分成程度，将显著推进地方基本公共服务均等化的实现程度。分析结果表明，税收分成程度对地方基本公共服务均等化具有显著正向影响效应。这一结果颠覆了大部分研究对中国财政分权均等化效应的否定结论，证明了中国式财政分权的有效性，也进一步说明财政分权指标的正确选择对于研究结果的重要性。以往的研究之所以未能验证财政分权的正向效应，原因在于使用了错误的财政分权计算方式。此外，分析结果还显示，西部地区的税收分成均等化效应明显不如东部地区强烈，其他地区则与东部地区无显著差异，这一结果符合一般研究结论。

第二，提高中央对地方的转移支付规模，将显著推进地方基本公共服务均等化的实现程度。分析结果显示，转移支付对基本公共服务均等化具有显著正向影响效应，其他地区与东部地区相比不存在显著差异。由于转移支付数据无法剔除税收返还的部分，可以预见规范和严格的转移支付会取得良好的均等化效果。但是，转移支付与税收分成的均等化效应存在明显的替代关系，而在中部和东北地区，这一替代效应比东部地区更加显著。因此，不同地区的均等化实现机制有所不同，东部地区的均等化更加依赖税收分成，倾向"利维坦"偏好；西部地区的均等化更加依赖转移支付，存在"GDP"偏好；而对于中部和东北地区的均等化，则在税收分成与转移支付之间摇摆，更具有"蒂布特"偏好。

第三，强化地方政府的基本公共服务支出偏向，将有力促进地方的基本公共服务均等化程度。分析结果验证了基本公共服务偏向对基本公共服务均等化的显著正向影响效应，尽管税收分成程度的提升、中央转移支付规模的扩大都有助于扩大地方政府的基本公共服务偏向，基本公共服务偏向却不具备对税收分成、转移支付均等化效应的中介作用。但是这一结果进一步验证了，税收分成对基本公共服务均等化的直接激励效应，以及转移支付对基本公共服务均等化的直接均衡效应。

第四，不断提升经济发展水平将有助于地方基本公共服务均等化的实现，对外开放度的提升却会阻碍地方基本公共服务均等化的实现。这一结论在不同地区之间不存在显著区别，证明了地方自身的经济实力对于基本公共服务供给的重要性，经济发展水平较高的地区，能够用于推进公共服务均等化的财政投入资金就较为充足，反之则不然。而对外开放度的提升，可能加剧地方的经济发展导向而非民生服务导向；同时可能由于资源的集聚效应又加剧地区差距的扩大，因此有待上级政府强化统筹发展理念并加大对落后地区的扶持。至于其他因素对基本公共服务均等化的影响，尚未在本书中得到验证，有待持续讨论。

表 6-9　　　　　　　　　　假设验证结果

解释变量	理论假设	是否验证
税收分成	H1：某地区税收分成程度越高，该地区基本公共服务均等化程度越高	√
	H2：某地区税收分成程度越高，该地区基本公共服务偏向越大	√
	H3：某地区基本公共服务偏向越大，该地区基本公共服务均等化程度越高	√
	H4：基本公共服务支出偏向在税收分成对基本公共服务均等化的影响效应上具有中介作用	×
转移支付	H5：某地区中央转移支付规模越大，该地区的基本公共服务均等化程度越高	√
	H6：某地区中央转移支付规模越大，该地区地方基本公共服务偏向越大	√
	H7：基本公共服务支出偏向在转移支付对基本公共服务均等化的影响效应上具有中介作用	×
	H8：中央转移支付与税收分成在对基本公共服务均等化的正向影响效应上存在替代关系	√
经济竞争	H9：某地区 FDI 竞争程度越大，该地区的基本公共服务均等化程度越低	×

续表

解释变量	理论假设	是否验证
规模效应	H10：某地区的人口密度越大，该区域的基本公共服务均等化程度就越高	×
	H11：某地区的碎片化程度越高，该地区的基本公共服务均等化程度就越低	×
经济发展	H12：某地区的经济发展水平越高，该地区的基本公共服务均等化程度就越高	√
	H13：某地区对外开放度越高，该地区的基本公共服务均等化程度就越低	√
城乡发展	H14：某地区的城镇化水平越高，该地区的基本公共服务均等化程度就越高	×
	H15：某地区城乡收入差距越大，该地区的基本公共服务均等化程度就越低	×

资料来源：笔者整理。

第七章

推进基本公共服务均等化的财政分权体制构建

基本公共服务均等化的实现与财政分权体制密切相关。随着财政分权制度的不断完善，中国基本公共服务均等化的程度也在不断提升。实证结果表明，中国式财政分权显著提升了地方基本公共服务均等化的程度。但是，目前区域之间的非均等化问题仍然较为突出，而在以分税制改革为牵引的财政分权改革过程中，纵向不平衡的问题、政府间财权事权和支出责任划分问题，深刻制约了基本公共服务均等化的推进。尤其是经研究发现，转移支付与税收分成在均等化效应上存在明显的替代关系，并在不同地区形成了不尽一致的均等化影响机制。鉴于此，需要对现有财政体制机制做出相应优化，以激励和引导地方政府实现更高水平、更加均衡的基本公共服务供给格局。

第一节 中国式财政分权改革的价值目标

一 中国财政制度的大国治理功能

财政制度是对现代国家成长逻辑的体现，[①] 财政分权制度则是现代国家在政府间关系层面体现的治理逻辑。在计划经济时期，中国高度集权的财政制度发挥了"集中力量办大事"的制度优势，有效适应了中华人民共和国成立初期资源匮乏、经济羸弱的发展境况，有力保障了社会主

[①] 刘守刚：《西方国家成长的财政逻辑》，《财政科学》2021年第1期。

义工业化体系的完整建立，国家实力得到快速增强。在改革开放初期，高度分权的财政制度通过财力下放、分配下移迅速调动了地方积极性，符合社会主义市场经济体制以生产要素和资源配置为重点的效率优先原则，地方经济得以充分发展。到分税制时期，以收入集权、支出分权相结合的适度分权财政制度打破传统一刀切思路，创造性重塑了央地之间的关系，确保了中央和地方两个积极性的协调发挥，为构建起适应市场经济要求、相对规范稳定的公共财政体制奠定了基础。

进入新时代，以实现共同富裕为目标的高质量发展理念成为共识，要求建立以人民为中心、满足人民美好生活需求为导向的新型现代财政制度。党的十八届三中全会提出，财政是国家治理的基础和重要支柱。这是在国家治理现代化视域下对财政的全新定位，即财政并不仅限于调节政府与市场关系、提供公共服务和产品等一般功能，更是承担着推进国家治理现代化的制度保障这一重要功能，解决的是如何服务和保障国家发展的政治意图、战略部署和改革方向，理顺和规范国家与社会、政府与市场、中央与地方、人大与政府等重大关系，有效发挥中国特色社会主义的制度优势。[1]

当前的财政制度改革要求从"适应市场经济体制"转为"匹配国家治理体系"，必须建立现代财政制度。[2] 在国家治理视域下，现代财政制度一方面要遵循政治经济学理论的一般规律，即具有"公共性和区域性、内部性和外部性、市场化和行政化、透明度和非透明度"四个基本要素；另一方面又要回应中国式现代化道路的特殊要求，着力破解全面深化改革背景下面临的集权与分权、计划与市场、公平与效率、资本利益与民生保障之间的矛盾，[3] 为实现"以人民为中心"的国家治理逻辑服务。因此，财政制度的设计不仅仅是简单的经济与效率问题，更事关政治层面的国家治理目标与难题。作为公共领域中最为重大的分配制度，财政制度必

---

[1] 《人民要论：国家治理现代化视域下的大国财政》，2017年1月17日，人民网，http://theory.people.com.cn/n1/2017/0117/c40531-29027784.html。

[2] 高培勇：《论国家治理现代化框架下的财政基础理论建设》，《中国社会科学》2014年第12期。

[3] 张依群：《推进省以下财政体制改革与地方财政发展理论研究》，《财金观察》2022年第2辑。

须构建兼顾各方利益、平衡要素分配、促进协调发展的利益分配格局。

二 中国式财政分权改革的目标取向

财政分权作为财政制度的重要内容，事关国家基本职能如何在各层级政府间进行合理分工，并配以相对应的财力保障，简言之，就是事权和财权匹配的问题。如果只考虑治理效率，只需要遵循经济学的"分权定理"，即根据某一公共事务的外部性程度和规模经济程度来决定是中央集权控制还是地方政府分散控制。但是站在国家治理角度，公共事务的集权与分权并非简单的效率问题，还事关国家政治体制、政党结构、历史传统、地区认同等政治因素的影响。[①] 政治因素作为国家本身治理方式和治理逻辑，才是影响财政集权与分权的关键因素。因此，公共服务供给作为国家的重要职能之一，与之相关的财政分权需要充分考虑财力因素及其背后的政治合法性基础、政府行为以及供给机制，[②] 必须提升到制度、体制与机制建设的顶层设计层面（见图7-1）。[③]

第一，在制度层面，财政分权改革与整个国家的政治、经济、社会等基本制度相连结，其中政治制度居于核心地位，关涉经济社会发展方向。现代政府的本质属性是其人民性，其职能是间接地保障或者直接地促进经济发展及其稳定，提供公共服务，使人民安居乐业。[④] 当前，国家治理体系围绕"以人民为中心"的治理理念，在执政目标上兼顾经济发展和民生福祉，要求不断加快政府职能转变和优化政绩考核体系，由此满足人民对美好生活的公共需求。具体来说，在经济层面强调以共同富裕为导向的高质量发展，以政府的生产性公共服务为支撑；在社会层面强调公平正义的社会秩序，以政府的民生性公共服务为支撑；在政府层面，要构建分工合理、权责对等、激励相容的分权体制机制，以此降低

[①] Liesbet Hooghe, Gary Marks, "Does Efficiency Shape the Territorial Structure of Government?", *Annual Review of Political Science*, Vol. 12, 2009, pp. 225-241.

[②] 胡志平、李慧中：《公共服务均等化"财力之维"的逻辑挑战——兼论公共服务均等化的"三维"联动机制改革》，《探索与争鸣》2012年第11期。

[③] 王永军：《分权困境与制度因应：中国式财政分权反思与重构——兼论财力与事权相匹配财力之维的逻辑困境与多维联动》，《经济体制改革》2013年第6期。

[④] 侯一麟：《政府职能、事权事责与财权财力：1978年以来我国财政体制改革中财权事权划分的理论分析》，《公共行政评论》2009年第2期。

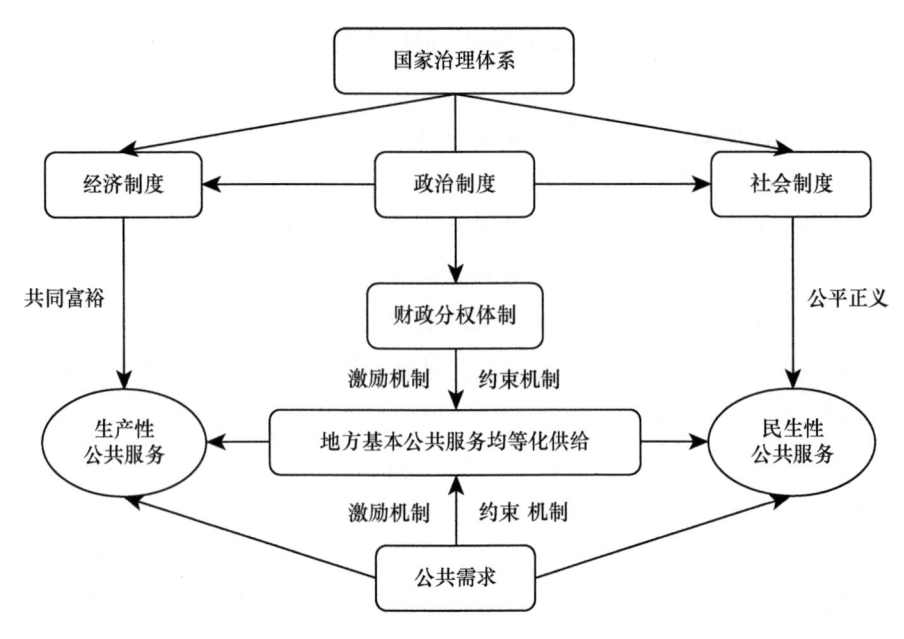

图 7-1　中国式财政分权的制度匹配与目标取向

资料来源：笔者自制。

地方政府的代理风险并提高治理效率。

第二，就体制而言，财政分权涉及事权、财权以及转移支付三大核心要素。其中，事权处于基础性和先导性地位，直接决定各级政府间的财权配置和转移支付规模。历史经验表明，财政体制改革必须符合不同发展阶段的要求，确立不同的改革重点和任务。当前的财政分权体制改革要求回应国家治理目标，构建起权责清晰、财力协调、区域均衡的中央和地方财政关系，形成稳定的各级政府事权、支出责任和财力相适应的制度，以充分发挥中央与地方两个积极性。其中，财政事权的划分是在明确界定政府与市场、政府与社会之间的界限后，就其提供公共服务和公共产品的财政事权与支出责任总量在纵向政府间的划分。[1] 因此，事权改革既需要政府职能的合理定位，又能反向促进政府职能转变。

第三，就机制而言，财政分权需要重点构建激励相容机制以引导和

---

[1] 庞明礼、薛金刚：《单向主导财政事权划分的悖论与化解：一个激励相容分析框架》，《北京行政学院学报》2017年第3期。

约束地方政府行为，最终发挥中央与地方两个积极性。激励相容机制在于降低地方政府工作人员的代理风险，为地方政府的竞争行为提供激励与约束框架，使其符合国家治理的总体目标。① 这既有赖于自上而下的政治晋升激励和正式制度约束，又有赖于自下而上的财政税收激励和公众监督约束。但是在制度设计中，不能过分依靠政治晋升等满足"参与约束"的手段，而应注重通过预算管理解决好信息不对称的问题，并建立起相应的协调机制和刚性的制度规则。②

第二节 推进基本公共服务均等化的财政分权体制困境

1994 年税制改革的主要特征是"分税、分征、分管"，搭建起统一规范的中央和地方财政分配关系框架，政府间财政关系的制度化水平明显提高，为实现经济快速发展和公共服务规模扩大提供了坚实的财力保障。但是分税制改革主要侧重于财权和收入划分的制度性安排，未能对事权和支出责任作出清晰划分，尤其是政府间共同的事权责任关系，而至于省以下政府间财政关系，中央仅在改革方向上提出了原则性要求。从大国治理的公共服务要求审视，当前的政府间事权和财权关系仍有一些不匹配之处，与人民对美好生活的需求和基本公共服务均等化等国家治理现代化的要求相比尚存在一定差距。

一 事权与事责的划分和匹配问题

"事权"在理论上是指处理事情的权力和责任，而在现行的相关政策文件中，"事权"更多强调的是责任，是"指一级政府在公共事务和服务中应承担的任务和职责"。③ 更简单地说，事权就是政府职能。④ 事权包

---

① 王燕：《基于激励相容的地方政府竞争行为分析》，《经济论坛》2015 年第 3 期。
② 郭小东：《我国财政国库管理体制中激励相容制度的合理安排》，《中山大学学报》（社会科学版）2005 年第 6 期。
③ 《法律的生命力在于实施——怎样推进严格执法》，2015 年 2 月 9 日，人民网，http://theory.people.com.cn/n/2015/0209/c40531-26531445.html。
④ 楼继伟：《完善转移支付制度 推进基本公共服务均等化》，《中国财政》2006 年第 3 期。

括决策权、支出权（执行权）和监督权。其中，监督权属于上级政府，不存在分配问题；决策权的分配根据公共事务的外部性确定；支出权的分配是核心，代表由哪一级政府负责财政支出——履行相关政府职能。① 在财政领域，事权即"财政事权"，是指"一级政府应承担的运用财政资金提供基本公共服务的任务和职责，支出责任是政府履行财政事权的支出义务和保障"。② 当前，政府间事权方面存在的最大问题在于"事权上握、事责下推"，③ 存在决策权与支出责任的不匹配，深刻影响了基本公共服务的供给能力。

第一，政府间决策权配置不优，制约公共服务供给效率。按照公共产品理论，公共产品供给的成本高，需要考虑外部性和规模经济效应。因此，公共服务的高效供给需要由不同层级、不同区域的政府来提供，一般是外部性强的公共服务由上级政府负责，而内部性强的公共服务由下级政府负责。但是，目前政府间部分事项的决策权分配未能突出政府的层级优势：一是各级政府"职责同构"，导致不同层级的事项划分不清、交叉重叠，甚至"上下一般粗"，难以发挥层级划分对公共服务的优化配置效应；二是上级政府"层层加码"，导致下级政府"变通执行"，政策效力大打折扣；三是上下级政府职责错配，既存在上级政府过度干涉下级政府决策的情况，又存在下级政府过度承担上级政府职责的情况，规模经济效应及信息不对称的影响，使治理效果并不理想。目前，基本公共服务领域中央与地方共同财政事权划分改革正在推进，但也并未触及更为复杂的省以下事权划分，改革成效尚待观察。

第二，地方政府支出责任过多，阻碍地方积极性的发挥。自 20 世纪 80 年代以来，地方政府的支出责任一直包括全部的养老金筹集、失业保险和社会福利项目、大部分的医疗教育投入及基础设施的公共投入，④ 这

---

① 吕冰洋：《央地关系：寓活力于秩序》，商务印书馆 2022 年版，第 50—52 页。
② 《国务院关于推进中央与地方财政事权和支出责任划分改革的指导意见》，2016 年 8 月 24 日，中国政府网，https://www.gov.cn/zhengce/content/2016-08/24/content_5101963.htm。
③ 侯一麟：《政府职能、事权事责与财权财力：1978 年以来我国财政体制改革中财权事权划分的理论分析》，《公共行政评论》2009 年第 2 期。
④ 西南财经大学财政税务学院课题组：《地方公共物品有效供给研究》，经济科学出版社 2012 年版，第 72—73 页。

一支出结构一直持续了近四十年。在近年来的公共财政预算中，中央本级支出占全国财政支出的比重在15%上下浮动，而经济合作与发展组织国家平均为46%，美国、英国和法国等发达国家甚至高于50%。[1] 直到2018年，中央才出台文件《基本公共服务领域中央与地方共同财政事权和支出责任划分改革方案》，为部分基本公共服务事项的财力保障制定了"国标"，适度强化了中央政府和省级政府的支出责任，但是由于涉及面太广，这一改革的推进难度相当大，地方政府的压力并不能在短期内得到有效缓解。前文的分析也表明，尽管中央和地方的支出责任正在逐步明晰，地方政府在基本公共服务领域的支出压力仍然较大。

第三，政府职能转变不到位，影响公共服务供给效用。近年来，中国采取了一系列措施推进政府职能转变，比如行政审批改革、"放管服"改革、鼓励民间力量参与公共服务供给、强化政府绩效考核等，但是政府"越位""错位""缺位"的现象仍然存在。这会导致政府责任过多、公共支出增多，公共服务供给反而数量不足、质量不高，难以满足人民对美好生活的需求。政府整体上的职责过大，是造成公共服务财力不足、基层政府压力过大的根本原因。

二 财权与财力的划分和匹配问题

财权即税权，是国家依法征税的权力，包括立法权、征管权和收益权。[2] 其中，立法权一般由代议机关拥有，没有太大争议；征管权属于行政权力，常出现各级政府事权与财权不匹配现象；收益权划分则是核心，涉及各级政府真正可以支配的收入规模。自分税制起，财政分权改革一直坚持"财权与事权相匹配"的原则。但是这属于"一刀切"的做法，由于受各级政府间事权划分不清、各地政府发展差距较大等客观条件限制，地方各级政府都通过财权来获得相应财力并不现实；[3] 同时，一些大税种具有外溢性，也必须由高层级政府来掌握，导致事权与财权无法完

---

[1] 樊继达：《匹配大国治理的政府间事权财权关系：沿革、挑战及优化》，《宁夏党校学报》2022年第1期。
[2] 吕冰洋：《央地关系：寓活力于秩序》，商务印书馆2022年版，第52—53页。
[3] 《明晰支出责任："财力与事权相匹配"的具体化》，2009年1月21日，刘尚希博客，https://liushangxi.blog.caixin.com/archives/560。

全匹配，属于正常现象。① 因此，党的十七大提出"财力与事权相匹配"的原则，更加符合实际和富有弹性。具体来说，"财力"是一级政府可支配的总财力，除了通过税权获得的自有财力，还包括上级政府的转移支付。当前影响基本公共服务均等化的关键问题在于，地方财力结构不尽合理，自有财力与转移支付需要进一步协调和平衡。

第一，地方财力结构不理想，制约地方政府的履职能力。实证研究表明，省级政府的税收分成程度显著提升了地方基本公共服务的支出规模和省以下的均等化程度，表明税收竞争能够产生正向激励效应。由于省级政府相对于中央政府更具有信息优势，更加了解本地实际情况和公众的需求偏好，因此更能发挥对所辖地区基本公共服务供给的宏观调控作用。尽管近年来地方政府的税收分成比重有所提高，但是并不具有稳定性，并且不同区域间差异较大，仍然存在上调空间。虽然存在大量的中央转移支付，能够有效充实地方财力并提升基本公共服务均等化水平，但是其与税收分成存在替代关系，并且在不同地区的影响效应存在差异，需要分地区与税收分成协调使用。此外，中国的专项转移支付占全部转移支付比重过大的情况并未得到实质性改善，而一般性转移支付实际在使用上也并不那么自由，因此转移支付可能因信息不对称产生资金错配的问题。

第二，转移支付功能不到位，削弱公共服务均等化效果。实证发现，包含税收返还在内的不严格的转移支出规模，有效促进了地方基本公共服务支出偏向并提升了省以下均等化程度，说明一般性转移支付和专项转移支付更加能够发挥均等化功能。相对于专项转移支付，一般性转移支付更具有可支配性，有助于发挥地方政府的信息优势。但是，中国各类转移支付的功能难以保障，与政府间事权划分关联不足。一是转移支付分类仍然模糊。近年来虽然专项转移支付比重得到压缩，但是只是简单地将旧有专项类移动到一般类，原有资金用途基本没有改变。二是一般性转移支付存在"专项化"倾向。为约束地方支出偏好，中央强化了对一般转移支付的使用规范，而部分省级政府为进一步强化资金管理，

---

① 侯一麟：《政府职能、事权事责与财权财力：1978 年以来我国财政体制改革中财权事权划分的理论分析》，《公共行政评论》2009 年第 2 期。

过度细化了一般性转移支付的使用方向，导致此类转移支付弥补政府间财力差距的功能难以实现。三是专项转移支付存在"一般化"变异，专项转移资金往往须经历层层申报、下达和监督，容易因层级过多导致信息失真；并且专项转移支付项目繁多，进一步加大了管理难度，难免出现"预算软约束"、"跑部钱进"、资金错配等问题。

第三，地方税种结构不合理，扭曲公共服务供给结构。根据受益性原则，不同税种的激励效果存在很大差异。一般来说，房产税、个人所得税和一般消费税等受益性税种会激励地方政府为保护税基而积极改善公共服务，而增值税、企业所得税等生产性税基则容易激励地方政府发展经济而疏于民生投入。当前中国的地方税结构不尽合理，一是增值税、企业所得税等生产性税基为共享税，容易加剧地方的行为偏向和恶性竞争；二是个人所得税等受益性税基为共享税，而消费税又完全属于中央税，降低了地方政府的公共服务动机；三是地方税种有待开发，过度依赖土地财政和债务扩张，深刻制约了地方政府的自有财力。从长远来看，当前的地方税种结构扭曲了资源配置方向，导致生产性公共服务偏向，并不利于公共服务供给的高质量发展和均等化格局。

三 对地方政府的激励和约束问题

第一，缺乏自下而上的约束机制，制约民生公共服务发展。财政分权理论认为，财政分权有助于促进公共产品成本收益均衡以及公共资源最优配置。一是因为地方政府具有了解民众偏好的信息优势；二是因为地方居民能够借助"用手投票"与"用脚投票"的双重机制约束地方政府。但是站在国家治理角度，财政是治国之本，围绕财政产生的利益分化与整合并不只是一个财政问题，具体来说，各方利益纠结主要源于中国的政绩考核机制和干部晋升机制。[①] 尽管近年来中央通过公众满意度测评强化了对地方政府自下而上的约束机制，但是从总体来看，中国式财政分权仍然更加倚重政治激励和正式制度约束，前述实证结果就证明了当前的公共需求未能显著推进基本公共服务均等化的实现，由此容易导

---

① 王广庆、侯一麟、王有强：《中国转移支付制度规范过程中的利益分化与整合——新制度经济学视角下对中国转移支付演变的一个解释》，《财贸研究》2011年第4期。

致地方政府在重压之下采取变通行为，出现支出偏向、形象工程等问题。

第二，缺乏有效的外部监督机制，弱化了正式制度的约束效力。有效的外部监督机制要求强化预算制度的硬约束、完善立法机关和司法机关的监督功能、保障社会组织和群众的监督权利，以矫正"用手投票"与"用脚投票"不足所导致的地方政府行为异化。但是，当前预算制度的预算收支范围、信息公开力度、预算绩效管理等多个方面仍然有待完善；立法机关对政府公共服务的监督力度不够、司法机关的介入程度较低、社会监督保障不足等，导致地方政府在公共服务提供中缺乏有效的外部约束。

第三节　推进基本公共服务均等化的财政分权体制策略

历史经验表明，财政分权改革必须符合国家的政治架构，匹配不同发展阶段的国家治理目标，确立不同的改革重点和任务。根据中国式财政分权的逻辑，当前的财政分权改革要求从"适应市场经济体制"转为"匹配国家治理体系"，[①] 同时兼顾分权与制衡两个原则，构建起权责清晰、财力协调、区域均衡的中央和地方财政关系，应在分税制的基础上，形成稳定的各级政府事权、支出责任和财力相适应的制度，以充分发挥中央与地方两个积极性。鉴于财政分权改革的复杂性，必须将其提升到制度、体制与机制建设的顶层设计层面。[②]

一　构建"哑铃式"事权格局，强化协同治理机制

第一，落实顶层制度设计，形成"哑铃式"事权划分格局。[③] 2014年10月，党的十八届四中全会通过的《中共中央关于全面推进依法治国若干重大问题的决定》确立了政府间事权划分改革的顶层设计框架，提

[①] 高培勇：《论国家治理现代化框架下的财政基础理论建设》，《中国社会科学》2014年第12期。

[②] 王永军：《分权困境与制度因应：中国式财政分权反思与重构——兼论财力与事权相匹配财力之维的逻辑困境与多维联动》，《经济体制改革》2013年第6期。

[③] 吕冰洋：《央地关系：寓活力于秩序》，商务印书馆2022年版，第319—321页。

出要以法律制度为抓手,"强化中央政府宏观管理、制度设定职责和必要的执法权,强化省级政府统筹推进区域内基本公共服务均等化职责,强化市县政府执行职责",由此明确了不同层级政府的事权重点,形成"强国—虚省—实县市"[①]的"哑铃式"分权结构。这一设计有效兼顾了分权与制衡两大原则,以实现治理效率与政治稳定的双重目标:一是考虑了信息优势、外部性和经济规模等对公共服务优化配置的影响;二是考虑了对不同层级政府的有效制衡。由于市县政府直接面向基层、更容易受当地居民制约,应以执行权为主;省级政府规模较大、动员能力远大于县级政府,更多受中央制约,应以监督权为主;中央政府拥有最高权威、统领全局,应以决策权和监督权为主。

第二,坚持权责对等原则,优化支出责任的层级划分。目前中国的支出结构呈现出上小下大的金字塔结构,绝大部分支出责任落在地方尤其是省以下政府层级,与"哑铃式"的理想分权结构并不匹配,需要根据权责对等的原则,调整优化不同层级政府的支出责任:一是适当扩大加强中央在生态环保、污染防治等全国性公共服务领域的事权和支出责任,减少对基础设施建设等地方性公共服务的事权和支出责任;二是强化省级政府在地方公共服务的统筹协调能力,适度上移部分区域性较强的公共服务事权与支出责任,并强化对部分基层性公共服务的决策授权与绩效监督;三是针对共同公共服务事项,根据受益性原则合理确定各级政府的分担比例,形成多级政府优势互补、合作共赢的局面。

第三,调整省以下治理结构,实现公共服务均衡供给。研究表明,碎片化程度不太显著地降低了基本公共服务的非均等化程度,意味着省级政府直接管辖的下级政府数量可以适度增加,在不影响公共服务规模供给和省政府治理难度的前提下,适度增强省以下政府的良性竞争效应。因此,优化省以下治理结构是实现公共服务均等化的必要条件。一是要合理调整省以下行政区划,在可能的情况下,适度增加地级市数量。一方面有助于提升基层政府的资源统筹能力、适度增强省以下良性竞争效应,另一方面能够使基层公共服务供给更具整合性和规模经济。二是深入推进省以下合作治理,形成地方之间的互惠共赢机制,以缓解分权体

---

① 郑毅:《聚焦事权改革 重构央地关系》,《民主与法制时报》2014年11月24日第9版。

制下的地方不良竞争,为公共服务规模供给和结构优化奠定基础。三是强化政府间沟通协作机制,充分反映各方诉求与期望,增进相互之间的理解与信任并取得最大共识,以降低委托代理风险。

第四,加快转变政府职能,优化公共服务供给格局。推进事权改革的前提,是要合理划定政府的总体职能边界,需要厘清政府与市场、社会之间的关系,充分发挥市场和社会力量,实现政府间事权划分与公共服务多元供给的有效衔接,因此要继续加快推进政府职能转型,注重在横向水平上向市场和社会赋权。一是持续推进"放管服"改革,优化基本公共服务清单、提升基本公共服务水平;二是大力推进政府购买服务,培育和引导市场、社会组织补充提供公共服务;三是探索公共服务合作生产,提升公众参与程度、实现价值共创。

二 调整地方财力结构,创设平衡激励机制

第一,落实财力与支出责任匹配原则,强化税收激励效应。为解决基层财力困境,需要确保地方自有财力稳步增长,赋予地方尤其是基层政府与其所承担的支出责任相适应的、具有增长潜力的收入。一是逐步增加地方的税收分成比重,激励地方政府在自有财力范围内有效增加公共服务规模并减少地方差距,同时减少非税收入以及预算外收入等违规行为。实证结果表明,税收分成对基本公共服务差异度的抑制效应存在地区差异,尤其是要继续强化税收分成对东部地区、中部地区和东北地区的均等化作用。二是完善地方税收体系,逐步减少共享税,将增值税、企业所得税等生产性税种划为中央税,以避免不良竞争,规模较大的个人所得税等收益性税种划为省级税,其他零散税种则划为市县级税,以兼顾征管效率、受益性和良性竞争。

第二,建立地方财力分类调整机制,实现税收分成与转移支付联动效应。转移支付在实现均等化功能的同时存在逆向激励的效率损失,需要在均衡与效率之间做出选择。实证结果表明,转移支付会对税收分成的均等化效应产生替代作用,并且存在地区差异,因此需要分地区采取不同的税收分成与转移支付策略。一是优化整合转移支付类目,进一步清理和压缩专项转移支付项目,提高一般性转移支付比重,明确不同类型专项支付的功能目标;二是分地区调节税收分成和转移支付在地方财

力中的比重，形成税收分成与转移支付的联动配合和精准施策。由于东部地区更加贴近"利维坦"政府，需要强化民生政绩考核、目标管理等政治约束以规制税收的不良激励效应；对于中部和东北地区的"蒂布特"政府，应进一步提升转移支付使用的针对性，同时以需求满足为主的政治激励维持并强化其公共服务偏好；对于西部地区这类"GDP"政府，则应持续加大民生专项转移支付力度，并强化转移支付的规范使用，同时注重政治激励和政治约束的双管齐下。

第三，坚持推进经济高质量发展，缩减地方财力差距。尽管外商投资导向的"政治锦标赛"效应未能得到证实，人均实际GDP却对省以下基本公共服务均等化水平显示出显著正向影响。那么面对基层财力窘境的状况，从根本上仍然需要持续推动地方经济发展以夯实地方财政实力，激励其在收入范围内努力优化辖区内公共服务。同时，一省的对外开放度对省以下基本公共服务均等化存在显著负向影响，说明开放度越高的地区可能越重视经济发展而非民生服务，需要强化此类地区地方政府对公共服务均等化的重视程度与投入力度。

三 完善相关配套制度，改进监督约束机制

第一，严格预算约束制度。预算软约束的存在是影响公共服务供给水平的重要原因之一。一是要严格预算纪律和推行绩效预算，通过预算硬约束规范地方政府的财政行为，减少地方政府的不当支出；二是可以探索建立绩效奖励机制，以公共服务水平和均等化效果为依据增加地方政府的税收分成比重或是扩大转移支付规模；三是要进一步提升预算信息的公开透明度，以确保各级政府财政收支行为的公开化和法治化，使财政支出真正落到实处，提高公共服务供给效率和水平。

第二，完善外部监督机制。为强化公共服务资金使用效率，应汇集人大、司法、审计、纪检等多方力量对公共服务支出绩效展开常态化评估，探索建立公共服务资金使用的第三方绩效审计制度。同时，以政府外包、PPP、BOT、EOD为代表的公共服务合作供给方式日趋普遍，因此，除了对承担公共服务的传统行政机构与事业单位进行绩效监督，还应全面推进政府购买服务的绩效审计评估，强化政府的合同管理能力和风险化解能力。

第三，提升公共服务考核权重。随着公民权利意识的觉醒以及当前政绩考核中加大了对基本公共服务指标的重视程度，地方政府日益重视对公众需求的回应，但是"向下负责"的有效约束机制依然不足。建议要继续强化公共服务导向的政绩考核权重，根据不同地方政府偏好设计差异化的考核指标，以构建经济发展与民生福祉并重的绩效考核体系和政治激励机制；同时加快推进户籍制度改革，打破流动人口社会融合的制度性障碍，以此强化居民"用脚投票"的偏好表达机制；此外，完善公众评价机制，将公众满意度和获得感等主观评价指标纳入考核体系，以此强化自下而上的监督约束机制。

第四节　本章小结

近年来，国家财税体制改革不断推进，财政分权改革作为其中的重要内容，日益发挥出大国的治理功能。在国家治理视域下，财政分权制度改革需要兼顾效率与制衡的双重原则以满足人民需求和实现政治稳定。本章明确了财政分权的治理目标，基于中国式财政分权体制和基本公共服务均等化的实际情况，结合中国式财政分权对基本公共服务均等化影响的计量分析结果，剖析了中国式财政分权体制存在的困境与问题，设计了相应的事权、财力与配套制度的改革方向和策略。

第一，事权划分的问题与解决。与财政分权相关的事权划分，是推进财政分权体制改革的基础。中国当前的政府间事权分配结构存在政府间职能定位不明确、划分不合理、权责不匹配的现象，主要表现为政府间决策权配置不优、地方政府支出责任过多、政府职能转变不到位等问题。未来需要同步推进政府职能转变，按照顶层制度的设计方向，通过正式制度确立和规范政府间事权关系，逐步形成"哑铃式"事权划分格局，强化中央政府的统合能力与基层政府的执行能力，强化省级政府的中观调控能力和均等化职责，适度拓宽基层政府的决策空间，以形成重点突出、权责对等、制衡有效的政府间事权关系。此外，要进一步优化省以下治理结构，实现公共服务规模经济与均衡配置的统一协调。

第二，财力分配的问题与解决。当前地方财力结构不尽合理，深刻影响了基本公共服务均等化的推进，主要体现为地方自有财力不足、转移支付功能不到位、地方税种体系不完善等问题，需要按照财力与支出责任匹配原则，提升地方财力水平。但是税收分成和转移支付在均等化效应上存在不同的作用机制，税收分成作为自有财力能够通过政府良性竞争发挥对公共服务的正向激励效应，转移支付作为补充财力通过财力均衡发挥其均等化效应，并与税收分成存在替代关系，因此需要构建自有财力和转移支付的协调统筹机制，分地区合理安排自有财力和转移支付的配比。一方面优化地方税种类型和层级划分，另一方面要完善转移支付分类体系，实现不同类型转移支付的精准投入。此外，要坚持推进经济高质量发展，为地方财力提供根本保障。

第三，配套制度的问题。中国式财政分权模式不同于西方的财政分权模式，"用脚投票"机制受限、"政治晋升"机制明显的特征导致了对地方政府行为的激励相容机制并不完善。一是过度依赖自上而下的激励约束机制，二是缺乏有效的外部监督机制和公众约束机制，导致地方政府"唯上不唯下"的行为偏向。为此需要进一步严格落实预算制度的各个环节，形成"预算硬约束"机制；通过发挥立法、司法、审计和监察等多方的监督力量，形成较为完善的外部监督机制；此外，还应继续提升公共服务考核权重，强化公众评价机制以形塑地方政府的向下负责行为，不断提供符合公众需求的高质量公共服务。

第 八 章

结论与展望

第一节 研究结论

本书从中国式财政分权的实践出发，对基本公共服务均等化的财政分权体制展开研究，聚焦分税制三十年来中国式财政分权与公共服务均等化的关系进行实证探讨。本书在批判性借鉴国内外财政分权与公共服务供给的相关研究成果基础上，提出了中国式财政分权与基本公共服务均等化关系的理论框架与相应的研究假设；剖析了中国财政分权体制的改革进程与基本公共服务均等化的政策变迁轨迹，运用1994—2021年的省际面板数据、2004—2021年的地级市面板数据对基本公共服务均等化状况进行评估；建立了税收分成、转移支付影响基本公共服务均等化的计量经济模型，并运用2007—2021年的省际面板数据进行经验验证；最后提出了推进基本公共服务均等化的财政分权体制构建路径。本书的研究结论如下。

第一，在对财政分权与公共服务供给关系的文献回顾与理论探讨的基础上，提出了包括制度因素、供求因素、经济因素与社会因素在内的，旨在考察中国式财政分权与基本公共服务均等化关系的理论框架。其中，制度因素包括中国式财政分权（税收分成、转移支付）、"增长锦标赛"（FDI竞争度）；供求因素主要考虑规模经济，包括人口密度、治理碎片化程度；经济因素主要是经济发展水平，包括人均实际GDP和对外开放度；社会因素主要考虑城乡发展，包括城镇化水平和城乡收入差距。经过实证检验和经验分析后，形成包括税收分成、转移支付、经济发展因素在内的基本公共服务均等化影响机制模型。

第二，通过对中国财政分权体制发展历程进行系统分析，总结概括出中国式财政分权的体制框架、核心要素，重点关注了财政分权体制与公共服务均等化的逻辑关系。中国财政分权体制经历了高度集权、高度分权和适度分权三个阶段，最终形成了以分税制为基础，以收入集权、支出分权和转移支付为内容的财政分权体制。其最大的制度特征在于纵向不平衡，关键要素是税收分成和转移支付，而支出方面一直存在事权划分不清、责任过度下沉的问题，深刻制约了公共服务均等化的实现。未来的制度构建方向是兼顾分权与制衡，在保持财政集权的前提下，对事权与支出责任的划分做出优化调整。

第三，通过对基本公共服务均等化的政策变迁和政策效果进行全面评估，厘清了基本公共服务均等化的政策内涵、指标选择，掌握了基本公共服务均等化的实际状况与现存问题。研究发现，尽管当前中央与地方间的财权、事权和支出责任划分逐步清晰，但是地方政府支出压力过大仍未缓解，并且省以下财政分权改革需要加速推进。在现阶段，省际层面的基本公共服务投入均等化状况和地级市层面的基本公共服务产出均等化状况均得到显著改善，实现地方财政投入的均衡配置有助于实现各省份内部的基本公共服务均衡配置。但是，东部和西部地区的非均等化状况仍然制约着全国总体均等化水平的提高，尤其是东部地区各省份在基本生存服务支出和基本环境服务支出上存在高度变异。

第四，对税收分成、转移支付与基本公共服务均等化的计量分析表明，税收分成程度的提高，将正向促进地方的基本公共服务支出偏向和均等化水平，政府经济竞争却没有显著影响，说明地方政府总体上已经从"为增长而竞争"转向"为福利而竞争"，中国的财政分权制度是成功的。同时，转移支付也存在均等化效应，对税收分成的均等化效应具有替代作用。这一替代效应在中部和东北地区要显著强于东部地区，西部地区则并不存在显著差异，进一步表明了东部地区政府的"利维坦"偏好、西部地区政府的"GDP"偏好，以及中部和东北地区政府的"蒂布特"偏好，中国的财政分权制度仍需进一步完善。

第五，本书还检验了其他因素对基本公共服务均等化的影响，只发现经济发展水平和对外开放度存在显著影响效应。结果表明，人均实际GDP水平将显著推动地方基本公共服务均等化程度的实现，说明经济发展对于基本公共服务供给至关重要，能够确保公共服务均等化的财政投入。但是，对外开放度对均等化具有抑制作用，原因在于对外开放度的提升可能会加剧地方的生产性服务导向而非民生性服务导向，由此导致基本公共服务的非均等化，未来应持续加大对民生服务的供给。

第六，基于前文的理论分析和经验研究，提出了面向基本公共服务均等化的财政分权体制构建路径。在价值目标上，财政分权制度需要匹配大国治理的要求，兼顾分权与制衡两个原则。既要提升公共服务效率，更要强化对地方的激励约束。面对当前存在的事权和支出责任划分不清、事权与财力不匹配、激励相容等困境，需要形成向事权、向中央与市县集中的"哑铃式"治理结构，同时优化省以下治理结构；构建转移支付与税收分成统筹协调机制，分地区精准施策以实现财政激励与地区平衡的有机融合；最后要通过多元化的监督约束机制，不断强化地方政府的公共服务动机。

总的来说，分税制是当前中国财政分权体制的基本制度框架，已经在不断改革和完善的过程中平稳运行三十年。尽管分税制还存在一些有待改进的地方，但是三十年来，分税制为中国构建现代化的公共财政体制和公共服务体系奠定了重要基础，为推进全国基本公共服务均等化发挥了重要作用，也为下一步改革留下了可供借鉴的宝贵经验，即坚持党中央集中统一领导，继续发挥中央财政的宏观调控作用和在全国财政中的主导作用；坚持中央与地方两个积极性原则，不断完善和创新制度设计以推动地方政府职能转变和积极性发挥；坚持在中国国家治理现代化视域下推动财政分权改革，从中国基本国情出发，着眼大局和国家长远利益，与时俱进、兼容并包、稳妥推进改革创新。

第二节　研究不足与展望

受研究精力和数据限制，本书的实证分析存在以下缺陷和不完整之处。

第一，仅检验了中央与地方的财政分权对各省基本公共服务均等化的影响效应，未能观测各省省以下财政分权对基本公共服务均等化的影响效应。这主要是因为省以下的财政分权模式存在较大的地区差异，尤其是相关财政数据在收集上存在困难，全国地市县财政数据缺乏 2009 年以后的公开渠道，加上省以下行政区划调整相对频繁以及数据统计口径的变化，使数据收集工作变得异常艰难。尽管本书仅对省际层面的基本公共服务均等化状况及其财政分权影响效应进行了实证检验，但是在数据整理上也耗费了大量精力。因此，本书需要在更多数据可获取之后做进一步的深化，从而用最全面的实证结论为财政分权体制的研究和实践提供支持。

第二，本书重点在于探讨中国式财政分权和基本公共服务均等化的概念内涵、指标构建，以及应用其进行中国财政分权体制研究的分析框架，对于实证分析结果的探讨和解释还存在盲点。例如为什么公共服务偏向不构成税收分成和转移支付与公共服务均等化之间的中介变量？为什么不同地区的财政分权影响机制存在差异？造成不同地方政府行为偏向差异的深层次原因是什么？未来的研究应该尝试去阐释这些问题背后的原因，从而为中国的财政分权体制改革提供更加具体翔实的政策建议。

第三，由于篇幅和主旨所限，本书中暗含的一些研究问题未能得到很好的回答，都有待后续进一步的研究。比如，未能使用不同的财政分权测量指标进行对比研究。本书严格按照正确逻辑使用了税收分成的测量指标，验证了中国式财政分权存在的正向财政激励效应。尽管使用了不同的回归分析方法和缩尾处理对数据进行重复观测，相关估计结果没有显著变化，但是仍然有必要使用以往常用的地方财政收支占全国或中央财政收支的分权计算指标进行对比验证，以增强结论的稳健性。再如，如果从城乡差距面向、人群差距面向考虑基本公共服务均等化的实证评估，各地区的基本公共服务均等化趋势会出现什么样的变化？如果未来开展基本公共服务均等化的主观感知调查，从基本公共服务需求侧入手来评估基本公共服务均等化，是否会得出不同的研究结论？对于不同均等化程度、不同行为偏好的地方政府，税收分成与转移支付之间的协调机制应该如何构建？等等，这些问题都是未来需要展开深入研究之处。

参考文献

一 中文文献

安体富、任强：《公共服务均等化：理论、问题与对策》，《财贸经济》2007年第8期。

安体富、任强：《中国公共服务均等化水平指标体系的构建——基于地区差别视角的量化分析》，《财贸经济》2008年第6期。

安体富、任强：《中国省际基本公共服务均等化水平的变化趋势：2000年至2010年》，《财政监督》2012年第15期。

白晨：《转移还是消化：省级政府基本公共服务筹资策略及其效果分析——来自医疗救助服务的证据》，《中国软科学》2020年第1期。

曹静晖：《基本公共服务均等化的制度障碍及实现路径》，《华中科技大学学报》（社会科学版）2011年第1期。

曹胜：《制度与行为关系：理论差异与交流整合——新制度主义诸流派的比较研究》，《中共天津市委党校学报》2009年第4期。

曹正汉：《中国的集权与分权："风险论"与历史证据》，《社会》2017年第3期。

常修泽：《中国现阶段基本公共服务均等化研究》，《中共天津市委党校学报》2007年第2期。

陈昌盛、蔡跃洲：《中国政府公共服务：基本价值取向与综合绩效评估》，《财政研究》2007年第6期。

陈海威：《中国基本公共服务体系研究》，《科学社会主义》2007年第3期。

陈硕：《分税制改革、地方财政自主权与公共品供给》，《经济学》（季刊）2010 年第 4 期。

陈硕、高琳：《央地关系：财政分权度量及作用机制再评估》，《管理世界》2012 年第 6 期。

陈思霞、卢盛峰：《分权增加了民生性财政支出吗？——来自中国"省直管县"的自然实验》，《经济学》（季刊）2014 年第 4 期。

陈毅：《澄清与再审视：公共服务均等化对政府提出的挑战及其回应》，《行政论坛》2014 年第 6 期。

陈钊、徐彤：《走向"为和谐而竞争"：晋升锦标赛下的中央和地方治理模式变迁》，《世界经济》2011 年第 9 期。

陈振明等：《公共服务导论》，北京大学出版社 2011 年版。

代志新、程鹏、高宏宇：《税收竞争、分成激励与政府偏好——兼论均等化转移支付的作用》，《经济理论与经济管理》2023 年第 2 期。

丁元竹：《对政府购买医疗保险领域公共服务制度安排的思考》，《中国机构改革与管理》2016 年第 4 期。

杜万松：《公共产品、公共服务：关系与差异》，《中共中央党校学报》2011 年第 6 期。

段晓红：《促进公共服务均等化：均衡性转移支付抑或专项性一般转移支付——基于民族地区的实证分析》，《中南民族大学学报》（人文社会科学版）2016 年第 4 期。

樊继达：《匹配大国治理的政府间事权财权关系：沿革、挑战及优化》，《宁夏党校学报》2022 年第 1 期。

樊勇：《财政分权度的衡量方法研究——兼议中国财政分权水平》，《当代财经》2006 年第 10 期。

范柏乃、唐磊蕾：《基本公共服务均等化运行机制、政策效应与制度重构》，《软科学》2021 年第 8 期。

范逢春：《建国以来基本公共服务均等化政策的回顾与反思：基于文本分析的视角》，《上海行政学院学报》2016 年第 1 期。

范逢春、谭淋丹：《城乡基本公共服务均等化制度绩效测量：基于分省面板数据的实证分析》，《上海行政学院学报》2018 年第 1 期。

范子英、张军：《粘纸效应：对地方政府规模膨胀的一种解释》，《中国工业经济》2010 年第 12 期。

傅小随、吴晓琪：《构建基本公共服务均等化双轨评价体系——以深圳市为例》，《国家行政学院学报》2012年第3期。

傅勇、张晏：《中国式分权与财政支出结构偏向：为增长而竞争的代价》，《管理世界》2007年第3期。

高琳：《分权与民生：财政自主权影响公共服务满意度的经验研究》，《经济研究》2012年第7期。

高培勇：《公共财政：概念界说与演变脉络——兼论中国财政改革30年的基本轨迹》，《经济研究》2008年第12期。

高培勇：《论国家治理现代化框架下的财政基础理论建设》，《中国社会科学》2014年第12期。

龚锋、卢洪友：《财政分权与地方公共服务配置效率——基于义务教育和医疗卫生服务的实证研究》，《经济评论》2013年第1期。

郭小聪、代凯：《国内近五年基本公共服务均等化研究：综述与评估》，《中国人民大学学报》2013年第1期。

郭小聪、刘述良：《中国基本公共服务均等化：困境与出路》，《中山大学学报》（社会科学版）2010年第5期。

郭小东：《我国财政国库管理体制中激励相容制度的合理安排》，《中山大学学报》（社会科学版）2005年第6期。

郭雨晖、汤志伟、赵迪：《基本公共服务均等化的评估与研判：区域补偿和质量提升下的动态演进》，《公共管理评论》2020年第4期。

郝春虹等：《分好"财政蛋糕"：对转移支付财力均等化效应和效率的考察》，《中国工业经济》2021年第12期。

何华兵：《基本公共服务均等化满意度测评体系的建构与应用》，《中国行政管理》2012年第11期。

何艳玲、李妮：《为创新而竞争：一种新的地方政府竞争机制》，《武汉大学学报》（哲学社会科学版）2017年第1期。

和立道：《城乡基本公共服务均等化：政策固化与突破》，《云南财经大学学报》2012年第6期。

和立道、李妍：《城乡公共服务均等化影响因素及其路径选择》，《云南师范大学学报》（哲学社会科学版）2012年第6期。

侯一麟：《政府职能、事权事责与财权财力：1978年以来我国财政体制改革中财权事权划分的理论分析》,《公共行政评论》2009 年第 2 期。

胡鞍钢、王洪川、周绍杰:《国家"十一五"时期公共服务发展评估》,《中国行政管理》2013 年第 4 期。

胡斌、毛艳华:《转移支付改革对基本公共服务均等化的影响》,《经济学家》2018 年第 3 期。

胡洪曙、亓寿伟:《政府间转移支付的公共服务均等化效果研究——一个空间溢出效应的分析框架》,《经济管理》2015 年第 10 期。

胡书东:《政府规模和财政分权、集权的适宜度》,《改革》2002 年第 1 期。

胡玉杰、彭徽:《财政分权、晋升激励与农村医疗卫生公共服务供给——基于我国省际面板数据的实证研究》,《当代财经》2019 年第 4 期。

胡志平、李慧中:《公共服务均等化"财力之维"的逻辑挑战——兼论公共服务均等化的"三维"联动机制改革》,《探索与争鸣》2012 年第 11 期。

黄小平、方齐云:《中国财政对医疗卫生支持的区域差异——基于泰尔指数的角度》,《财政研究》2008 年第 4 期。

基本公共服务均等化研究课题组:《让人人平等享受基本公共服务——我国基本公共服务均等化研究》,中国社会科学出版社 2011 年版。

吉富星、鲍曙光:《中国式财政分权、转移支付体系与基本公共服务均等化》,《中国软科学》2019 年第 12 期。

贾康:《论中国省以下财政体制改革的深化》,《地方财政研究》2022 年第 9 期。

贾康、吴园林:《复合单一制下的财政分权格局——对当代中国隐性财政宪法的考察与展望》,《学术界》2020 年第 6 期。

姜晓萍、陈朝兵:《公共服务的理论认知与中国语境》,《政治学研究》2018 年第 6 期。

姜晓萍、康健:《实现程度:基本公共服务均等化评价的新视角与指标构建》,《中国行政管理》2020 年第 10 期。

姜晓萍、吴宝家:《人民至上:党的十八大以来我国完善基本公共服务的历程、成就与经验》,《管理世界》2022 年第 10 期。

金人庆:《完善公共财政制度 逐步实现基本公共服务均等化》,《求是》

2006年第22期。

李德国、陈振明：《高质量公共服务体系：基本内涵、实践瓶颈与构建策略》，《中国高校社会科学》2020年第3期。

李风华：《纵向分权与中国成就：一个多级所有的解释》，《政治学研究》2019年第4期。

李俊清、付秋梅：《在公共服务中感知国家——论铸牢中华民族共同体意识的公共服务路径》，《公共管理与政策评论》2022年第3期。

李齐云、刘小勇：《财政分权、转移支付与地区公共卫生服务均等化实证研究》，《山东大学学报》（哲学社会科学版）2010年第5期。

李晓梅、青鑫、郑冰鑫：《基本公共服务均等化视角下空间治理情境变动及策略研究》，《软科学》2021年第11期。

李永友、王超：《集权式财政改革能够缩小城乡差距吗？——基于"乡财县管"准自然实验的证据》，《管理世界》2020年第4期。

李永友：《转移支付与地方政府间财政竞争》，《中国社会科学》2015年第10期。

梁朋、康珂：《基本公共教育均等化：基于财政预算投入的测量与评价》，《中共中央党校学报》2013年第6期。

刘成奎、龚萍：《财政分权、地方政府城市偏向与城乡基本公共服务均等化》，《广东财经大学学报》2014年第4期。

刘成奎、齐兴辉、王宙翔：《统筹城乡综合配套改革促进了民生性公共服务城乡均等化水平的提高吗——来自重庆市的经验证据》，《财贸研究》2018年第11期。

刘得明、龙立荣：《国外社会比较理论新进展及其启示——兼谈对公平理论研究的影响》，《华中科技大学学报》（社会科学版）2008年第5期。

刘明德：《基本公共服务均等化辨析》，《上海行政学院学报》2017年第4期。

刘尚希：《分税制的是与非》，《经济研究参考》2012年第7期。

刘尚希：《基本公共服务均等化：现实要求和政策路径》，《浙江经济》2007年第13期。

刘尚希、杨元杰、张洵：《基本公共服务均等化与公共财政制度》，《经济研究参考》2008年第40期。

刘守刚：《西方国家成长的财政逻辑》，《财政科学》2021年第1期。

刘小勇、李齐云：《省及省以下财政分权与区域公共卫生服务供给——基于面板分位数回归的实证研究》，《财经论丛》2015年第4期。

刘晓明：《财政分权、财政纵向失衡与共同富裕研究》，《生产力研究》2023年第5期。

刘续棵：《对测量不平等的泰尔指数和基尼系数比较》，《经济研究导刊》2014年第7期。

楼继伟：《深化事权与支出责任改革 推进国家治理体系和治理能力现代化》，《财政研究》2018年第1期。

楼继伟：《完善转移支付制度 推进基本公共服务均等化》，《中国财政》2006年第3期。

卢洪友：《建立有助于改善社会公平的财政制度》，《地方财政研究》2013年第2期。

陆铭：《大国治理——高质量发展与地方间竞争的空间政治经济学辨析》，《经济社会体制比较》2023年第3期。

吕冰洋、陈怡心：《财政激励制与晋升锦标赛：增长动力的制度之辩》，《财贸经济》2022年第6期。

吕冰洋、马光荣、胡深：《蛋糕怎么分：度量中国财政分权的核心指标》，《财贸经济》2021年第8期。

吕冰洋：《央地关系：寓活力于秩序》，商务印书馆2022年版。

吕冰洋、张凯强：《转移支付和税收努力：政府支出偏向的影响》，《世界经济》2018年第7期。

吕炜、王伟同：《我国基本公共服务提供均等化问题研究——基于公共需求与政府能力视角的分析》，《财政研究》2008年第5期。

吕炜、张妍彦：《城市内部公共服务均等化及微观影响的实证测度》，《数量经济技术经济研究》2019年第1期。

吕炜、张妍彦：《城市内部公共服务均等化及微观影响的实证测度》，《数量经济技术经济研究》2019年第11期。

麻宝斌、吴克昌：《公平与效率关系的政治学分析》，《政治学研究》2003年第2期。

马昊、曾小溪：《我国基本公共服务均等化的评价指标体系构建——基于东中西部代表省份的实证研究》,《江汉论坛》2011 年第 11 期。

马庆钰:《关于"公共服务"的解读》,《中国行政管理》2005 年第 2 期。

梅正午、孙玉栋、刘文璋:《公共服务均等化水平与公民社会公平感——基于 CGSS 2013 的分析》,《财贸研究》2020 年第 4 期。

缪小林、张蓉:《从分配迈向治理——均衡性转移支付与基本公共服务均等化感知》,《管理世界》2022 年第 2 期。

缪小林、张蓉、于洋航:《基本公共服务均等化治理:从"缩小地区间财力差距"到"提升人民群众获得感"》,《中国行政管理》2020 年第 2 期。

倪红日、张亮:《基本公共服务均等化与财政管理体制改革研究》,《管理世界》2012 年第 9 期。

庞明礼、薛金刚:《单向主导财政事权划分的悖论与化解:一个激励相容分析框架》,《北京行政学院学报》2017 年第 3 期。

庞明礼、张东方:《省域视野下基本公共服务均等化的模式选择与度量》,《辽宁大学学报》(哲学社会科学版) 2012 年第 2 期。

钱颖一:《现代经济学与中国经济改革》,中国人民大学出版社 2003 年版。

任斌、林义、周宇轩:《地区间财力差异、中央转移支付与社会救助均等化》,《山西财经大学学报》2023 年第 8 期。

任强:《中国省际公共服务水平差异的变化:运用基尼系数的测度方法》,《中央财经大学学报》2009 年第 11 期。

宋佳莹:《基本公共服务均等化测度:供给与受益二维视角——兼论转移支付与财政自给率的影响》,《湖南农业大学学报》(社会科学版) 2022 年第 4 期。

宋世明:《工业化国家公共服务市场化对中国行政改革的启示》,《政治学研究》2000 年第 2 期。

宋文昌:《财政分权、财政支出结构与公共服务不均等的实证分析》,《财政研究》2009 年第 3 期。

宋小宁、陈斌、梁若冰:《一般性转移支付:能否促进基本公共服务供给?》,《数量经济技术经济研究》2012 年第 7 期。

宋小宁、苑德宇:《公共服务均等、政治平衡与转移支付——基于 1998—

2005 年省际面板数据的经验分析》,《财经问题研究》2008 年第 4 期。

苏京春、王琰:《西方经济思想中的税收逻辑》,《财政科学》2019 年第 4 期。

苏明、刘军民:《如何推进环境基本公共服务均等化?》,《环境经济》2012 年第 5 期。

孙长智、武长奥、赵艳蕊:《民族地区基本公共文化服务均等化发展影响因素研究》,《长春理工大学学报》(社会科学版) 2023 年第 6 期。

孙开、张磊:《分权程度省际差异、财政压力与基本公共服务支出偏向——以地方政府间权责安排为视角》,《财贸经济》2019 年第 8 期。

孙琳、潘春阳:《"利维坦假说"、财政分权和地方政府规模膨胀——来自 1998—2006 年的省级证据》,《财经论丛》2009 年第 2 期。

孙伟、黄培伦:《公平理论研究评述》,《科技管理研究》2004 年第 4 期。

唐慧玲:《公平分配的政治学解读——兼论罗尔斯正义理论对当代中国分配制度的启示》,《党政论坛》2008 年第 10 期。

唐铁汉、李军鹏:《公共服务的理论演变与发展过程》,《新视野》2005 年第 6 期。

田发、周琛影:《区域基本公共服务均等化与财政体制测度:一个分析框架》,《改革》2013 年第 1 期。

田时中、金海音、涂欣培:《基于熵值法的政府公共服务水平动态综合评价——来自全国 2004—2014 年的面板证据》,《石家庄学院学报》2017 年第 2 期。

田时中:《中国式财政分权抑制了政府公共服务供给吗?》,《西南民族大学学报》(人文社科版) 2020 年第 6 期。

田学斌、陈艺丹:《京津冀基本公共服务均等化的特征分异和趋势》,《经济与管理》2019 年第 6 期。

汪良军、胡文静:《基本公共服务均等化与流动人口传染病就医行为研究》,《南方人口》2023 年第 3 期。

王广庆、侯一麟、王有强:《中国转移支付制度规范过程中的利益分化与整合——新制度经济学视角下对中国转移支付演变的一个解释》,《财贸研究》

王敬尧、叶成:《基本公共服务均等化的评估指标分析》,《武汉大学学报》(哲学社会科学版) 2014 年第 4 期。

王力、李兴锋、董伟萍：《分权式改革、经济赶超与城乡公共服务均等化》，《哈尔滨商业大学学报》(社会科学版) 2022 年第 6 期。

王庆、樊稼岐：《财政转移支付对地区基本公共服务均等化的影响——基于空间断点回归的实证分析》，《兰州财经大学学报》2022 年第 4 期。

王瑞民、陶然：《中国财政转移支付的均等化效应：基于县级数据的评估》，《世界经济》2017 年第 12 期。

王文剑、仉建涛、覃成林：《财政分权、地方政府竞争与 FDI 的增长效应》，《管理世界》2007 年第 3 期。

王文剑：《中国的财政分权与地方政府规模及其结构——基于经验的假说与解释》，《世界经济文汇》2010 年第 5 期。

王燕：《基于激励相容的地方政府竞争行为分析》，《经济论坛》2015 年第 3 期。

王英家、张斌、贾晓俊：《财政推动共同富裕——基于省以下转移支付制度分析》，《财经论丛》2022 年第 9 期。

王英家、张斌、贾晓俊：《财政推动共同富裕——基于省以下转移支付制度分析》，《财经论丛》2022 年第 9 期。

王永军：《分权困境与制度因应：中国式财政分权反思与重构——兼论财力与事权相匹配财力之维的逻辑困境与多维联动》，《经济体制改革》2013 年第 6 期。

王永乐、李梅香：《公共服务均等化对新生代农民工城市融合的影响研究》，《统计与信息论坛》2014 年第 8 期。

王永钦、张晏、章元等：《中国的大国发展道路——论分权式改革的得失》，《经济研究》2007 年第 1 期。

王玉龙、王佃利：《需求识别、数据治理与精准供给——基本公共服务供给侧改革之道》，《学术论坛》2018 年第 2 期。

王振宇、路遥：《省以下财政体制历史演进、约束条件与配套深化》，《财政科学》2022 年第 9 期。

魏淑艳、徐涛、王孟莹：《推进沈阳市城乡基本公共服务均等化的路径选择》，《辽宁大学学报》(哲学社会科学版) 2013 年第 3 期。

温忠麟、叶宝娟：《中介效应分析：方法和模型发展》，《心理科学进展》

2014 年第 5 期。

吴敏、周黎安、石光：《中国县级政府税收分成的典型化事实：基于独特数据的测算与分析》，《财贸经济》2023 年第 4 期。

吴莹：《基本公共服务均等化视角下的城市住房保障满意度研究——基于全国社会态度与社会发展状况调查》，《城市观察》2019 年第 2 期。

武力超、林子辰、关悦：《我国地区公共服务均等化的测度及影响因素研究》，《数量经济技术经济研究》2014 年第 8 期。

西南财经大学财政税务学院课题组：《地方公共物品有效供给研究》，经济科学出版社 2012 年版。

项怀诚：《中国财政体制改革六十年》，《中国财政》2009 年第 19 期。

项继权：《基本公共服务均等化：政策目标与制度保障》，《华中师范大学学报》（人文社会科学版）2008 年第 1 期。

肖海平：《沪苏浙省际基本公共服务均等化水平研究》，《江南论坛》2011 年第 2 期。

谢明编著：《公共政策导论（第五版）》，中国人民大学出版社 2020 年版。

谢旭人主编：《中国财政改革三十年》，中国财政经济出版社 2008 年版。

徐友渔：《评诺齐克以权利为核心的正义观》，《中国人民大学学报》2010 年第 24 年第 1 期。

杨灿明、赵福军：《财政分权理论及其发展述评》，《中南财经政法大学学报》2004 年第 4 期。

杨东亮、杨可：《财政分权对县级教育公共服务均等化的影响研究》，《吉林大学社会科学学报》2018 年第 2 期。

杨其静、聂辉华：《保护市场的联邦主义及其批判》，《经济研究》2008 年第 3 期。

杨宜勇、邢伟：《公共服务体系的供给侧改革研究》，《人民论坛·学术前沿》2016 年第 5 期。

叶林、吴少龙、贾德清：《城市扩张中的公共服务均等化困境：基于广州市的实证分析》，《学术研究》2016 年第 2 期。

尹恒、朱虹：《县级财政生产性支出偏向研究》，《中国社会科学》2011 年第 1 期。

于凌云：《基本公共服务均等化转移支付机制的创新研究》，《保险研究》

2010年第12期。

于宁：《对公共服务供给侧改革的思考》，《机构与行政》2016年第7期。

于树一：《公共服务均等化的理论基础探析》，《财政研究》2007年第7期。

郁建兴、吴玉霞：《公共服务供给机制创新：一个新的分析框架》，《学术月刊》2009年第12期。

郁建兴：《中国的公共服务体系：发展历程、社会政策与体制机制》，《学术月刊》2011年第3期。

袁飞等：《财政集权过程中的转移支付和财政供养人口规模膨胀》，《经济研究》2008年第5期。

曾红颖：《我国基本公共服务均等化标准体系及转移支付效果评价》，《经济研究》2012年第6期。

曾明、华磊、刘耀彬：《地方财政自给与转移支付的公共服务均等化效应——基于中国31个省级行政区的面板门槛分析》，《财贸研究》2014年第3期。

张光：《测量中国的财政分权》，《经济社会体制比较》2011年第6期。

张启春、杨俊云：《基本公共服务均等化政策：演进历程和新发展阶段策略调整——基于公共价值理论的视角》，《华中师范大学学报》（人文社会科学版）2021年第3期。

张文礼、侯蕊、赵昕：《西北民族地区基本公共服务均等化研究——基于甘、青、宁的实证分析》，《兰州大学学报》（社会科学版）2013年第5期。

张晏：《财政分权、FDI竞争与地方政府行为》，《世界经济文汇》2007年第2期。

张晏、夏纪军、张文瑾：《自上而下的标尺竞争与中国省级政府公共支出溢出效应差异》，《浙江社会科学》2010年第12期。

张依群：《推进省以下财政体制改革与地方财政发展理论研究》，《财金观察》2022年第2辑。

郑磊：《财政分权、政府竞争与公共支出结构——政府教育支出比重的影响因素分析》，《经济科学》2008年第1期。

郑磊：《财政分权、政府竞争与公共支出结构——政府教育支出比重的影响因素分析》,《经济科学》2008 年第 1 期。

周黎安:《中国地方官员的晋升锦标赛模式研究》,《经济研究》2007 年第 7 期。

周伟:《地方政府间跨域治理碎片化:问题、根源与解决路径》,《行政论坛》2018 年第 1 期。

周湘智:《我国省直管县(市)研究中的几个问题》,《科学社会主义》2009 年第 6 期。

周亚虹、宗庆庆、陈曦明:《财政分权体制下地市级政府教育支出的标尺竞争》,《经济研究》2013 年第 11 期。

祝毅:《区域基本公共服务均等化与共同富裕:中国现状与实现路径》,《西北大学学报》(哲学社会科学版)2023 年第 2 期。

庄玉乙、张光:《"利维坦"假说、财政分权与政府规模扩张:基于 1997—2009 年的省级面板数据分析》,《公共行政评论》2012 年第 4 期。

[法] 狄骥:《公法的变迁》,郑戈译,商务印书馆 2013 年版。

二 外文文献

Alfred M. Wu, Wen Wang, "Determinants of Expenditure Decentralization: Evidence from China", *World Development*, Vol. 46, June 2013.

Antonio Nicolás Bojanic, "The Empirical Evidence on The Determinants of Fiscal Decentralization", *Revista Finanzasy Política Económica*, Vol. 12, No. 1, May 13, 2020.

Antonis Adam, Manthos D. Delis, Pantelis Kammas, "Fiscal Decentralization and Public Sector Efficiency: Evidence from OECD Countries", *Economics of Governance*, Vol. 15, No. 1, February 2014.

Dan A. Black, William H. Hoyt, "Bidding for Firms", *The American Economic Review*, Vol. 79, No. 5, December 1989.

Fritz Breuss, Markus Eller, "Decentralising the Public Sector: Fiscal Decentralisation and Economic Growth: Is there Really a Link?", *CESifo DICE Report*, Vol. 2, No. 1, October 2004.

Geoffrey Brennan, James M. Buchanan, *The Power to Tax: Analytic Foundations of* a *Fiscal Constitution*, New York: Cambridge University Press, 1980.

George R. Zodrow, Peter Mieszkowski, "Pigou, Tiebout, Property Taxation, and the Underprovision of Local Public Goods", *Journal of Urban Economics*, Vol. 19, No. 3, May 1986.

Gustavo Canavire-Bacarreza, Jorge Martinez-Vazquez, Bauyrzhan Yedgenov, "Reexamining the Determinants of Fiscal Decentralization: What is the Role of Geography?", *Journal of Economic Geography*, Vol. 17, No. 6, November 2017.

Hehui Jin, Yingyi Qian, Barry R. Weingast, "Regional Decentralization and Fiscal Incentives: Federalism, Chinese Style", *Journal of Public Economics*, Vol. 89, No. 9–10, September 2005.

Helge Arends, "Equal Living Conditions vs. Cultural Sovereignty? Federalism Reform, Educational Poverty and Spatial Inequalities in Germany", *Publius: The Journal of Federalism*, Vol. 47, No. 4, March 20, 2017.

Helge Arends, "The Dangers of Fiscal Decentralization and Public Service Delivery: A Review of Arguments", *Politische Vierteljahresschrift*, Vol. 61, No. 3, September 2020.

Hiroko Uchimura, Johannes P. Jütting, "Fiscal Decentralization, Chinese Style: Good for Health Outcomes?", *World Development*, Vol. 37, No. 12, December 2009.

Hongxing Yang, Dingxin Zhao, "Performance Legitimacy, State Autonomy and China's Economic Miracle", in Suisheng Zhao ed., *Debating Regime Legitimacy in Contemporary China: Popular Protests and Regime Performances*, London and New York: Routledge, 2017.

Ian King, R. Preston McAfee, Linda Welling, "Industrial Blackmail: Dynamic Tax Competition and Public Investment", *Canadian Journal of Economics*, Vol. 26, No. 3, 1993.

Isaac Otoo, Michael Danquah, "Fiscal Decentralization and Efficiency of Public Services Delivery by Local Governments in Ghana", *African Development Review*, Vol. 33, No. 3, September 2021.

James M. Buchanan, "Federalism and Fiscal Equity", *The American Economic*

Review, Vol. 40, No. 4, September 1950.

James R. Hines, Richard H. Thaler, "Anomalies: The Flypaper Effect", *Journal of Economic Perspectives*, Vol. 9, No. 4, Fall 1995.

Jan K. Brueckner, "Partial Fiscal Decentralization", *Regional Science and Urban Economics*, Vol. 39, No. 1, January 2009.

Jean-Paul Faguet, Fabio Sanchez, "Decentralization's Effects on Educational Outcomes in Bolivia And Colombia", *World Development*, Vol. 36, No. 7, July 2008.

Jeremy Edwards, Michael Keen, "Tax Competition and Leviathan", *European Economic Review*, Vol. 40, No. 1, January 1996.

John Douglas Wilson, Roger H. Gordon, "Expenditure Competition", *Journal of Public Economic Theory*, Vol. 5, No. 2, March 14, 2003.

Jonathan Rodden, "Reviving Leviathan: Fiscal Federalism and The Growth of Government", *International Organization*, Vol. 57, No. 4, Fall 2003.

Jon H. Fiva, "New Evidence on the Effect of Fiscal Decentralization on the Size and Composition of Government Spending", *Finanz Archiv/Public Finance Analysis*, Vol. 62, No. 2, June 2006.

Jorge Martínez-Vázquez, Santiago Lago-Peñas, Agnese Sacchi, "The Impact of Fiscal Decentralization: A Survey", *Journal of Economic Surveys*, Vol. 31, No. 4, November 7, 2017.

Liesbet Hooghe, Gary Marks, "Does Efficiency Shape the Territorial Structure of Government?", *Annual Review of Political Science*, Vol. 12, 2009.

Loraine A. West, Christine P. W. Wong, "Fiscal Decentralization and Growing Regional Disparities in Rural China: Some Evidence in The Provision Of Social Services", *Oxford Review of Economic Policy*, Vol. 11, No. 4, Winter 1995.

Luiz R. De Mello Jr., "Fiscal Decentralization and Intergovernmental Fiscal Relations: A Cross-Country Analysis", *World Development*, Vol. 28, No. 2, Feburay 2000.

Marius R. Busemeyer, "The Impact of Fiscal Decentralisation on Education and Other Types of Spending", *Swiss Political Science Review*, Vol. 14, No. 3,

January 20, 2008.

Nobuo Akai, Masayo Sakata, "Fiscal Decentralization Contributes to Economic Growth: Evidence from State-Level Cross-Section Data for the United States", *Journal of Urban Economics*, Vol. 52, No. 1, July 2002.

Paul Seabright, "Accountability and Decentralisation in Government: An Incomplete Contracts Model", *European Economic Review*, Vol. 40, No. 1, January 1996.

Peter A. Hall, Rosemary R. Taylor, "Political Science and the Three New Institutionalisms", *Political studies*, Vol. 44, No. 5, June 1996.

Peter Mieszkowski, George R. Zodrow, "Taxation and the TieboutModel: The Differential Effects of Head Taxes, Taxes on Land Rents, and Property Taxes", *Journal of Economic Literature*, Vol. 27, No. 3, September 1989.

Pranab Bardhan, Dilip Mookherjee, "Pro-Poor Targeting and Accountability ofLocal Governments in West Bengal", *Journal of Development Economics*, Vol. 79, No. 2, April 2006.

Prud'homme Rémy, "The Dangers of Decentralization", *The World Bank Research Observer*, Vol. 10, No. 2, August 1, 1995.

Richard Abel Musgrave, *Public Finance in A Democratic Society: Volume II: Fiscal Doctrine, Growth and Institutions*, New York: New York University Press, 1986.

Richard M. Bird, Francois Vaillancourt eds., *Fiscal Dcentralization in Devloping Countries*, New York: Cambrige University Press, 1998.

Richard M. Bird, Francois Vaillancourt, "Fiscal Decentralization in Developing Countries: An Overview", in Richard M. Bird, Francois Vaillancourt eds., *Fiscal Dcentralization in Devloping Countries*, New York: Cambrige University Press, 1998.

Richard M. Bird, Michael Smart, "Intergovernmental Fiscal Transfers: International Lessons for Developing Countries", *World Development*, Vol. 30, No. 6, June 2002.

Roberto Montero-Granados, Juan de Dios Jiménez, José Martín, "Decentralisation and Convergence in Health Among the Provinces of Spain (1980 –

2001)", *Social Science & Medicine*, Vol. 64, No. 6, March 2007.

Robert P. Inman, Daniel L. Rubinfeld, "Rethinking federalism", *Journal of Economic Perspectives*, Vol. 11, No. 4, Fall 1997.

Ruben Enikolopov, Ekaterina Zhuravskaya, "Decentralization and Political Institutions", *Journal of Public Economics*, Vol. 91, No. 11-12, December 2007.

Sekar Ayu Paramita et al., "Distribution Trends of Indonesia's Health Care Resources in the Decentralization Era", *The International Journal of Health Planning and Management*, Vol. 33, No. 2, March 11, 2018.

Suisheng Zhao ed., *Debating Regime Legitimacy in contemporary China: Popular Protests and Regime Performances*, London and New York: Routledge, 2017.

Timothy Besley, Stephen Coate, "Centralized Versus Decentralized Provision of Local Public Goods: A Political Economy Approach", *Journal of Public Economics*, Vol. 87, No. 12, December 2003.

Wallace E. Oates, "An Essay on Fiscal Federalism", *Journal of Economic Literature*, Vol. 37, No. 3, September 1999.

Wallace E. Oates, *Fiscal federalism*, Cheltenham: Edward Elgar Publishing, 2011.

Wallace E. Oates, "Searching for Leviathan: An Empirical Study", *The American Economic Review*, Vol. 75, No. 4, September 1985.

Wallace E. Oates, "Toward A Second-Generation Theory of Fiscal Federalism", *International Tax and Public Finance*, Vol. 12, August 2005.

William R. Johnson, "Income Redistribution in a Federal System", *The American Economic Review*, Vol. 78, No. 3, June 1988.

X. Feng et al., "Fiscal federalism: A Refined Theory and Its Application in the Chinese Context", *Journal of Contemporary China*, Vol. 22, No. 82, March 2013.

Yingyi Qian, Barry R. Weingast, "Federalism as a Commitment to Preserving Market Incentives", *Journal of Economic Perspectives*, Vol. 11, No. 4, Autumn 1997.

Yingyi Qian, Gerard Roland, "Federalism and the Soft Budget Constraint", *American Economic Review*, Vol. 88, No. 5, December 1998.

附　录

各省份内部基本公共服务产出变异系数图
（2004—2021 年）

东部地区

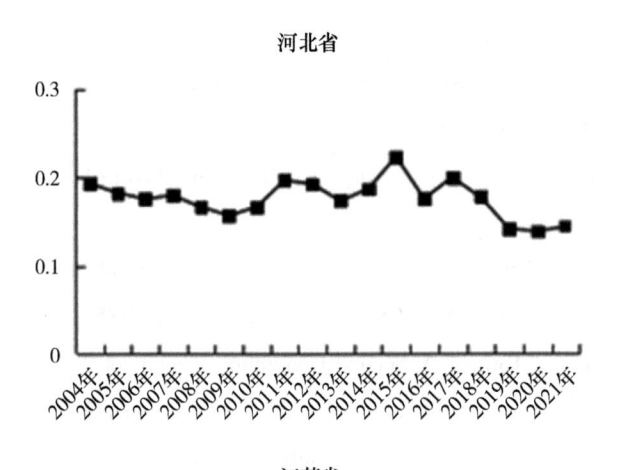

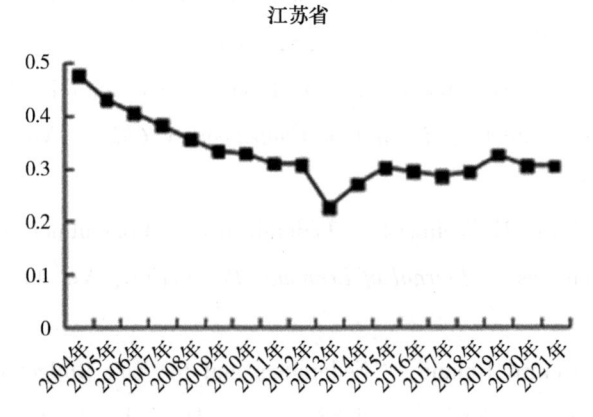

河北省

江苏省

浙江省

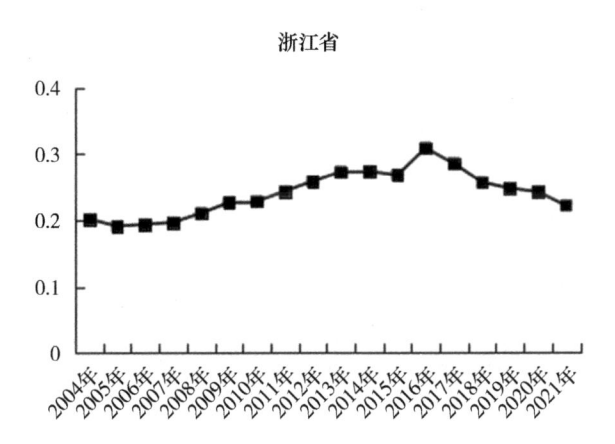

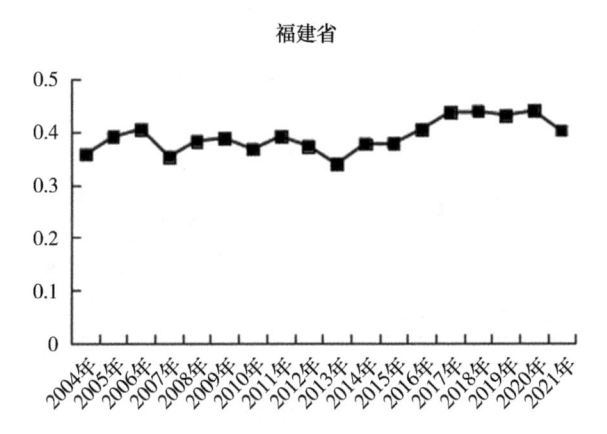

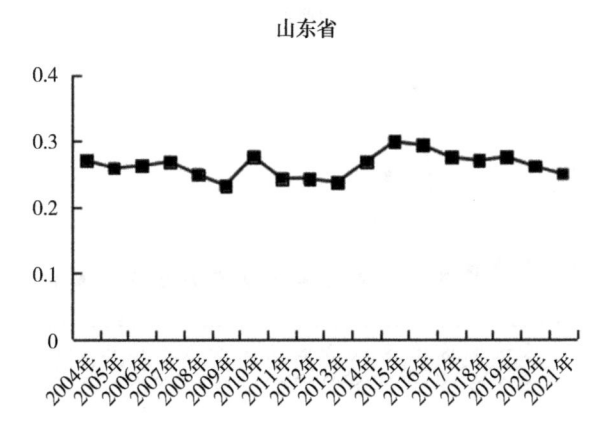

福建省

山东省

广东省

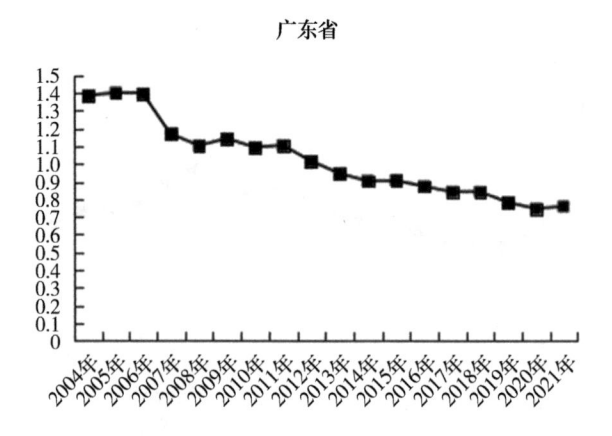

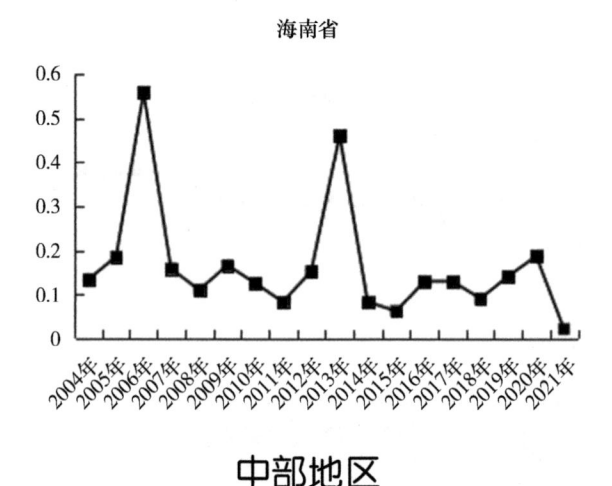

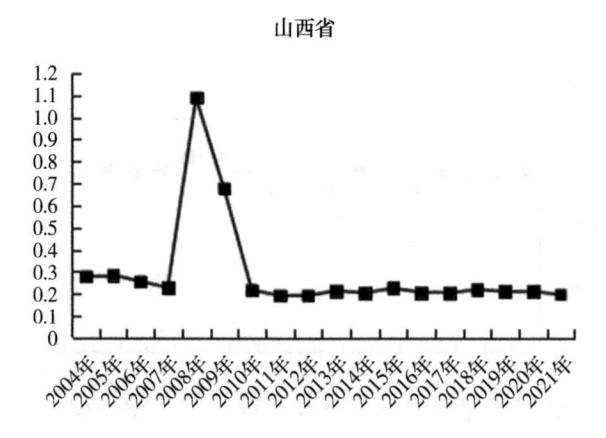

海南省

中部地区

山西省

安徽省

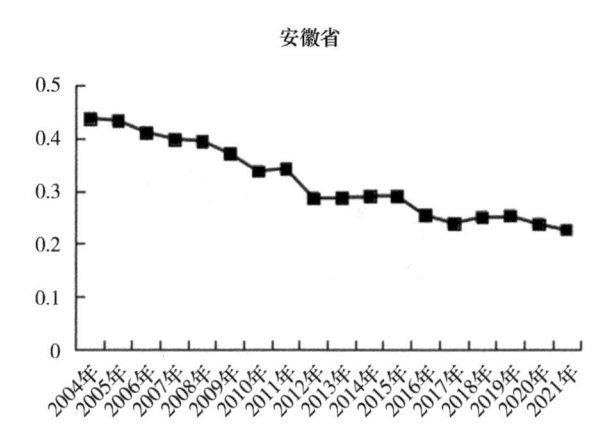

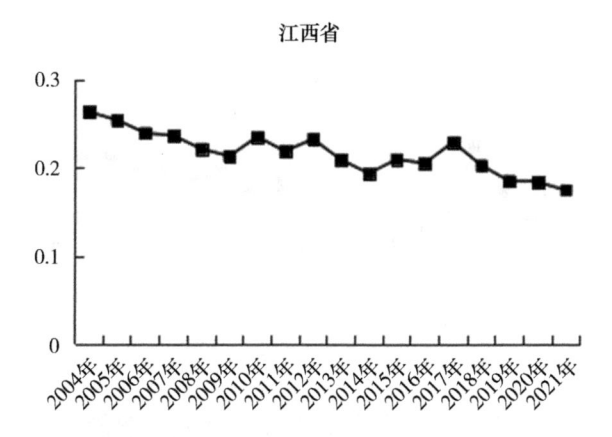

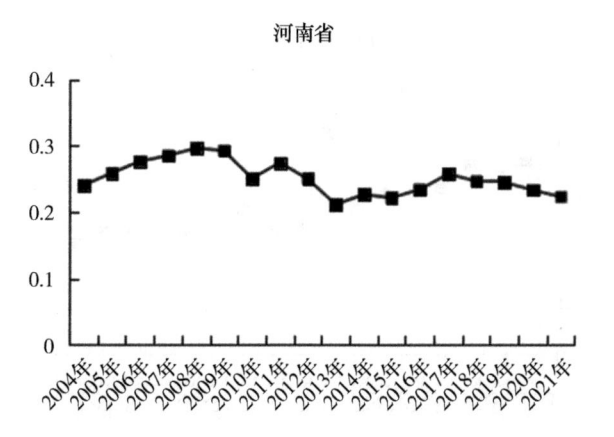

江西省

河南省

湖南省

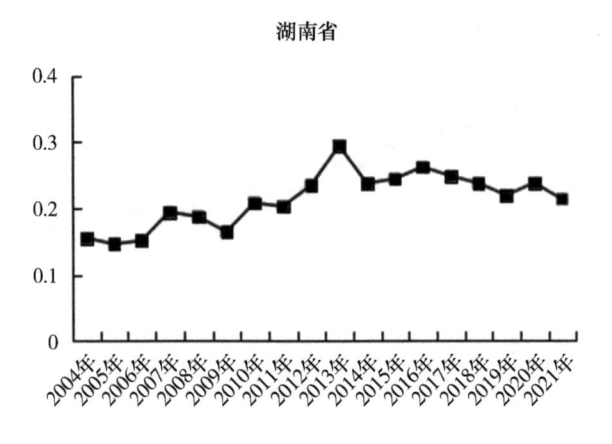

西部地区

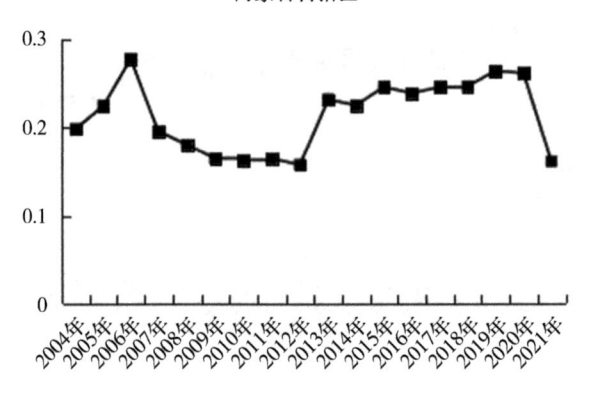

内蒙古自治区

广西壮族自治区

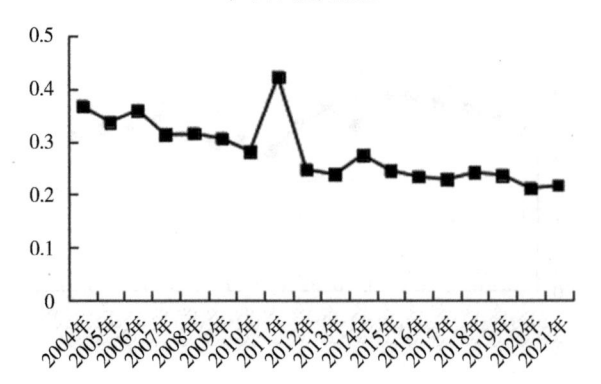

四川省

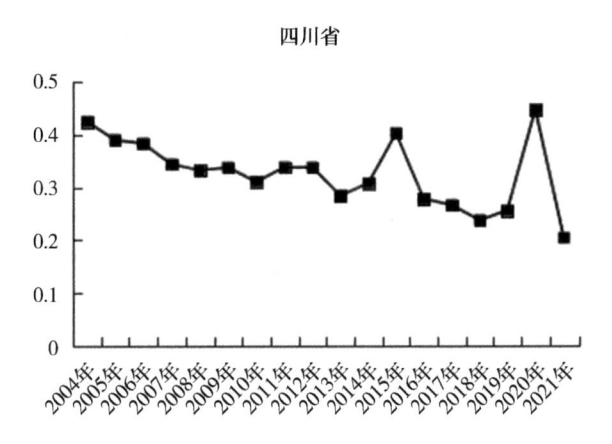

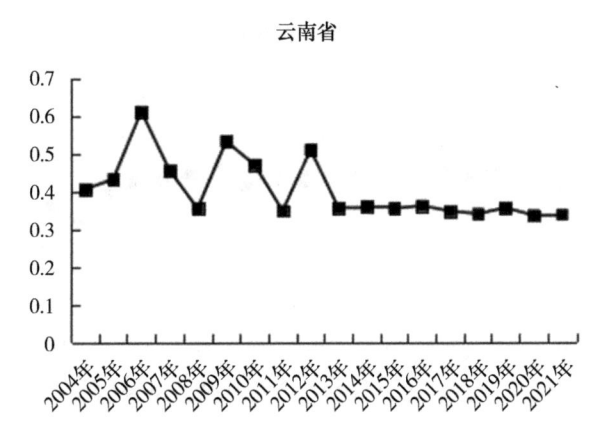

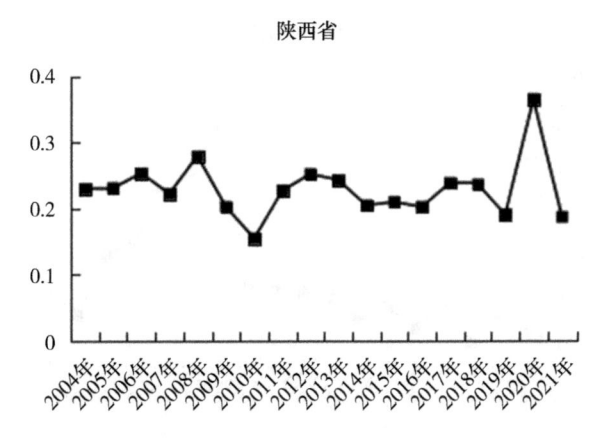

云南省

陕西省

甘肃省

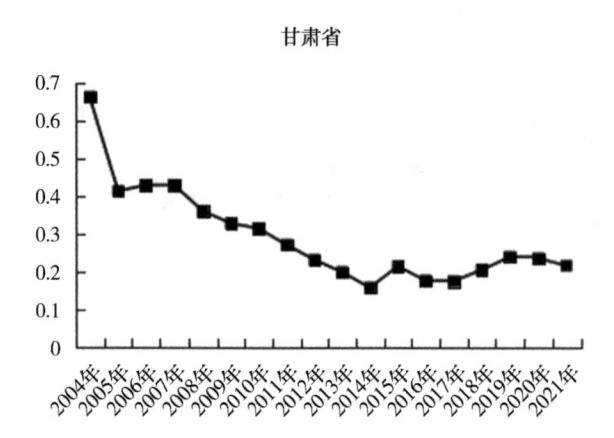

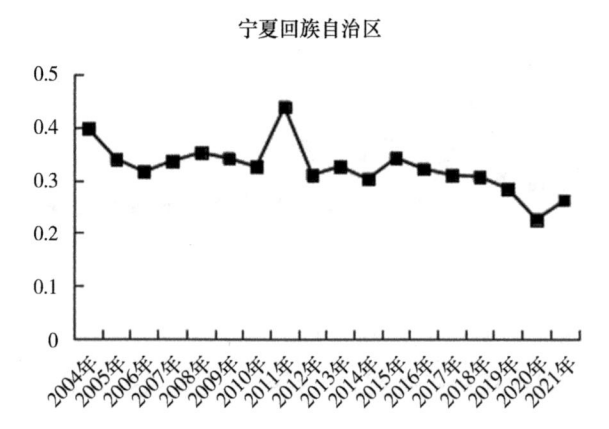

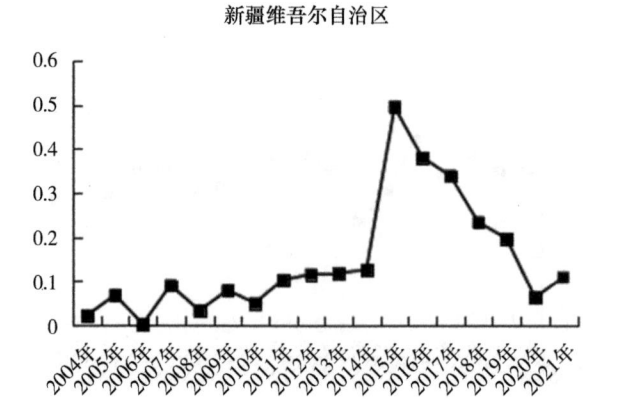

宁夏回族自治区

新疆维吾尔自治区

东北地区

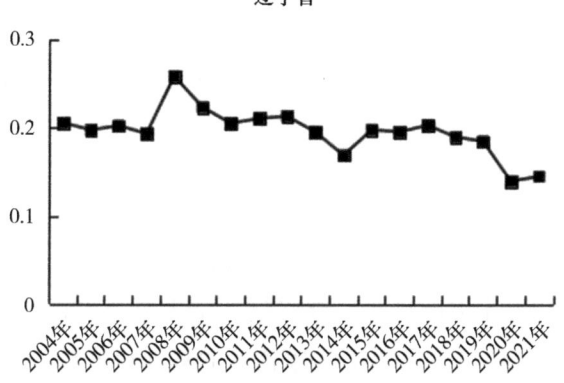

辽宁省

吉林省

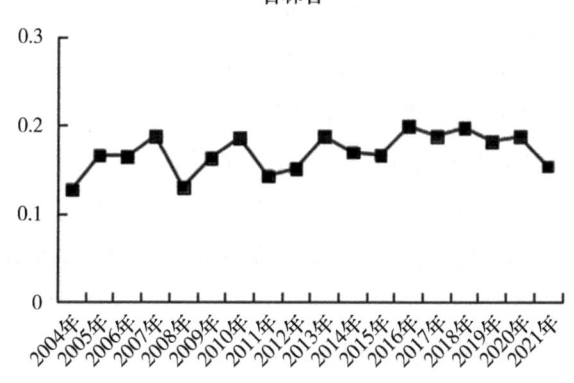

黑龙江省

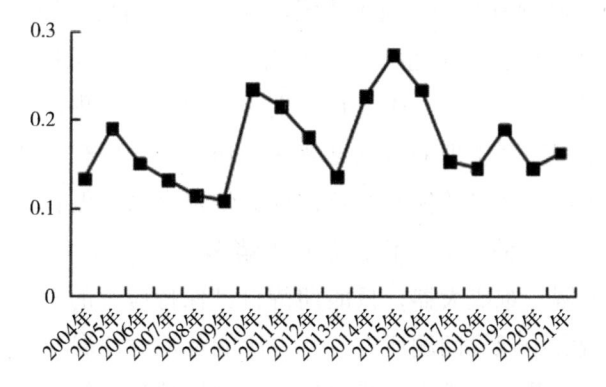

后　　记

本书是我的第一本学术专著。从我2013年开始撰写博士学位论文算起，到今天我完成本书的撰写，恰好是一个十年的里程碑。十年前，党的十八届三中全会提出"财政是国家治理的基础和重要支柱"的新论断，开启了国家治理现代化的新时代征程。我在恩师朱春奎教授的指导下选择了财政分权与地方政府规模作为博士学位论文方向，开启了对"中国之治"的研究；2023年，是全面贯彻落实党的二十大精神的开局之年，习近平总书记发表重要文章《中国式现代化是中国共产党领导的社会主义现代化》，开启了中国式现代化的新时代新征程。此时，我在恩师的勉励下完成了本书的撰写，继续对"中国之治"发起追问。所谓"十年磨一剑"，这十年，既是新时代十年伟大变革的里程碑，也是我在新时代成长的里程碑。

学术研究理应回应现实关切，这是恩师在我读博期间给我的最大教诲。邓小平同志说，一切从实际出发，理论联系实际，我们的社会主义现代化建设才能顺利进行。无数的学术工作者将自己的毕生精力投入"中国之治"的研究中，产生了一批具有深远影响，甚至推动中国改革进程的学术思想与理论成果，成为我毕生学习的榜样。我曾有幸聆听过夏书章先生对中国公共管理的深刻见解和殷切希望，也有幸见到如马骏教授一样影响中国公共财政体制改革进程的学术大家，更有幸自己出生在这样一个人才辈出的伟大时代，遇到了诸多引领我成长的前辈和老师。可惜我资质有限、难成大器，只能期待自己保持应有的学术敏锐度，从纷繁复杂的现实中探寻问题所在，并力所能及地对此展开思考和作出理论回答。作为公共管理学人，我更应该有家国情怀，努力为新时代的中国式治理现代化提供学理支持。我想，这是我撰写本书的意义所在。

遗憾的是，在我即将完成本书之际，我在硕士研究生学习阶段的恩师周敬伟教授不幸离世。周老师是自20世纪80年代中国行政学恢复以来，从美国留学归来的第一批科研工作者，是著名的国际公共行政专家和中国公共管理研究的先行者。得益于周老师的不吝指导，我才真正开启了学术研究的大门。也正是在周老师的推荐下，我有幸参加了2018年中山大学和中国留美公共管理学会举行的那一场"改革开放三十年中国行政国家的重塑"国际学术盛会，获得了与学界最顶尖的一批学者同堂交流的宝贵机会，使我受益终身。我永远难忘周老师的知遇之恩，只有将他潜心治学、与时俱进的学术精神继续传承下去，才是对他最好的悼念和感谢。

仍然记得我曾在博士学位论文的后记中写道，"这只是漫长研究之路的起点"，当时却是"少年不识愁滋味"，到现在已然"白了少年头"。在博士研究生毕业后的十年间，我深感科研、教学和生活的多重压力，一度在迷茫和困顿中止步不前、无所建树，再次感谢恩师朱春奎教授对我的不弃、劝勉和关照，才有了本书的问世，使我有幸与时代对话、与改革同行。同时十分感谢我的工作单位西南交通大学和我所在的公共管理学院，为我提供了良好的工作环境和发展平台，使我能够一直从事我所热爱的公共管理教学与科研事业。本书的出版也离不开学院提供的经费支持，感谢学院领导一直以来的亲切关怀。在单位从教的十年中，我的快乐还源自所在的"地方治理与社会治理"研究团队，特此向团队伙伴们致以最诚挚的感谢，是他们的爱护和帮助让我在苦读中收获了乐趣。此外，学院的其他同事也在工作中为我提供了良多帮助，在此一并致谢！

由于本人学识水平和时间有限，本书难免有疏漏之处，诚恳希望得到各位专家和读者们的批评指正。"悟已往之不谏，知来者之可追"，期望我在新时代伟大征程的下一个十年中，继续与共和国共成长！

严 敏
2023年12月于西南交通大学犀浦校区